U0606444

郦波评点传习录

〔明〕王阳明 撰著
郦波 评译

人民出版社

责任编辑:贺　畅

图书在版编目(CIP)数据

郦波评点《传习录》/(明)王阳明撰著;郦波评译.—北京:人民出版社,
2022.10 (2024.4 重印)

ISBN 978-7-01-025025-0

Ⅰ.①郦…　Ⅱ.①王…②郦…　Ⅲ.①心学-研究-中国-明代
Ⅳ.①B248.25

中国版本图书馆 CIP 数据核字(2022)第 163200 号

郦波评点《传习录》

LIBO PINGDIAN CHUANXILU

(明)王阳明 撰著　郦　波 评译

人民出版社 出版发行

(100706　北京市东城区隆福寺街 99 号)

中煤(北京)印务有限公司印刷　新华书店经销

2022 年 10 月第 1 版　2024 年 4 月北京第 2 次印刷

开本:710 毫米×1000 毫米 1/16　印张:26

字数:310 千字

ISBN 978-7-01-025025-0　定价:99.00 元

邮购地址 100706　北京市东城区隆福寺街 99 号

人民东方图书销售中心　电话 (010)65250042　65289539

前言

那是2019年的春天，新冠肺炎疫情还没有冲击人类文明，所有人的生活还是一如既往的紧张而有序。况且是春天，万物复苏，生机盎然，每个人的脸上都洋溢着一种热情与希望。我受邀到人民大会堂参加阳明心学国际高峰论坛，并做“阳明心学与人类命运共同体”的主旨演讲。

当天论坛共有三场主旨演讲，除我之外，另外两位演讲嘉宾分别是全国人大原副委员长许嘉璐先生与中宣部原副部长王世明先生。两位先生的演讲对我启发良多，尤其是许嘉璐先生，不仅曾任国家语委主任，更是学界前辈与泰斗。我犹然记得论坛间歇，在休息室里，许先生曾殷切地叮嘱我：“阳明心学是解放生命与心灵的大学问。尤其在当下，人类文明的命运其实存在着很多未知的危机，这就更需要心学提供智慧与解答。你们年轻，要努力宣讲阳明心学，要从原典入手，要多研究《传习录》，让更多的人了解《传习录》，了解我们中华优秀传统文化的精髓——阳明心学。”

那一段时间，许先生刚好身体有恙，虽然只能坐在轮椅上来参会，但谈起阳明先生与心学，依然浑身充满了激情与力量。我在他的身边，聆听着这位世人敬重的长者与智者的教诲，心中生出一种宏愿——要用毕生精力去弘扬心学智慧，以求得每一个平凡生命的心灵解放！

诚如许先生所说的那样，人类文明的命运在当下确实不乏岌岌可危处——数年来，新冠肺炎疫情无情冲击着世界的每一个角落；俄乌战争的爆发，让世界局势更加波诡云谲；西方发达国家的某些做法，让“全球化”的趋势面临逆转的危险；技术迭代所产生的副作用导致“碎片化危机”，而“碎片化危机”正在从身心各方面严重影响着人类文明的赓续机制……身处这样的一个时代，每一个普通人又该如何在世俗的洪流中把握自我的内心与命运？

对此，阳明心学确实提供了高智、高能的解答方案。阳明心学产生的时代，是五百年前明中叶市民阶层初步展现独特历史风貌的年代。其后，因为阳明心学的兴起与迅速传播，伴随着人性的初步解放，中国历史进入了一个独特的所谓“资本主义萌芽”时期。当然，就严谨的史学视角而论，这一阶段能否称之为“资本主义萌芽”还有很多可商榷之处。但在心学的强大影响之下，阶层壁垒松动，社会心态转型，甚至商业精神开始逆袭，都是不争的事实。更不用说后来心学传到邻国日本，在近代史上影响了日本“明治维新运动”的成功。章太炎先生曾有定论：“日本维新，王学为其先导。”日本学者高濑武次郎也说：“我邦阳明学之特色，在其有活动的事业家，乃至维新诸豪杰震天动地之伟业，殆无一不由于王学所赐予。”

心学智慧于个体解放，于组织跃迁，于社会转型的良性影响作用是毋庸置疑的。但就心学原典《传习录》之于普罗大众而言，不论泛读还是精读，也还有着不小的难度与障碍，这也是毋庸讳言的。而且随着心学渐成显学，原本不少反对理学并超越理学的思想精华，反倒成为俗世中理学家们彼此标榜甚至奇货可居的理学“新说”或“旧论”。究其原因，一是自宋明以来，理学作为历代王朝的官方学说，对国人的影响与桎梏太过巨大。二是心学本自理学中来，作为儒家学说与思想体系中独特的分支，不论是在本体论还是方法论上，甚至在很多基本概念的界定与使用上，心学与理学本就有很多交集乃至重叠之处。所以，在心学的研究上，厘清一些关键之处的区别已属不易，而在传播领域，要精准地还原心学思想的精髓并使之深入人心，无疑就更具挑战性了。

好在心学原典《传习录》的内容本身是生动而活泼的。《传习录》共分上、中、下三卷，上、下卷主要是王阳明与弟子、友人的论学问答，中卷主要是王阳明的论学书信。其中，上卷内容王阳明曾亲自审定，中卷书信则出自阳明先生亲笔，下卷内容是王阳明身后门人弟子补录。据此，我们知道《传习录》的内容其实是王阳明的问答语录和论学书信集。需要说明的是，《传习录》原书并无序号，为方便今天的读者阅读、记诵，现参照陈荣捷先生《王阳明传习录详注集评》添加了编号。

《传习录》虽然本质上是一本哲学经典，但其在深邃的理性光芒之外，依然充满着极富生活气息的感性色彩。故而，对于后学来说，最贴近《传习录》的方式，可能并不是纯学理式的训诂与注疏，或辨析与论述，而是像一个五百年后的“旁听生”一样，穿越时间的沟堑，在阳明先生与弟子们其乐融融的课堂上，在阳明先生与弟子们的问答思辨中，收获一种感悟，获取一份心得。这是一种心灵的碰撞，也是一种情感的共鸣。这也是本书为什么选择从评点入手，去走近这部伟大的心学经典的根本原因。

当然，评点容易见出思想的火花，但于文本阅读而言，首先仍需有大体准确与较为系统化的认知。故而每小节内容之后，都附有白话翻译，这也是这部《传习录》评点本一个非常重要的组成部分。

说到经典著作的评点，明清以来，可谓大放光芒。归有光评点《史记》，李卓吾评点《水浒传》，张竹坡评点《金瓶梅》，金人瑞评点《西厢记》，脂砚斋评点《石头记》……评点本身亦成经典。平心而论，前贤境界固然让人手追心慕，无限向往，但评点哲学经典与评点文史作品毕竟还是有着很大的不同。惟愿凭此书能携手同好，跨越五百年的时光，仿佛侧身于阳明先生的课堂，共同沐浴“此心光明”的心学之光！

壬寅仲夏于金陵水云居

传习录序

门人有私录阳明先生之言者。先生闻之，谓之曰："圣贤教人，如医用药，皆因病立方，酌其虚实温凉、阴阳内外而时时加减之。要在去病，初无定说，若拘执一方，鲜不杀人矣。今某与诸君不过各就偏蔽箴切砥砺，但能改化，即吾言已为赘疣。若遂守为成训，他日误己误人，某之罪过可复追赎乎？"序中发端之语，内涵有二：一者，文以载道文非道，拘泥文字，则去道远矣。二者，心学是治世良方，然须对症下药。故，"拘泥"之误，是"传习"心学智慧之大忌！

爱[1]既备录先生之教，同门之友有以是相规者。爱因谓之曰："如子之言，即又'拘执一方'，复失先生之意矣。孔子[2]谓子贡[3]，尝曰：'予欲无言。'他日，则曰：'吾与回[4]言终日。'又何言之不一邪？盖子贡专求圣人于言语之间，故孔子以无言警之，使之实体诸心，以求自得。颜子于孔子之言，默识心通，无不在己，故与之言终日，若决江河而之海也。故孔子于子贡之无言不为少，于颜子之终日言不为多，各当其可而

1 徐爱，字曰仁，号横山，王阳明最早的入室弟子之一。
2 孔子，名丘，字仲尼，春秋时期伟大的思想家、教育家。
3 子贡，复姓端木，名赐，字子贡，孔子的弟子。
4 回，即颜回，字子渊，孔子的弟子。

已。此间子贡、颜子之较，犹王门王艮、徐爱之别。今备录先生之语，固非先生之所欲。使吾侪常在先生之门，亦何事于此？惟或有时而去侧，同门之友又皆离群索居。当是之时，仪刑既远而规切无闻，如爱之驽劣，非得先生之言时时对越警发之，其不摧堕靡废者几希矣！吾侪于先生之言，苟徒入耳出口，不体诸身，则爱之录此，实先生之罪人矣。使能得之言意之表，而诚诸践履之实，则斯录也，固先生终日言之之心也，可少乎哉！”活学活用，融会贯通，才是“传习”智慧！

录成，因复识此于首篇，以告同志。

门人徐爱序。

【译文】

弟子中有人私下记录先生的言论。先生听说后，对他们说：“圣贤教导人们，就像医生用药，都是根据病情来开方子，要考察病人的体质，根据他们的虚实、温良以及病理的阴阳、内外，来适时增减药量。关键只在于治病，怎样用药本来就没有什么一定之规。如果拘泥于一种药方，很少有不害人的。如今我和大家都是针对各自的毛病努力磨炼，你们只要能够自行改正，我说的话就算是多余的吧。如果你们把我的话当作教条，以后误人误己，我的罪过还弥补得了吗？”

我那时将先生的这些教诲全都记录下来，同学中有用这些话来相互规劝的。我又对他们讲：“如果像你们理解的那样，就又是‘拘泥于一种药方’，背离先生的用意了。孔子曾对子贡说：‘我不想说什么’。他日，却又说：‘我与颜回谈论了一整天。’孔子的说法为什么前后不一样呢？这大概是因为子贡喜欢专门在圣人的言语上绕来绕去，所以孔子用不说话来警示他，让他在自身的本心上去探求其中的道理。而颜回对孔子的话默记在心，融会贯通，全都化为自己的学问。孔子能和颜回谈上一整天，就像决堤的江河奔向大海一样滔滔不绝。”所以孔子对子贡，即便不说话也不算少；对于颜回，即便讨论一整天也不算多，各自适合各自的情况吧。现在我把先生的言论全都记录下来，原本不是先生所希望的。假如我们能一直待在先生身边求学，我又何须这样做呢？只是时常不在先生身边，同学们又都住在不同的地方，到那时，远离先生而无法听其教诲，像我这样愚笨的人如果没有先生的时时警示鞭策，很难不颓废堕落。对于先生的言论，我们如果只是耳朵听听，嘴上说说，不在自身切实实践，那么我做这些记录，实在成了先生的罪人。如果能够通过这些言论所表达的意思去认真付诸实践，那么我做的这些记录，就符合先生平时说这些话的用心了，这岂可缺少呢？

记录整理完毕，再附上这篇文字于开头，以告知同学们。

弟子徐爱序。

目录

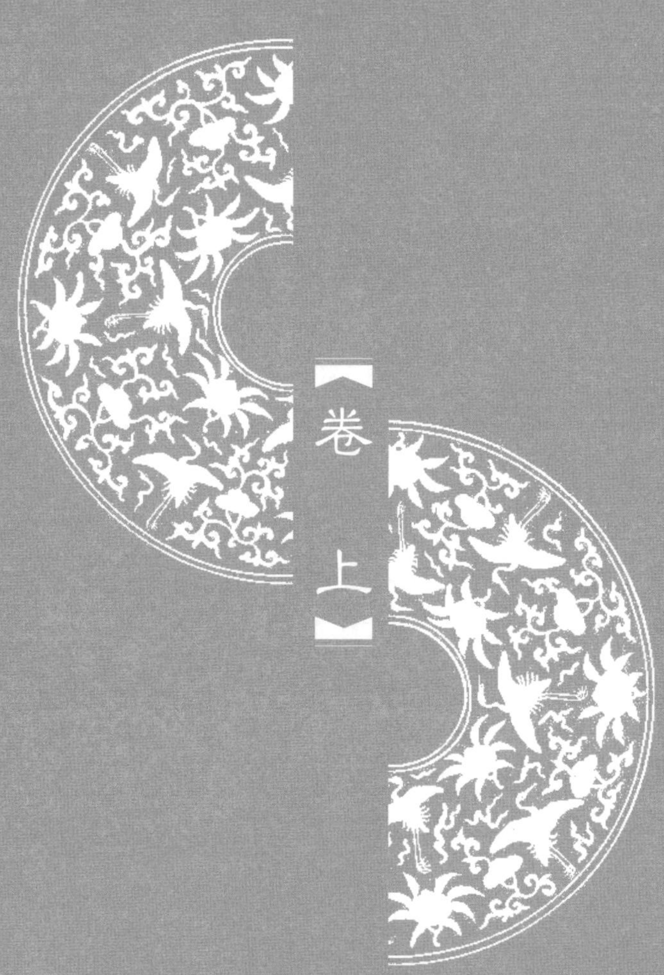

【卷上】

徐爱录

心即理也。天下又有心外之事，心外之理乎

序

【原文】

先生于《大学》“格物”诸说，悉以旧本为正，盖先儒所谓“误本”者也。心学横空出世。然于中国哲学史而观之，亦儒学之一脉耳。阳明心学本于陆王心学，甚至仍属宋明理学之大范畴。又况，自弘治而嘉靖朝，理学巍然主流。阳明先生之难，一在学术必有所本，二在当时必可周旋。故于儒家文献中寻朱熹旧本以为立论根基，此即“法理性”基础也。此间难处，不独徐爱“始闻而骇”，后之若顾亭林甚至直斥阳明先生“颠倒早晚，以弥缝陆学而不顾矫诬朱子，诳误后学之深”。学术固有争辩，然自历史规律而观之，阳明先生另辟蹊径，于此立本，亦即“心外无物”，皆为所用之大智慧也！爱始闻而骇，既而疑，已而殚精竭思，参互错综，以质于先生。徐爱之于阳明，犹颜回之于夫子，是心学承传之大幸也。然后知先生之说若水之寒，若火之热，断断乎百世以俟圣人而不惑者也。徐爱由疑惑，而质问，而信服，此一段历程，方是最好的现身说法。先生明睿天授，然和乐坦易，不事边幅。人见其少时豪迈不羁，又尝泛滥于词章，出入二氏之学，骤闻是说，皆目以为立异好奇，漫不省究。二氏即佛老。中国之大哲未有不贯通儒释道三家者也。不知先生居夷三载，处困养静，精一之功固已超入圣域，粹然大中至正之归矣。徐爱亦知“龙场悟道”、居黔三载是心学根本。至若“处困养静，精一之功”八字，真真是人生超脱困境之大智慧也！

爱朝夕炙门下，但见先生之道，即之若易而仰之愈高，见之若粗而探之愈精，就之若近而造之愈益无穷。“仰之弥高，钻之弥坚，瞻之在前，忽焉在后”，此颜回赞夫子语也。正见徐爱即阳明之颜回者也。十余年来，竟未能窥其藩篱。世之君子，或与先生仅交一面，或犹未闻其謦欬，或先怀忽易愤激之心，而遽欲于立谈之间，传闻之说，臆断悬度，如之何其可得也！蜩与学鸠之辈，古今大抵相同。从游之士，闻先生之教，往往得一而遗二，见其牝牡骊黄而弃其所谓千里者。今之好心学者众，然粗窥门径者亦多有此病，不求千里而纠缠骊黄，真舍本逐末也。故爱备录平日之所闻，私以示夫同志，相与考而正之。庶无负先生之教云。

门人徐爱书。

【译文】

先生对于《大学》中“格物”的诸多观点，都是以旧本为准，也就是朱熹等先儒们所说存在错漏的那个版本。我刚听说时，觉得很意外，进而产生怀疑，后来殚精竭思，对照分析，并向先生本人请教，这才明白先生的主张如同水的寒冽、火的炎热一样，就像《中庸》中所说，百世之后的圣人也不会产生疑惑。先生天纵奇才，却和蔼可亲，平易近人，不拘于小节。旁人看到先生早年性格豪迈洒脱，还热衷赋诗作文，并深入研究佛道两家的经典之作，突然听到他的学说时，都认为是标新立异、荒诞不经，所以都不愿深究。但他们不知道，先生贬居贵州龙场三年，在困境中静心涵养，精纯的功夫已经超凡入圣，达到纯粹中正的境界。

我时刻受先生的教诲，深知他的学说刚接触时似乎很平常，深入研究才发觉无比高深；初看时好像很粗疏，仔细钻研才愈发觉得精细；刚接近仿佛很浅显，深入探求才发现没有止境。十多年来，我也还没能窥探到它的边缘。但是，如今的君子，有的仅与先生有一面之缘，有的从未听过先生的言

谈，有的怀着蔑视、激愤的情绪，仓促地根据传闻臆说，妄加揣度，这样怎么能够真正理解先生的学说呢？跟随先生的门生，听着先生的教诲，常常领会的少而遗忘的多，如同相马时只看到马的公母和毛色，却忽略了能否驰骋千里的特性。因此，我详细地记下平日在先生那里的见闻，私下给诸位同学奉上，相互校正，或许能不负先生教诲之恩。

学生徐爱书。

1

【原文】

爱问："'在亲民'，朱子[1]谓当作'新民'，后章'作新民'之文似亦有据。先生以为宜从旧本作'亲民'，亦有所据否？"

先生曰："'作新民'之'新'，是'自新之民'，与'在新民'之'新'不同。此岂足为据？“作新民”语出《尚书·康诰》，文曰“成王既伐管叔、蔡叔，以殷余民封康叔，作《康诰》”，可见此“民”既为殷商余民，又经管蔡之乱，乃“罪民”之本质，故“作”字别有深意也。此论真见儒家小学之深厚学养也。'作'字却与'亲'字相对。然非'亲'字义。邓艾民先生认为此处“亲”字当为“新”字。故译文据此。下面'治国平天下'处，皆于'新'字无发明。如云'君子贤其贤而亲其亲，小人乐其乐而利其利''如保赤子''民之所好好之，民之所恶恶之，此之谓民之父母'之类，皆是'亲'字意。'亲民'犹《孟子》'亲亲仁民'之谓，此论据，绝妙！'亲之'即'仁之'也。'百姓不亲'，舜[2]使契[3]为司徒，'敬敷五教'，所以亲之也。《尧典》'克明峻德'便是'明明德'，'以亲九族'

1 朱熹，字元晦，又字仲晦，号晦庵，南宋理学家、思想家。

2 舜，姚姓，一作妫姓，号有虞氏，名重华，史称“虞舜”，中国古代部落联盟领袖。

3 契，殷代始祖，被舜封为司徒，掌管教化。

至‘平章’‘协和’，便是‘亲民’，便是‘明明德于天下’。又如孔子言‘修己以安百姓’，‘修己’便是‘明明德’，‘安百姓’便是‘亲民’。说‘亲民’便是兼教养意，说‘新民’便觉偏了。”曾文正公有所谓“八本”之说，首即“训诂乃治学之本”。先生破题，亦见训诂功夫。可见中华之先哲，多具小学根底也。

【译文】

徐爱问：“《大学》中的‘在亲民’，朱熹认为应作‘新民’，而后面的‘作新民’的文句，好像也可作为他的凭证。先生认为应参照旧本作‘亲民’，难道也是有什么根据吗？”

先生说：“‘作新民’的‘新’，是自新的意思，和‘在新民’的‘新’不同，怎么能够作为依据呢？‘作’与‘亲’相对应，但并不是‘新’的意思。后面所讲的‘治国平天下’，都没有对‘新’的意思加以阐释。比如：‘君子贤其贤而亲其亲，小人乐其乐而利其利’‘如保赤子’‘民之所好好之，民之所恶恶之，此之谓民之父母’，这些都含有‘亲’的意思。‘亲民’犹如《孟子》中的‘亲亲仁民’，亲近就是仁爱。百姓不能彼此亲近，虞舜就任命契为司徒，尽心竭力推行伦理教化，让他们父子有亲，君臣有义，夫妇有别，长幼有序，朋友有信，使他们相互亲近。《尧典》中的‘克明峻德’即是‘明明德’，‘以亲九族’到‘平章’‘协和’即是‘亲民’，也就是‘明明德于天下’。再如孔子的‘修己以安百姓’，‘修己’即是‘明明德’，‘安百姓’就是‘亲民’。说成‘亲民’，就包含了教化和养育两个意思，而说成‘新民’就有些偏颇了。”

↗ 2

【原文】

爱问："'知止而后有定'，朱子以为'事事物物皆有定理'，似与先生之说相戾。""不问"事事物物"，何来内外之辨？徐爱真可谓擅问也！胜世之长于捧哏者远矣。

先生曰："于事事物物上求至善，却是义外也。孟子批驳告子"仁内义外"之误，其理已明，故阳明先生直下结论即可。至善是心之本体，只是'明明德'到'至精至一'处便是。有赤子心，方有至善。然亦未尝离却事物。本注所谓'尽夫天理之极，而无一毫人欲之私'者得之。"言朱子此言之是，犹言朱子他言之非。

【译文】

徐爱问："《大学》中'知止而后有定'，朱熹认为万事万物都有定理，好像与先生的看法有抵触。"

先生说："到具体事物中寻求至善，如此就是把'义'看成是外在的了。至善是心的本体，只要'明明德'，并达到惟精惟一的程度，就是至善。当然，这并没有脱离具体事物。《大学章句》中所谓'穷尽天理，心中没有任何私心杂念'的人，就能够达到这种至善的境界。"

↗ 3

【原文】

爱问："至善只求诸心，恐于天下事理有不能尽。"他日悟得"事上练"，便能尽矣。

先生曰："心即理也。天下又有心外之事、心外之理乎？"龙场一场悟道，不过"心即理"三字，此真"百死千难中来"！

爱曰："如事父之孝，事君之忠，交友之信，治民之仁，其间有许多理在，恐亦不可不察。"

先生叹曰："此说之蔽久矣，岂一语所能悟？积弊日久，方见先生拨云见日！今姑就所问者言之。且如事父，不成去父上求个孝的理；事君，不成去君上求个忠的理；交友、治民，不成去友上、民上求个信与仁的理。都只在此心，心即理也。此本源与枝节之辨也。此心无私欲之蔽，即是天理，不须外面添一分。以此纯乎天理之心，发之事父便是孝，发之事君便是忠，发之交友、治民便是信与仁。只在此心去人欲、存天理上用功便是。"所去人欲，即前所谓"私欲之蔽"之"欲"也。

爱曰："闻先生如此说，爱已觉有省悟处。但旧说缠于胸中，尚有未脱然者。如事父一事，其间温凊定省之类，有许多节目，不知亦须讲求否？"

先生曰："如何不讲求？只是有个头脑。只是就此心去人欲、存天理上讲求。就如讲求冬温，也只是要尽此心之孝，恐怕有一毫人欲间杂；讲求夏凊，也只是要尽此心之孝，恐怕有一毫人欲间杂，只是讲求得此心。此心若无人欲，纯是天理，是个诚于孝亲的心，冬时自然思量父母的寒，便自要去求个温的道理。夏时自然思量父母的热，便自要去求个凊的道理。这都是那诚孝的心发出来的条件。"温凊""夏凊"当作"温清""夏清"，"凊"指寒凉之意。后同此。先生因就徐爱之问作答，故惟论孝亲之理。其实自父母对子女之爱观之，其理更明。若婴儿之于襁褓中，为人父母者求其"冬温夏凊"处，一本自然，"纯是天理"也。此即"爱是根本"，犹如此间"孝心"为根本也。却是须有这诚孝的心，然后有这条件发出来。譬之树木，这诚孝的心便是根，许多条件便是枝叶。须先有根，然后有枝叶。不是先寻了枝叶，然后去种根。《礼记》言：'孝子之有深爱者，必有和气；有和气者，必有愉色；有愉色者，必有婉容。’须是有个深爱做根，便自然如此。”无和气，无愉色，无婉容，则必有种种泛滥之情绪。故失控之情绪，低级之欲念，即前此所言“人欲”之本也。故沧溟先生论“人生三困”，即情绪、欲望、习性也。

【译文】

徐爱又问：“如果只是从心中寻求至善，恐怕不能穷尽天下所有的事理吧！”

先生说道：“心就是理呀！难道天下还有什么事物是在人心和自我之外吗？”

徐爱说：“比如服侍父母的孝心、辅佐君主的忠心、结交朋友的诚心、治理百姓的仁心，这中间存在许多道理，恐怕也不能不去考察的！”

先生感慨地说：“这种现点蒙蔽世人已经很久了，又怎么可能是一两句话就能说明白呢？现在仅就你问的这些来谈一谈。比如服侍父母，不是要从父母那里求得孝的理；辅佐君主，不是要从君主那里求得忠的理；结交朋友、治理百姓，也不是要从朋友和百姓那里求得信和仁的道理。这些孝、忠、信、仁的道理就在人的心中。所以说心就是理。没有被私欲迷惑的心，就是天理，不需要到心外强加一点一滴。凭着这颗纯乎天理的心，表现在服侍父母上就是孝，表现在辅佐君主上就是忠，表现在交友和治理百姓上就是信和仁。只需要在自己的心中下功夫，摒弃私欲、存养天理就行了。”

徐爱说：“听了先生这番话，我觉得领悟了许多。但以前的学说还依然萦绕在心中，不能完全摆脱。比如侍奉父亲一事，那些使父亲冬暖夏凉，以及早晚请安等细节，不也需要讲求吗？”

先生说：“怎能不讲求？但要知道什么是核心。要在自己心中去除私欲、存养天理的前提下去讲求。比如讲求寒冬暖和，也只是要尽自己单纯的孝心，唯恐有丝毫的私欲夹杂其间；比如讲求炎夏避暑，也只是要尽自己单纯的孝心，唯恐有丝毫的私欲夹杂其间。为的只是讲求这份心而已。如果自己的这颗心没有私欲，天理至纯，是一颗虔诚孝敬父母的心，那么到了冬天自然就会想到为父母防寒，会主动寻求保暖的道理；到了夏天自然就会想到为父母消暑，会主动寻求清凉的道理。这些都是从那颗虔诚孝敬的心发出来的。只有这颗孝心必是至诚至敬的，然后才会有具体的事情发生。比如，拿一棵树来做例子，树根就是那颗虔诚孝敬的心，枝叶就是尽孝的各种细节。树必须先有根，尔后才有枝叶。而不是先找了枝叶，然后去种根。《礼记》上说：'深爱父母的孝子，对待父母一定会很和气；有和气的态度，必定有愉快的气色；有愉快的气色，必定有让父母高兴的表情。'所以必须有深爱之心作为根本，就自然会有孝敬的各种举动了。"

↗ 4

【原文】

郑朝朔[1]问："至善亦须有从事物上求者？"

先生曰："至善只是此心纯乎天理之极便是，更于事物上怎生求？且试说几件看。"

朝朔曰："且如事亲，如何而为温凊之节，如何而为奉养之宜，须求个是当，方是至善。所以有学、问、思、辨之功。"《中庸》所谓"博学之，审问之，慎思之，明辨之，笃行之"也，此习性也。朝朔以为尺度，误矣！

先生曰："若只是温凊之节、奉养之宜，可一日二日讲之而尽，用得甚学、问、思、辨？此等反驳，一语中的！妙！惟于温凊时，也只要此心纯乎天理之极；奉养时，也只要此心纯乎天理之极。此则非有学、问、

1 郑朝朔，名一初，官至监察御史，曾向王阳明问学。

思、辨之功，将不免于毫厘千里之缪。所以虽在圣人，犹加‘精一’之训。若只是那些仪节求得是当，便谓至善，即如今扮戏子，扮得许多温清奉养的仪节是当，亦可谓之至善矣。”先生精擅归谬之法。

爱于是日又有省。徐爱旁闻而有得，不愧王门颜渊也！

【译文】

郑朝朔问：“至善也必须从具体的事物上去寻求吗？”

先生说：“至善只是使自己的心达到纯天理的境界，从具体的事物上怎么去寻求呢？你不妨举出几个例子。”

郑朝朔于是说：“就像孝敬父母，怎样才能做到冬温夏清，怎样才算得上奉养适当，必须做得恰当才算至善。基于此，才有了学、问、思、辨的功夫。”

先生说：“假若孝敬父母只讲求冬温夏清和奉养适当，只用一两天的时间就可以讲清楚，用什么学、问、思、辨的功夫？做到冬温夏清，奉养得宜，只要自己的心达到纯天理的极限就够了。这样如果没有学、问、思、辨的功夫，就会差之毫厘而失之千里了。因此，即便是圣贤，也要再加‘惟精惟一’的训示。倘若认为把那些礼节讲求得适宜就是至善，那么，现在伶人在戏中恰当地表演了许多侍奉父母的礼节，他们也就可称为至善了。”

徐爱在这一天中又有所省悟。

↗ 5

【原文】

爱因未会先生“知行合一”之训，阳明先生“知行合一”论的提出，当在贵阳文明书院。此际徐爱千里赴黔，求学左右，于“知行合一”处与先生问答，至此理论定型，成为阳明心学之关键内涵。故“心即理”“心外无物”说诞生于龙场，“知行合一”说诞生于贵阳，由此观之，足可谓心学诞生于黔地矣！与宗贤[1]、惟贤[2]往复辩论，未能决，以问于先生。“往复辩论”四字既见“求学”之心，又见“同学”之谊。

先生曰：“试举看。”

爱曰：“如今人尽有知得父当孝、兄当弟者，却不能孝、不能弟，便是知与行分明是两件。”知行若只是知道、做到，若只是理论联系实际，亦可一日二日讲之而尽，用得甚学、问、思、辨？又谈得甚“合一”功夫！

先生曰：“此已被私欲隔断，不是知行的本体了。“本体”两字尤为关键，此“知行”概念之重塑也。因有概念的重塑，故有层次的提升。未有知而不行者，知而不行，只是未知。圣贤教人知行，正是要复那本体。不是着你只恁的便罢。“只恁的便罢”便是低层次的“知行”认知。故《大学》指个真知行与人看，说‘如好好色，如恶恶臭’。见好色属知，好好色属行。只见那好色时已自好了，不是见了后又立个心去好。闻恶臭属知，恶恶臭属行。只闻那恶臭时已自恶了，不是闻了后别立个心去恶。如鼻塞人，虽见恶臭在前，鼻中不曾闻得，便亦不甚恶，亦只是不曾知臭。就如称某人知孝，某人知弟，必是其人已曾行孝、行弟，方可称他知孝、知弟，不成只是晓得说些孝弟的话，便可称为知孝弟；又如知痛，必已自痛了方知痛；知寒，必已自寒了；知饥，必已自饥了。知行如何分得开？此便是知行的本体，不曾有私意隔断的。圣人教人，必要是如此，方可谓之知。不然，只是不曾知。此却是何等紧切着实的工夫。如今苦苦定要说知行做两个，是甚么意？某要说做一个，是甚么意？若不知立言宗旨，只管说一个两个，亦有甚用？”此是从“知”的源头“觉知”论起，终究可至“良知”。

1 宗贤，即黄绾，字宗贤，号久庵，王阳明好友和最早的入室弟子之一。

2 惟贤，即顾应祥，字惟贤，王阳明弟子。

爱曰："古人说知行做两个，亦是要人见个分晓。一行做知的功夫，一行做行的功夫，即功夫始有下落。"

先生曰："此却失了古人宗旨也。某尝说知是行的主意，行是知的功夫。知是行之始，行是知之成。此两句，甚妙！若会得时，只说一个知，已自有行在；只说一个行，已自有知在。所以"知行合一"，也是一种修身功夫！古人所以既说一个知，又说一个行者，只为世间有一种人，懵懵懂懂的任意去做，全不解思惟省察，也只是个冥行妄作。所以必说个知，方才行得是。又有一种人，茫茫荡荡，悬空去思索，全不肯着实躬行，也只是个揣摸影响。所以必说一个行，方才知得真。此是古人不得已补偏救弊的说话。若见得这个意时，即一言而足。知行分论，如实操之分解法，以针对现实中两大类反面典型。先生此解，甚接地气。今人却就将知行分作两件去做，以为必先知了，然后能行。我如今且去讲习讨论做知的工夫，待知得真了，方去做行的工夫。故遂终身不行，亦遂终身不知。此不是小病痛，其来已非一日矣。某今说个知行合一，正是对病的药，又不是某凿空杜撰，知行本体原是如此。今若知得宗旨时，即说两个亦不妨，亦只是一个；若不会宗旨，便说一个，亦济得甚事？只是闲说话。"维度上去了，怎么说都对！层次太低的话，怎么说都错！

【译文】

徐爱因为没有领会先生"知行合一"的主张，与宗贤和惟贤再三讨论，仍然没有明白，于是请教先生。

先生说："不妨举个例子来说明。"

徐爱说："现在，世人都明知对父母应该孝顺，对兄长应该尊敬，但往往不能做到孝，不能做到敬，可见知与行分明是两件事。"

先生说："这是被私欲所隔断，不是知与行的本体了。没有知道了而不去实践的，知而不行，还是没有真正明白。圣贤教人们知和行，正是要恢复原本的本体，而并非随便地告诉怎样去知与行便了事。所以，《大学》用‘如好好色，如恶恶臭’来启示人们，什么是真正的知与行。看到美色是知，喜好美色是行，所以一看到美色就立刻喜欢它了，而不是在见了美色之后才起一个心去喜欢。闻到恶臭是知，讨厌恶臭是行，所以一闻到恶臭就开始讨厌了，而不是在闻到恶臭后才起一个心去讨厌。比如，一个人如果鼻塞，即使发现恶臭在跟前，鼻子没有闻到，也根本不会特别讨厌，这也只是因为并未认识到臭而已。又如，我们讲一个人知道孝顺父母，敬爱兄长，一定是他已经做到了孝敬之事，才能称他知晓孝悌。难不成他只知道说些孝顺、顺敬之类的话，就可以称为知晓孝悌的道理了？再如，知道痛楚，一定是自己已经痛了才知道痛；知道寒冷，一定是自己觉得寒冷了；知道饥饿，一定是自己肚子饥饿了。知与行怎么能够分开呢？这就是知与行的本体，不曾被人的私欲隔断。圣贤教诲大家，一定是如此才可以称作知。否则，就只是未曾知。这是多么紧迫、实际的功夫啊！今天，世人非要把知与行说成是两回事，是什么意思？我要把知与行说成是一回事，是什么意思？倘若不懂得我立言的主旨，只顾说是一件事还是两件事，又有什么用呢？”

徐爱说：“古人把知与行分开来讲，亦是让人有所区分，一方面做知的功夫，另一方面做行的功夫，这样所做的功夫方才有着落。”

先生说：“这样做就丢弃了古人的主旨了。我以前说过，知是行的主旨，行是知的功夫，知是行的开始，行是知的结果。如果领会知行之理，只是说认知，践行就已经在其中了；若是说践行，认知也自在其中了。古人之所以既说认知，又说践行，只因世上有一种人，只顾稀里糊涂地随意去干，根本不思考琢磨，完全盲目妄为，因此必须强调知，他才能行得端正。还有一种人，海阔天空地凭空思考，完全不愿亲身实践，只是无端空想，所以强调一个行，他方能知得真切。这都是古人为了救弊补偏，不得已而采用的对策。假若懂得了这一点，一句话就足够了。现今的人非要把知与行分为两件事去做，认为一定要先有知，然后才能行。因此，我若先去讲习讨论做知的功

夫，等知得真切，再去做行的功夫，这样就会终生得不到践行，也必定终生得不到认知。这不是小毛病，此种错误认识为时很久了。现在我说的知行合一，正是要对症下药，而不是凭空捏造，知行的本体原本如此。如果明白我立论的主旨，即使把知与行分开说也无关紧要，其实仍是一体。如果不明白我立论的主旨，即使说知行合一，又有什么作用？那只不过是说些无用的话罢了。”

↗ 6

【原文】

爱问：“昨闻先生‘止至善’之教，已觉功夫有用力处。此是在心上而非事事物物上的功夫。但与朱子‘格物’之训，思之终不能合。”心学向内，格物向外，表征如此，故徐爱觉不能合。

先生曰：“‘格物’是‘止至善’之功。既知‘至善’，即知‘格物’矣。”先生此“格物”，内涵与外延与朱子纯手段之“格物”又有不同。所谓“精气为物”，此处“格物”，亦求心之本源也。

爱曰：“昨以先生之教推之‘格物’之说，似亦见得大略。但朱子之训，其于《书》之‘精一’，《论语》之‘博约’，《孟子》之‘尽心知性’，皆有所证据，以是未能释然。”朱子之学一旦成为官学，儒生对于此前经典之解读都会产生偏向。这也是汉语以表意文字汉字为基础，从而在训诂释义上容易产生价值偏差的根本原因。

先生曰：“子夏[1]笃信圣人，曾子[2]反求诸己。笃信固亦是，然不如反求之切。此是以此时之徐爱比之子夏也。然子夏笃信夫子，自然是信对

1 子夏，姓卜名商，字子夏，名列“孔门七十二贤”。
2 曾子，名参，字子舆，名列“孔门七十二贤”，儒家学派的重要代表人物。

了人。而徐爱若笃信朱子，恐怕大谬不然矣。细思阳明先生之潜台词，着实有趣！今既不得于心，安可狃于旧闻，不求是当？就如朱子亦尊信程子[1]，至其不得于心处，亦何尝苟从？前有一贬，此又一扬。朱子于当时当世，毕竟有如“牌位”，又是官学正宗，故阳明先生论及朱子，颇见语言技巧！‘精一’‘博约’‘尽心’本自与吾说吻合，但未之思耳。朱子‘格物’之训，未免牵合附会，非其本旨。精是一之功，博是约之功。曰仁既明知行合一之说，此可一言而喻。徐爱字曰仁，名、字直扣儒家之本也！‘尽心知性知天’是‘生知安行’事，‘存心养性事天’是‘学知利行’事，‘夭寿不贰，修身以俟’是‘困知勉行’事。将《孟子》与《中庸》打通，一目了然！朱子错训‘格物’，只为倒看了此意，以‘尽心知性’为‘物格知至’，要初学便去做‘生知安行’事，如何做得？”此一段话，直指中国教育大弊之根由。儿童初学起步，老师、家长、社会，只求其听话、努力、按部就班，以为只要多学知识（即朱子向外格物），就能够致知、致善了。这样只会培养出听话的考试机器，其实是完全违背人性与教育规律的。朱子之遗毒，可谓深远，而今尤甚！

爱问：“‘尽心知性’，何以为‘生知安行’？”

先生曰：“性是心之体，天是性之原。尽心即是尽性。惟天下至诚，为能尽其性，知天地之化育。‘存心’者，心有未尽也。‘知天’如知州、知县之‘知’，是自己分上事，已与天为一；‘事天’如子之事父、臣之事君，须是恭敬奉承，然后能无失，尚与天为二，此便是圣贤之别。至于‘夭寿不贰其心’，乃是教学者一心为善，不可以穷通夭寿之故，便把为善的心变动了，只去修身以俟命；见得穷通寿夭，有个命在，我亦不必以此动心。‘事天’虽与天为二，已自见得个天在面前；‘俟命’，便是未曾见面，在此等候相似，此便是初学立心之始，有个困勉的意在。今

1 程子，程颐，程颢之胞弟。字正叔，世称伊川先生，北宋理学家、教育家。

却倒做了，所以使学者无下手处。”孟子所云三层境界，唯阳明先生合《中庸》而论之，可谓中的！

爱曰：“昨闻先生之教，亦影影见得功夫须是如此。今闻此说，益无可疑。爱昨晓思，‘格物’的‘物’字，即是‘事’字，皆从心上说。”

先生曰：“然。身之主宰便是心，心之所发便是意，意之本体便是知，意之所在便是物。如意在于事亲，即事亲便是一物；意在于事君，即事君便是一物；意在于仁民爱物，即仁民爱物便是一物；意在于视听言动，即视听言动便是一物。所以某说无心外之理，无心外之物。无心外之理，无心外之物！此即不论“事”与“物”，关键看汝“心”！细思颇有“薛定谔的猫”之趣！《中庸》言‘不诚无物’，《大学》‘明明德’之功，只是个‘诚意’。‘诚意’之功，只是个‘格物’。”此即后之“心上学”“事上练”之缘起也。

【译文】

徐爱问：“昨天听了先生关于‘止至善’的教导，已经悟到该如何去下功夫。但是联系朱子关于‘格物’的解说，思想还是不能很好地统一起来。”

先生说：“格物是达到最高的善的功夫，既然知道最高的善了，那么也就知道格物了。”

徐爱问：“昨天用先生关于‘止至善’的教诲去深入探究‘格物’的学说，仿佛也略有所悟。然而，朱熹解释《尚书》的‘精一’，《论语》的‘博约’，《孟子》的‘尽心知性’都可以找到相应的依据，所以我心中仍有些不明白。”

先生说：“子夏虔诚地相信圣贤，曾参却是反躬自省。虽然笃信圣贤也正确，但是，不如反躬自省来得真实。你现在既然不明白，又怎么能囿于旧说，而不去寻求确切的结论呢？比如，朱熹十分尊敬信赖程子，但碰到不能理解、不能认同之处，又何曾随便轻信呢？‘精一’‘博约’‘尽心’等，与我的见解其实是等同的，只是你没有仔细深入思考罢了。朱熹对‘格物’的阐释，不免穿凿附会，并不是《大学》本来的意义。精慎是主一的功夫，广博为简约的功夫。你既然明白知行合一的主张，此处只需一句话就能清楚明了。‘尽心知性知天’是天生具有认知的人顺性践行的事情；‘存心养性事天’是通过后天学习获得知识的人通畅践行的事情；‘夭寿不贰，修身以俟’是属于那些遇到困难再去学习的人努力践行的事情。朱熹错误地理解了‘格物’，是由于他将这个意思颠倒了，认为‘尽心知性’是‘物格知至’，要求初学者去做生而知之的事情，他们怎么能做到呢？”

徐爱问：“‘尽心知性’怎能说是‘生知安行’所能达到的呢？”

先生说：“性是心的本体，天理是性的根源。尽心也就是尽性。《中庸》说：‘唯天下至诚为能尽其性，知天地之化育。’‘存心’就是没有尽心。‘知天’的‘知’，如同知州、知县的‘知’一样，把它看成是自己应该做的，是天人合一。‘事天’，就像儿子侍奉父亲、大臣侍奉君主一样，一定要毕恭毕敬，才不会出现什么过失。此时，还是与天相对为二，这就是圣人与贤人的区别所在。至于‘夭寿不贰其心’，是教育人们一心向善，不能因环境优劣或寿命长短而改变了原本一心一意为善的心。只注重修养身心，等待命运安排，即便知道人的困厄、通达、长寿、短命都是命中注定，也不因此而动摇自己的本心。‘事天’，虽与天相对为二，但已真切地知道天正在眼前；‘俟命’，则是从来未曾见过，却在此等候。这就是初学的人在开始树立志向时，需要勉励而为的。而朱熹把这个过程倒过来了，因此使学习的人无从着手。”

徐爱说：“昨天闻听先生的教导，也隐约觉得修养的功夫理当如此。现在听了先生这些具体的解释，再没有疑惑了。昨天清早我这样想，‘格物’的‘物’字，也就是‘事’字，都是从本心上而说的。”

先生说：“说得好。心是我们身体的主宰，本心的触发就是意识，意识从本源来说就是知，我们所意识到的就是物。譬如，我们的意念在于侍奉亲人，那么侍亲就是物；我们的意念在于侍奉君主，那么事君就是物；我们的意念在于仁民、爱物上，那么仁民、爱物就是物；我们的意念在视听言动

上，那么视听言动就是一物。因此，我认为没有存在于心之外的天理，没有存在于心之外的万物。《中庸》上说‘不诚无物’,《大学》中的‘明明德’的功夫，说的都是诚意。诚意的功夫，就是格物。”

7

【原文】

先生又曰:“‘格物’如《孟子》‘大人格君心’之‘格’，是去其心之不正，以全其本体之正。“物”与“君心”，即“格”之对象。“格物”本质即明。但意念所在，即要去其不正，以全其正，即无时无处不是存天理，即是穷理。‘天理’即是‘明德’,‘穷理’即是‘明明德’。”

【译文】

先生接着说:“‘格物’的‘格’，就是像孟子所谓的‘大人格君心’的‘格’，是指去除人心的邪恶，保全本体的纯正。只要意念萌动，就要去除邪恶以保纯正，也就是说，不论什么时候、什么地方都能保存心中的天理，也就是穷理。‘天理’就是清明的德性，‘穷理’就是发挥那清明的德性。”

8

【原文】

又曰:“知是心之本体，心自然会知。此“本体”之“知”，从“觉知”到“良知”也。见父自然知孝，见兄自然知弟，见孺子入井自然知恻隐。此便是良知，不假外求。若良知之发，更无私意障碍，即所谓‘充其恻隐之心。而仁不可胜用矣’。然在常人，不能无私意障碍，所以须用致知格物之功胜私复理。即心之良知更无障碍，得以充塞流行，便是致其知。知致则意诚。”朱熹之误，在于将“格物致知”的“知”，当成对外在万物的了解与知识，若如此，又何须“诚意正心”？只有向内“致良知”，“诚意正心”方有价值！

【译文】

先生又说：“知是心的本体，心自然能知。看见父亲自然知道孝顺，看见兄长自然知道恭敬，看见小孩落井自然有同情之心。这就是良知，不需要到心之外去求取。如果良知显露，又无私欲遮蔽，就是《孟子·尽心上》中所说‘充其恻隐之心，而仁不可胜用矣’。但是，对于平常人而言，不可能做到没有私欲掺杂在心中，因此，就要用‘致知’‘格物’的功夫，去战胜私欲，恢复天理。如此，人心的良知就再无阻隔，能够彻底显露，这就是致良知。能致良知，思想也就真诚专一了。”

↗9

【原文】

爱问：“先生以‘博文’为‘约礼’功夫，深思之，未能得，略请开示。”夫子有所谓“博之以文，约之以礼”。

先生曰：“‘礼’字即是‘理’字。‘理’之发见可见者谓之‘文’。此“文”非只文字、文章、文献。《说文》曰：“文，纹也。”阳明先生自有训诂工夫，从源头说起，以“文”为“理”之外在显现也。‘文’之隐微不可见者谓之‘理’，只是一物。‘约礼’只是要此心纯是一个天理。要此心纯是天理，须就‘理’之发见处用功。如发见于事亲时，就在事亲上学

存此天理；发见于事君时，就在事君上学存此天理；发见于处富贵贫贱时，就在处富贵贫贱上学存此天理；发见于处患难夷狄时，就在处患难夷狄上学存此天理。此段“见”字通“现”。“富贵贫贱、患难夷狄”者，据《中庸》而论种种考验也。至于作止、语默，无处不然，随他发见处，即就那上面学个存天理。这便是‘博学之于文’，便是‘约礼’的功夫。‘博文’即是‘惟精’，‘约礼’即是‘惟一’。”从“博文约礼”，到“惟精惟一”，阳明先生脑洞不可谓不大！是真能贯通也！

【译文】

徐爱问：“先生说‘博文’是‘约礼’的功夫，我想了许久，还是未能理解，请先生赐教。”

先生说：“‘礼’就是‘理’。‘理’显示出来被看见的就是‘文’，‘文’隐蔽起来不能见的就是‘理’，二者原本是一个东西。‘约礼’就是要在自己的心里只保有纯粹的天理。要如此，就要在‘理’的显示发挥处苦下功夫。譬如，天理在侍奉双亲时显现发挥，就要在孝顺时学习保存天理；天理在辅佐君主时显现发挥，就要在侍奉君主时学习保存天理；天理在身处富贵、贫贱时显现发挥，就要在富贵、贫贱的境遇中学习保存天理；天理在身处患难、困厄中显现发挥，就要在患难、困厄时学习保存天理。至于是行动还是静处，是说话还是沉默，理显现在什么地方，就在什么地方学习保存天理。这就是‘博学之于文’的意思，就是‘约礼’的功夫。‘博文’就是为了求得天理的精纯，‘约礼’就是为了求得天理的专一。”

10

【原文】

爱问:“‘道心常为一身之主,而人心每听命’。此朱子语也。以先生‘精一’之训推之,此语似有弊。”秉性忠厚的徐爱居然可以主动发现朱熹的错误了,进步着实很大!

先生曰:“然。心一也,未杂于人谓之道心,杂以人伪谓之人心。人心之得其正者即道心,道心之失其正者即人心,初非有二心也。“心”只有一个,但一经选择,就有分别!程子谓‘人心即人欲,道心即天理’,语若分析,而意实得之。今曰‘道心为主,而人心听命’,是二心也。天理人欲不并立,安有天理为主,人欲又从而听命者?”朱子之病,在极机械、极表面,又一副大道理的模样。

【译文】

徐爱问:“朱熹在《中庸章句·序》中说‘道心常为一身之主,而人心每听命’,从先生对‘精一’的解释来看,此话似乎有弊病。”

先生说:“是的。心就是一个心。没有夹杂人的私欲的,叫做道心;夹杂人的私欲的,叫做人心。人心若能恢复正气,就是道心;道心如果失去正气,就是人心。并非一开始就有两颗心的。程子认为‘人心即人欲,道心即天理’,从这句话来看,意思是没错的。而朱熹认为‘道心为主,而人心听命’,如此是把一颗心分为两颗心了。天理、私欲并非并立共存,怎么会有以天理为主要,私欲又听从于天理的道理呢?”

【原文】

爱问文中子[1]、韩退之[2]。

先生曰："退之，文人之雄耳；文中子，贤儒也。后人徒以文词之故，推尊退之，其实退之去文中子远甚。"此文学家与哲学家之别也。文中子即王勃之祖父王通也。

爱问："何以有拟经之失？"王通曾效《春秋》而作《元经》，效《论语》而作《中说》，此之谓"拟经"。

先生曰："拟经恐未可尽非。且说后世儒者著述之意与拟经如何？"

爱曰："世儒著述，近名之意不无，然期以明道，拟经纯若为名。"

先生曰："著述以明道，亦何所效法？"

曰："孔子删述《六经》，以明道也。"

先生曰："然则拟经独非效法孔子乎？"

爱曰："著述即于道有所发明，拟经似徒拟其迹，恐于道无补。"

先生曰："子以明道者，使其反朴还淳，而见诸行事之实乎？抑将美其言辞，而徒以诿诿于世也？天下之大乱，由虚文胜而实行衰也。"虚文胜而实行衰"，真世道之大病也！使道明于天下，则《六经》不必述。删述《六经》，孔子不得已也。自伏羲[3]画卦，至于文王[4]、周公[5]。其间言《易》，如《连山》《归藏》之属，纷纷籍籍，不知其几，《易》道大乱。今之诗道亦然，外行"纷纷籍籍，不知其几"。故沧溟奋发而作《中

1 文中子，即王通，字仲淹，号文中子，隋代大儒。

2 韩退之，即韩愈，字退之，世称昌黎先生，唐代文学家、思想家。

3 伏羲，又名宓羲等，《史记》中称伏牺，三皇之一，相传是八卦的发明者。

4 文王，指姬昌，周朝开国君主，被商纣王幽禁期间推演八卦为六十四卦。

5 周公，姬姓，名旦，西周政治家、思想家，根据前人所著，写作爻辞。

华诗史》也。孔子以天下好文之风日盛，知其说之将无纪极，于是取文王、周公之说而赞之。以为惟此为得其宗。于是纷纷之说尽废，而天下之言《易》者始一。《书》《诗》《礼》《乐》《春秋》皆然。《书》自《典》《谟》以后，《诗》自“二南”以降，如《九丘》《八索》，一切淫哇逸荡之词，盖不知其几千百篇。《礼》《乐》之名物度数，至是亦不可胜穷。孔子皆删削而述正之，然后其说始废。如《书》《诗》《礼》《乐》中，孔子何尝加一语？今之《礼记》诸说，皆后儒附会而成，已非孔子之旧。故知阳明越程朱、汉儒，直返夫子儒家之本也。至于《春秋》，虽称孔子作之，其实皆鲁史旧文。所谓‘笔’者，笔其旧；所谓‘削’者，削其繁，是有减无增。孔子述《六经》，惧繁文之乱天下，惟简之而不得，使天下务去其文以求其实，非以文教之也。《春秋》以后，繁文益盛，天下益乱。始皇焚书得罪，是出于私意，又不合焚《六经》。若当时志在明道，其诸反经叛理之说，悉取而焚之，亦正暗合删述之意。居然有此等议论！阳明先生真敢冒天下之大不韪！然一“删”一“焚”之间，确有可琢磨处。自秦、汉以降，文又日盛，若欲尽去之，断不能去。只宜取法孔子，录其近是者而表章之，则其诸怪悖之说，亦宜渐渐自废。不知文中子当时拟经之意如何？某切深有取于其事，以为圣人复起，不能易也。故阳明先生于龙场作《五经臆说》，亦求直返夫子之道。故此，当与文中子有惺惺相惜处也。天下所以不治，只因文盛实衰，人出己见，新奇相高，以眩俗取誉。徒以乱天下之聪明，涂天下之耳目，使天下靡然，争务修饰文词，以求知于世，而不复知有敦本尚实、反朴还淳之行。是皆著述者有以启之。”

爱曰：“著述亦有不可缺者。如《春秋》一经，若无《左传》，恐亦难晓。”

先生曰：“《春秋》必待《传》而后明，是歇后谜语矣。“歇后谜语”，四字甚妙！圣人何苦为此艰深隐晦之词？《左传》多是鲁史旧文，若《春

秋》须此而后明，孔子何必削之？”

爱曰：“伊川亦云：‘《传》是案，《经》是断。’如书弑某君，伐某国。若不明其事，恐亦难断。”

先生生曰：“伊川此言，恐亦是相沿世儒之说，未得圣人作经之意。如书弑君，即弑君便是罪，何必更问其弑君之详？征伐当自天子出，书伐国，即伐国便是罪。何必更问其伐国之详？圣人述《六经》，只是要正人心，只是要存天理、去人欲。去繁就简，才能直问本心。于存天理、去人欲之事，则尝言之。或因人请问，各随分量而说，亦不肯多道，恐人专求之言语，故曰‘予欲无言’。若是一切纵人欲、灭天理的事，又安肯详以示人？是长乱导奸也。故犯罪之事不可详细报道，否则有犯罪教学的可能。故孟子[1]云：‘仲尼之门无道桓、文之事者，是以后世无传焉。’此便是孔门家法。此种“家法”，亦应为社会学、传播学之“家法”也。世儒只讲得一个伯者的学问，所以要知得许多阴谋诡计，纯是一片功利的心，与圣人作经的意思正相反，如何思量得通？”

因叹曰：“此非达天德者，未易与言此也。”又曰：“孔子云：‘吾犹及史之阙文也。’也是一种“空白的艺术”。孟子云：‘尽信《书》不如无《书》，吾于《武成》，取二三策而已。’孔子删《书》，于唐、虞、夏四五百年间不过数篇，岂更无一事，而所述止此？圣人之意可知矣。圣人只是要删去繁文，后儒却只要添上。”

爱曰：“圣人作经，只是要去人欲，存天理。如五伯[2]以下事，圣人不欲详以示人，则诚然矣。至如尧、舜以前事，如何略不少见？”

先生曰：“羲[3]、黄[4]之世，其事阔疏，传之者鲜矣。诉及文明源起，

---

1 孟子，名轲，字子舆，战国时期思想家、教育家。
2 五伯，即春秋五霸，指齐桓公、宋襄公、晋文公、秦穆公和楚庄王。
3 羲，即伏羲。
4 黄，即黄帝，名轩辕，一说名轩。亦称有熊氏。五帝之首，被尊为“人文初祖”。

则伏羲、黄帝，可见华夏文明祖先崇拜之本质。此亦可以想见其时全是淳庞朴素、略无文采的气象。此便是太古之治，非后世可及。”

爱曰：“如《三坟》之类，亦有传者，孔子何以删之？”

先生曰：“纵有传者，亦于世变渐非所宜。风气益开，文采日胜，至于周末，虽欲变以夏、商之俗，已不可挽。况唐、虞乎？又况羲、黄之世乎？然其治不同，其道则一。孔子于尧[1]、舜，则祖述之；于文、武，则宪章之；文、武[2]之法，即是尧、舜之道。但因时致治，其设施政令，已自不同。即夏、商事业，施之于周，已有不合。故孔子编《诗经》，尤重《豳风》，尤重《七月》，其间夏、周之历法合于一篇也，殊为难得。故‘周公思兼三王[3]，其有不合，仰而思之，夜以继日’。况太古之治，岂复能行？斯固圣人之所可略也。”

又曰：“专事无为，不能如三王之因时致治，而必欲行以太古之俗，即是佛老的学术。由此可知，阳明先生入世立德立功立言，必弃佛老。因时致治，不能如三王之一本于道，而以功利之心行之，即是伯者以下事业。后世儒者许多讲来讲去，只是讲得个伯术。”

【译文】

徐爱请先生评价一下王通和韩愈。

先生说：“韩愈是文人中的英才，王通是一位贤能大儒。后世之人只是凭文章尊崇韩愈，其实，相比之下，韩愈比王通差得多。”

徐爱问道：“那么，王通怎么会有模拟仿作经书这种错误的呢？”

先生说：“模拟仿作经书的是非对错不能一概而论。你且说说后世儒学人士著书立说、阐释典籍的目的，与模拟仿作经书有什么分别？”

徐爱说：“后世儒者的编著，不是没有求名之意，但最终的目的还是明

1 尧，又称唐尧，中国古代部落联盟领袖。

2 武，即周武王，姬姓，名发，周文王姬昌之子。

3 三王，即夏禹、商汤、周文王。

道，而模拟仿作经书完全是为了求名。”

先生说：“通过著书来阐释明道，仿效的又是什么呢？”

徐爱说：“仿效孔子删述《六经》的途径来阐明圣道。”

先生说：“既然如此，模拟仿作经书就不是仿效孔子吗？”

徐爱说：“著书立说对明道是有所创作和发挥的，而模拟仿作经书仿佛只是仿照经书的形式，对于明道来说似乎没有什么作用。”

先生说：“你认为的明道之人，是将天理返璞归真，使道在平常生活中践行呢？还是通过华而不实的言辞，借此哗众取宠呢？天下纷乱，主要是因为虚文盛行，践行不足。天下之道倘若光明，也就无所谓删述《六经》。孔子对《六经》的删述，实际上是不得已而为之的。自从伏羲画八卦，再到文公、周公，其中论述《易经》的就有《连山》《归藏》等著述，众说纷纭，数不胜数，使《易》所蕴含的圣道乱作一团。孔子发现天下追慕华美文辞的风气日益盛行，认为如此延伸将会失去法度，所以采用文王、周公关于《易》的论述，认为只有他们的主张才把握住了《易》的宗旨。于是便将其他众多的观点废弃，天下关于《易》的论述才开始统一起来。《诗》《书》《礼》《乐》《春秋》也都是如此。《尚书》自《典》《谟》之后，《诗经》自《周南》《召南》之后，像《九丘》《八索》之类的放浪虚浮之语，成百上千。《礼》《乐》的名称、事物、礼俗、数目不计其数，孔子均作了删削述正，自此其他说法才终止。在《书》《诗》《礼》《乐》之中，孔子不曾增添一句话。现今《礼记》中的解释之词，大多是后世儒生附会而成，已经不是孔子的原本了。至于《春秋》，虽称是孔子之作，但都是在鲁史之旧文上笔削而成。所谓‘笔’，也就是照抄原文；所谓‘削’，也就是删除繁杂，这样只会少而不会多。孔子传述六经，是担忧浮华的文字扰乱天下，虽想简略却不能彻底做到。他要求人们不要死抠经典中的字句，应当追求经典的本质。他并非要用文辞来教化天下。《春秋》之后，繁文日益盛行，天下一团漆黑。秦始皇因焚书而得罪天下人，由于他是出自私心，更不该焚毁《六经》。秦始皇当时若目的在于阐明圣道，把那些离经叛道的书全部烧掉，倒也正合孔子删述的本意。从秦汉以来，文辞之风愈演愈烈，要想彻底废止根本不可能了。只得效仿孔子的做法，对那些和经书道理接近的加以表扬，那些荒诞无稽之论也就慢慢自行灭绝了。我不知道王通当初仿作经书是什么用意，对他的举动却深切理解，圣人即使重生，也不会改变这种做法。天下之所以治理失当，就在于浮夸的人太多，而务实的太少。人们各抒己见，争奇斗异，喧嚣于世，这只会混淆人们的思想，蒙蔽他们的耳目，使他们只去争相修饰文辞，博取声名，而不再懂得还有崇尚真实、返璞归真的做法，这些都是阐述经典的人所导致的。”

徐爱说：“有些时候，著述是不能缺少的。比如《春秋》这本书，如果没有《左传》作解，后人恐怕是难以读懂的。”

先生说：“《春秋》如果必须有《左传》才能明白，那就成为猜谜语了。圣人又何苦做如此艰深隐晦的文章呢?《左传》大多是《鲁史》的原文，如果读《春秋》要凭借《左传》才能明白，那么，孔子删削又有什么必要呢?”

徐爱说：“程颐先生也说过,《传》是事件,《经》是判断。比如,《春秋》记载弑某君、伐某国，如果不知道事情的经过和原委，大概也难以作出确切的判断。”

先生说：“程颐先生这一句话，差不多也是承袭后世儒生的说法，没有理解圣人作经的本意。比如写‘弑君’，弑君本是罪过，为什么还要问弑君的经过呢? 讨伐的命令应该由天子发布，写‘伐国’，就是记载诸侯讨伐别的国家，这便是罪过，为什么还要问伐国的经过呢? 圣人传述六经，只是端正人心，只是存养天理、去除人欲。对于存养天理、摒弃私欲这些事情，孔子就曾经说过。有时根据人们的问题，作了不同程度的回答，他也并不多讲，只怕人们在文辞语言上纠缠，所以才说‘予欲无言’。如果都是些泯灭天理、放纵人欲的事，又怎能详细地作解呢? 那等于是教唆、助长这些行为。所以孟子说：‘孔子的门生没有记述齐桓公、晋文公的事迹，所以他们称霸侵伐

的行为就没有流传后世。'这就是孔门的家法。世俗的儒者只讲霸道的学问，因而他们要精通许多阴谋诡计。这完全是一种功利的心态，与圣人作经的本意背道而驰，他们怎么想得通呢？"

先生由此感叹说："如果不是通达天理的人，我是很难与他谈论这个问题的！"

他接着说："孔子说：'我还见过史书存疑的地方。'孟子也说：'完全相信《尚书》还不如没有《尚书》，我也只从《武成》篇里取两三页罢了。'孔子删述《尚书》，即使是尧、舜、禹这四五百年间的历史，也仅存数篇。难道再没有值得记述的事吗？虽然传述的仅有几篇，但圣人的意图再明白不过。圣人是要剔除繁文，后世的那些儒生却硬要再添上。"

徐爱问："孔子作六经，只是为了去除人欲，存养天理。春秋五霸之后的事，圣人不肯把详情告诉人们，确实如此。那么，尧舜之前的事，为什么也统统省略，几乎不可得见呢？"

先生说："伏羲、黄帝时代，历史久远而不详尽，流传下来的自然很少。这也是可以想象的，其时都是淳朴素淡的气象，重辞藻的浮夸现象尚未出现。这就是上古社会，非后世所能比拟。"

徐爱问："《三坟》之类的书，也有流传下来的，为什么孔子也要删除它？"

先生说："纵然是有流传下来的，也因人世的变化而跟不上时代的步伐。风气更加开化，辞藻日愈讲究，到了周朝末年，想再恢复夏、商的习俗，已不可能，又何谈恢复唐虞时的习俗，更何况是恢复到伏羲、黄帝之时！各朝各代治理国家的表现不同，但遵循的天道准则却是一致的。孔子遵从尧舜，效法周文王、周武王。周文王、周武王的治世方法，正是尧、舜的治世之道，然而每个人都依各时情况而执行，各自的政令制度也互不相同。也就是说，夏、商的制度政令在周代实施，已经有不合时宜之处了。所以，周公经过深思熟虑，对夏禹、商汤、周文王的制度兼收并蓄，碰到不合适的地方，就夜以继日地反复琢磨。更何况远古的治世方法，又怎么能重新施行？这就是孔子删除前代之事的原因！"

先生接着说："但求无为而治，不像禹、汤、文王那样根据时代的具体情况而进行治理，而一定要实行远古的风俗，是佛教、老庄的主张。能够根据时代的变化对社会进行治理，却不能像禹、汤、文王那样一切都以天道为根本，而是根据功利行事，这是五霸以后治世的情形。后世许多儒生翻来覆去地论述，都只是讲了其中一个霸术而已。"

↗ 12

【原文】

又曰："唐、虞以上之治，后世不可复也，略之可也。三代以下之治，后世不可法也，削之可也。惟三代之治可行。然而世之论三代者，不明其本，而徒事其末，则亦不可复矣。"此段言夫子删削之初衷与后世之误，是为补充上段之所论也。

【译文】

先生又说："尧、舜之前的治世方法，后世不可能恢复，把它删除是可以的。夏、商、周三代之后的治世方法，后世不可仿效，把它删除是可以的。只有这三代的治世方法可以效法实行。然而，世上议论三代的人，却不了解三代治理天下的根本原因，仅注意到一些细枝末节。所以，这三代治理天下的方法也不能恢复了。"

↗ 13

【原文】

爱曰："先儒论《六经》，以《春秋》为史。史专记事，恐与《五经》

事体终或稍异。”

先生曰：“以事言谓之史，以道言谓之经。事即道，道即事。《春秋》亦经，《五经》亦史。《易》是包牺氏[1]之史，《书》是尧、舜以下史，《礼》《乐》是三代史。其事同，其道同，安有所谓异？”此段经、史之论，甚妙！甚妙！

【译文】

徐爱说：“先儒在讨论《六经》的时候，把《春秋》看作史书一类。而史书只记载历史事件，恐怕与其他《五经》的体例、宗旨稍有不同。”

先生说：“从记事的角度讲是‘史’，从论道的角度讲是‘经’。事实是道义的表现，所以道义就是事实。因此，《春秋》是经，《五经》也是史。《易》是伏羲时的历史，《尚书》是尧舜之后的历史，《礼》《乐》是夏、商、周三代的历史。它们记载的事实是相同的，所阐述弘扬的大道也是一样的，怎么会有什么差异呢？”

↗ 14

【原文】

又曰：“《五经》亦只是史，史以明善恶，示训戒。善可为训者，特存其迹以示法；恶可为戒者，存其戒而削其事以杜奸。”

爱曰：“存其迹以示法，亦是存天理之本然；削其事以杜奸，亦是遏人欲于将萌否？”

先生曰：“圣人作经，固无非是此意，然又不必泥着文句。”

1 包牺氏，即伏羲氏。

爱又问："恶可为戒者，存其戒而削其事以杜奸。何独于《诗》而不删《郑》《卫》？先儒谓'恶者可以惩创人之逸志'，然否？"此朱子之言也。可见前此"先儒"者谁。

先生曰："《诗》非孔门之旧本矣。孔子云：'放郑声，郑声淫。'又曰：'恶郑声之乱雅乐也。''郑卫之音，亡国之音也。'此是孔门家法。孔子所定三百篇，皆所谓雅乐，皆可奏之郊庙，奏之乡党，皆所以宣畅和平、涵泳德性、移风易俗，安得有此？是长淫导奸矣。此必秦火之后，世儒附会，以足三百篇之数。此段揣测，恐非合于诗史之实际。盖淫泆之词，世俗多所喜传，如今闾巷皆然。'恶者可以惩创人之逸志'，是求其说而不得，从而为之辞。"

【译文】

先生接着说："《五经》也只是史书，史书的作用是明辨善恶、总结经验教训。善可以用来教化，因而特别保存善的事迹，让后人仿效；恶能够让人引以为戒，就保存警示的部分，而略去事情发展经过，以杜绝类似的事情再发生。"

徐爱问："保存善的事迹让后人仿效，是存养天理的原本面目；省略恶行的经过以杜绝奸邪，是为了把私欲抑制在萌芽的状态吗？"

先生答道："孔子删编《六经》的时候，确实有这种意思。但是也不必局限于文句。"

徐爱听了，又问："可以用作警示的恶行，保留警戒世人的部分，而省略事情经过以杜绝奸邪。然而，《诗经》中为什么唯独没有删除《郑风》和《卫风》呢？朱子认为恶的事情可以惩戒人的贪图享乐之心，这种理解正确吗？"

先生说："现存的《诗经》已经不是孔子修订的旧本了。孔子说：要弃绝郑国的音乐，郑国的音乐是靡靡之音。又说：厌恶郑国的音乐扰乱了纯

正的雅乐。郑国和卫国的音乐，是亡国的音乐。这就是孔门的家法。孔子修订《诗经》三百篇，都是雅乐，都是可以既在郊庙演奏，也可以在乡村演奏的，并且都有助于陶冶性情，涵养德操，移风易俗，怎么会有《郑风》和《卫风》之类呢？这种是助长淫乱，引导别人去做奸邪之事！这肯定是秦始皇焚书之后，世俗儒生为凑足三百篇的数目而附会的。世俗之人大多喜欢传播淫邪之辞，现在街头巷尾也不少见。朱熹所谓的‘恶者可以惩创人之逸志’，正是想要解释却又无法解释，不得已如此说了。”

徐爱跋

【原文】

爱因旧说汩没，始闻先生之教，实是骇愕不定，无入头处。其后闻之既久，渐知反身实践，然后始信先生之学为孔门嫡传，舍是皆傍蹊小径，断港绝河矣。嫡传，便是阳明先生越程朱与汉儒而直归夫子之道也。如说“格物”是“诚意”的工夫，“明善”是“诚身”的工夫，“穷理”是“尽性”的工夫，“道问学”是“尊德性”的工夫，“博文”是“约礼”的工夫，“惟精”是“惟一”的工夫。诸如此类，始皆落落难合，其后思之既久，不觉手舞足蹈。徐爱善疑善问、善悟善学，真王门之颜回也！

右曰仁所录。

【译文】

我因为受到旧学说的影响，最初听到先生教诲之际，实在诧异不已，觉得无从下手。听的时间久了，渐渐知道反求自身，躬行实践，这才信服先生之学的确是孔门真传，除此之外的都是旁门左道、残断支流。先生所说“格物”是“诚意”的功夫，“明善”是“诚身”的功夫，“穷理”是“尽性”的功夫，“道问学”是“尊德性”的功夫，“博文”是“约礼”的功夫，“惟精”是“惟一”的功夫。诸如此类的思想，开始觉得难以理解，后来思考、领会的时间久了，不禁高兴得手舞足蹈起来。

以上是徐爱所录。

陆澄录

省察是有事时存养，存养是无事时省察

↗ 15

【原文】

陆澄[1]问："主一之功，如读书则一心在读书上，接客则一心在接客上，可以为主一乎？"南朝宋齐亦有一陆澄，终身好学，手不释卷，发微阐幽，终成一代大儒。《南齐书》赞曰："彦渊书史，疑问穷稽。"徐爱犹阳明之颜渊，徐爱录后即陆澄录，南大吉或有深意也。

先生曰："好色则一心在好色上，好货则一心在好货上，可以为主一乎？先生之擅用归谬法如是！是所谓逐物，非主一也。主一是专主一个天理。"超越现象，直指本质，是思维上的高层次。

【译文】

陆澄问："关于主一的功夫，是否就好比读书就一心在读书上用功夫，接待客人就一心在接待客人上用功夫，这样是否就称为主一呢？"

先生答说："迷恋美色就一心在美色上用功夫，贪恋财物就一心在财物上用功夫，这能称主一吗？这只是追求物欲，而并非专一。主一，就是一心只在天理上。"

---

1 陆澄，字原静，又作元静，又字清伯，王阳明弟子。

↗ 16

【原文】

问立志。

先生曰："只念念要存天理，即是立志。能不忘乎此，久则自然心中凝聚。犹道家所谓'结圣胎'也。儒家常以"立志"为本，而立志亦须于根本处下功夫！此天理之念常存，驯至于美大圣神，亦只从此一念存养扩充去耳。""驯"者，渐至也。"美大圣神"，孟子所云修行次第也。先生所论，亦句句不离孔孟之说，真大儒也。"一念存养"即成，"扩充"无处不在。

【译文】

陆澄询问怎样立志。

先生说："所谓立志，就是时刻不忘存养天理。若时刻不忘存养天理，久而久之，心中自然会凝聚天理，这就像道家所说的'结圣胎'。天理意念长存，慢慢达到孟子所说的美大圣神的境界，也只是从这一意念存养、扩充开去。"

↗ 17

【原文】

"日间工夫，觉纷扰，则静坐；觉懒看书，则且看书。尤爱此两句！是亦因病而药。"

【译文】

“如果白天学习，觉得外界干扰，那么就静坐；如果不想看书，那就去看书，这也是对症下药。”

↗ 18

【原文】

“处朋友，务相下则得益，相上则损。”益友、损友之谓，且看胸怀、境界！

【译文】

“与朋友相交，务必要彼此谦让，才会受益；如果相互攀比，就只能受损。”

↗ 19

【原文】

孟源[1]有自是好名之病。先生屡责之。一日，警责方已，一友自陈日来工夫请正。源从傍曰：“此方是寻着源旧时家当。”可见，习性之病，只从外面下功夫是没多大作用的。

先生曰：“尔病又发。”源色变，议拟欲有所辨。

先生曰：“尔病又发。”因喻之曰：“此是汝一生大病根。人生当知

1 孟源，字伯生，王阳明弟子。

"病根"所在！譬如方丈地内，种此一大树，雨露之滋，土脉之力，只滋养得这个大根。四傍纵要种些嘉谷，上面被此树叶遮覆，下面被此树根盘结，如何生长得成？须用伐去此树，纤根勿留，方可种植嘉种。不然，任汝耕耘培壅，只是滋养得此根。"譬喻之法，先生尤擅。然譬之以树，又喻之以耕耘，此种画面、画风，亦甚奇矣！

【译文】

孟源有自以为是、爱好虚名的毛病，因而受到先生的多次批评。一天，先生刚刚教训了他，有位同学跟先生谈了自己近来的修养，请先生指正。孟源却在一旁说："你这只是得到了我从前的本领。"

先生说："你的老毛病又犯了。"孟源闹了个大红脸，想要为自己辩解。

先生说："你的老毛病又犯了。"于是打比方说："这是你人生中最大的缺点。好比在方圆一丈的地里种一棵大树，雨露的滋润，土地的肥沃，只是为这棵树的根提供营养。若是在树的四周栽种一些优良的谷物，但上面有树叶遮住阳光，下面被树根盘结，又怎能生长成熟？只有砍掉这棵树，连一点儿须根也不留，才能种植优良的谷物。否则，即使再努力耕耘栽培，也不过是滋养了那棵大树的根。"

20

【原文】

问："后世著述之多，恐亦有乱正学。"若存"正学"，则当不为所乱。

先生曰："人心天理浑然，圣贤笔之书，如写真传神，不过示人以形状大略，使之因此而讨求其真耳；其精神意气，言笑动止，固有所不能传也。书是摆渡，不是彼岸。后世著述，是又将圣人所画摹仿誊写，而

妄自分析加增，以逞其技，其失真愈远矣。”正学得其根本，“末”学逞其形、技。

【译文】

陆澄问：“世上的著述那么纷繁，恐怕也会扰乱孔孟之学吧！”

先生说：“人心和天理是浑然一体的。圣人把它写成书，好比写真传神，只是告诉人们一个总的轮廓，使人们依据轮廓而进一步找到本真。圣人的精神气质、言谈举止，确实是难以言传的。后世的诸多著述，只是将圣人所画的轮廓再模仿誊写一次，并且妄自加以解析，添枝加叶，借以炫耀才华，离圣人想要传达的实质越来越远了。”

↗ 21

【原文】

问：“圣人应变不穷，莫亦是预先讲求否？”

先生曰：“如何讲求得许多？圣人之心如明镜，只是一个明，则随感而应，无物不照。“心如明镜，无物不照”，八字尤善！未有已往之形尚在，未照之形先具者。若后世所讲，却是如此。是以与圣人之学大背。“后世”者谁？当有“理学”诸君在。周公制礼作乐，以文天下，皆圣人所能为，尧、舜何不尽为之，而待于周公？孔子删述《六经》，以诏万世，亦圣人所能为，周公何不先为之，而有待于孔子？是知圣人遇此时，方有此事。只怕镜不明，不怕物来不能照。讲求事变，亦是照时事。然学者却须先有个明的工夫。“明”是根本，是高维。“照”是应用，是降维打击。学者惟患此心之未能明，不患事变之不能尽。”惟患心不能明，不患事不能尽！受教，受教！

曰："然则所谓'冲漠无朕，而万象森然已具'者，其言何如？"此二程语也。

曰："是说本自好，只不善看，亦便有病痛。"意即"此说本好，汝不善看，便有病痛"。先生批评起来，亦甚辛辣！

【译文】

陆澄问："圣人的应变能力无穷无尽，莫非是事先研究、谋划过的？"

先生说："怎么能够探究那么多呢？圣人的心就像是明亮的镜子，因为这个明，能够随感触而应变自如，没有什么东西不被照到；不可能存在过去所照的物影还留着，未照的形影就预先出现的情况。如果如后人所说的那样，圣人对什么都事先研究过，就与圣人的学说相悖甚远。周公制礼乐，规范天下风俗，这是圣人所能做到的，为什么尧舜不全都做了，而非要等到周公呢？孔子修《六经》教育万世，这也是圣人所能做到的，为什么周公不先都做了，而非要等到孔子呢？可以看到，圣人的事业是碰到特定的时机才有的。只怕镜子不明亮，不怕有物在镜前而不能照。学者探究事物的变化，与镜子照物的道理是相同的，但学者必须先下功夫让自己的心如镜子般明亮。对于学者来说，不怕不能穷究事物的变化，只怕自己的本心不明。"

陆澄问："既然如此，程颐先生说的'事物还不存在时，万物的理已经存在了'，这句话怎么理解呢？"

先生说："这句话本来说得很好，只是世人不善于理解，于是便有了问题。"

22

【原文】

"义理无定在，无穷尽。无定在，无穷尽，便无止境！吾与子言，不

可以少有所得，而遂谓止此也。再言之十年、二十年、五十年，未有止也。”

他日又曰：“圣如尧、舜，然尧、舜之上，善无尽；恶如桀[1]、纣，然桀、纣之下，恶无尽。使桀、纣未死，恶宁止此乎？使善有尽时，文王何以‘望道而未之见’？”孟子论禹、汤、文武、周公之境，阳明随口便取其中“文王望道未见”之例，可见信手拈来。

【译文】

“义理没有什么一成不变的存在，它是无穷无尽的。我与你交流，不要因为稍有收获，就以为义理完全在此。即使再与你谈十年、二十年，以至五十年，也不可能完全穷尽。”

有一天，先生又说：“圣明如尧舜就足够了，然而在尧舜之上，善也是没有穷尽的；残暴如桀纣就十分可恶了，然而在桀纣之下，恶也是没有穷尽的。倘若桀纣不死，邪恶的事物就到此为止了吗？倘若善能够穷尽，周文王为什么还说‘望见正道，却好像未曾看见’呢？”

↗ 23

【原文】

问：“静时亦觉意思好，才遇事便不同。是红尘中一大普遍现象！如何？”

先生曰：“是徒知养静，而不用克己工夫也。“克己”方是真功夫也。如此，临事便要倾倒。人须在事上磨，方立得住，方能‘静亦定，动亦

1 桀，相传是夏朝的暴君，被商族首领汤起兵攻伐。

定’。”“事上练”之说呼之欲出。

【译文】

陆澄问：“安静时我觉得自己的想法很好，但一旦碰到事情就不同了。为什么会如此？”

先生说：“这是因为你只知静坐修炼，却没有下克己功夫。这样一来，碰到事情，必定晕头转向。人必须在事情上磨炼自己，才能守住本心，才能达到‘静亦定，动亦定’的境界。”

↗ 24

【原文】

问上达工夫。夫子谓“下学而上达”，后儒便胶柱鼓瑟。

先生曰：“后儒教人，才涉精微，便谓上达未当学，且说下学。是分下学、上达为二也。夫目可得见，耳可得闻，口可得言，心可得思者，皆下学也；目不可得见，耳不可得闻，口不可得言，心不可得思者，上达也。如木之栽培灌溉，是下学也；至于日夜之所息，条达畅茂，乃是上达。此“息”亦庄子“去以六月息者也”之“息”，生机之谓也。人安能预其力哉？故凡可用功、可告语者，皆下学，上达只在下学里。凡圣人所说，虽极精微，俱是下学。学者只从下学里用功，自然上达去，不必别寻个上达的工夫。”上达只在下学里，高深功夫都在简单事里！

【译文】

陆澄向先生请教如何通达天理的功夫。

先生说：“后儒教人，刚刚涉及精细微妙的地方，便说上达天理而不便学，不如讲习下学的事。如此一来，就把下学和上达分成两个了。凡是眼睛能看到，耳朵能听到，口中能讲，心中能思考的，都是下学的内容；眼睛不能看，耳朵不能听，口中不能讲，心中不能明白的，就是上达的天理。比如，栽培、灌溉一棵树，就是下学；树木日夜不停地生长，直至枝繁叶茂，就是上达。人又如何能够干预它呢？因此，只要是可以下功夫，可以用语言来表达的，都属于下学。上达只存在于下学里。凡是圣人说的，即使极其精细入微，也都是下学。学者只需从下学上用功，自然可以实现上达的目标，而不必再另外寻求上达的途径。”

25

【原文】

问：“‘惟精’‘惟一’，是如何用功？”语出《尚书·大禹谟》，世之所谓“中华心法”也。

先生曰：“‘惟一’是‘惟精’主意，‘惟精’是‘惟一’功夫。故“功夫”在前，“主意”自然随之在后。非‘惟精’之外复有‘惟一’也。‘精’字从‘米’，姑以米譬之。随处皆见“小学”功夫。要得此米纯然洁白，便是‘惟一’意。然非加舂簸筛拣‘惟精’之工，则不能纯然洁白也。舂簸筛拣，是‘惟精’之功。然亦不过要此米到纯然洁白而已。博学、审问、慎思、明辨、笃行者，皆所以为‘惟精’而求‘惟一’也。他如‘博文’者即‘约礼’之功，‘格物致知’者即‘诚意’之功，‘道问学’即‘尊德性’之功，‘明善’即‘诚身’之功，无二说也。”先生总有合二为一之功。

【译文】

陆澄问："怎样才能做到'惟精''惟一'呢？"

先生说："'惟一'是'惟精'的指导，'惟精'是'惟一'的功夫，并不是在'惟精'之外还有一个'惟一'。'精'字从'米'，就以米来打个比方吧。要使得米纯净、洁白，就是'惟一'的意思。如果没有舂簸、筛拣这些'惟精'的功夫，米就不可能纯净、洁白。舂簸、筛拣就是'惟精'的功夫，但其目的也不过是为了让米纯净、洁白。广泛学习、审察追问、慎重思考、清晰辨别、努力践行，都是为了获得'惟一'而进行的'惟精'功夫。其他的比如，'博文'是'约礼'的功夫，'格物''致知'是'诚意'的功夫，'道问学'是'尊德性'的功夫，'明善'是'诚身'的功夫，都不应该把它们分成两个来看。"

↗ 26

【原文】

"知者行之始，行者知之成。此说甚有名，皆于心上言。圣学只一个功夫，知行不可分作两事。"以分解之智慧成归纳之功夫，是一种大境界。

【译文】

"知是行的开始，行是知的结果。圣学只有一个功夫，知与行不能分成两件事。"

27

【原文】

“漆雕开[1]曰：‘吾斯之未能信。’夫子说之。子路[2]使子羔[3]为费宰。子曰：‘贼夫人之子。’曾点[4]言志，夫子许之。圣人之意可见矣。”三例可见夫子所重在学业本身，而非学而优则仕。

【译文】

“漆雕开说：‘我对做官还没有信心。’孔子听后十分满意。子路让子羔做费城的邑宰，孔子说：‘这是危害人家的孩子呀！’曾点谈论自己的志向，得到孔子的称赞。圣人的心意由此可见啊！”

28

【原文】

问：“宁静存心时，可为‘未发之中’否？”《中庸》谓喜怒哀乐，未发之中，已发之和，实大境界也。

先生曰：“今人存心，只定得气。当其宁静时，亦只是气宁静，不可以为‘未发之中’。”只是气不浮耳。

曰：“未便是中，莫亦是求中功夫？”儒家之功夫，颇类佛家之法门。

曰：“只要去人欲、存天理，方是功夫。静时念念去人欲、存天理，

1 漆雕开，字子开，又字子若，孔子的弟子。
2 子路，即仲由，又字季路，孔子的弟子。
3 子羔，即高柴，又称子皋、子高，孔子的弟子。
4 曾点，字晳，曾参之父，孔子的弟子。

动时念念去人欲、存天理，不管宁静不宁静。若靠那宁静，不惟渐有喜静厌动之弊，中间许多病痛，只是潜伏在，终不能绝去，遇事依旧滋长。此亦一种“静时亦觉意思好，才遇事便不同”。以循理为主，何尝不宁静？以宁静为主，未必能循理。”所求主次，决定境界！

【译文】

陆澄问：“宁心静气之时，可不可以称为‘未发之中’？”

先生说：“现在的人存心养性，也只是能够静气。在他安静之时，也只是气的宁静，不能算是‘未发之中’。”

陆澄说：“未发出来就是‘中’，是否也是在寻求‘中’的功夫呢？”

先生说：“只要去除私欲、存养天理，就可称为功夫。静时念念不忘去除私欲、存养天理，动时也念念不忘去除私欲、存养天理，而无论宁静与否。如果只是依靠宁静去除私欲、存养天理，渐渐会有喜静厌动的坏习惯，这样诸多毛病就会暗藏下来，始终不能铲除，遇事便会随时而生。如果以遵循天理为重，怎么会不宁静？仅仅追求宁静，未必能够遵循天理。”

↗ 29

【原文】

问：“孔门言志，由[1]、求[2]任政事，公西赤[3]任礼乐，多少实用？及曾皙说来，却似要的事。圣人却许他，是意何如？”此般文风，颇似《红楼梦》行文语气。有趣！

1 由，即子路。

2 求，即冉有，字子有，孔子的弟子。

3 公西赤，即公西华，字子华，孔子的弟子。

曰："三子是有意、必，有意、必便偏着一边，能此未必能彼。子绝四：毋意，毋必，毋固，毋我。曾点这意思却无意、必，便是'素其位而行，不愿乎其外；素夷狄，行乎夷狄；素患难，行乎患难。无入而不自得矣'。三子所谓'汝器也'，曾点便有不器意。"君子不器"。然三子之才，各卓然成章，非若世之空言无实者，故夫子亦皆许之。"先生独见夫子"皆许"之意。

【译文】

陆澄问："孔门弟子畅谈志向。子路、冉求想主持政事，公西赤想主管礼乐，多多少少都有一些实际价值。而曾皙所说的，似乎是玩耍休闲之类的事，却得到孔子的称许，这是怎么回事呢？"

先生说："子路、冉求、公西赤三人都有主观臆想和绝对肯定的意思，有了这两种意思，就会向一边偏斜，能做这件事却不一定能做那件事。曾皙的志向却不主观武断，正合《中庸》中所说的，君子按照自己的身份去做该做的事，不做超出自己本分的事。身处蛮荒之地就按照那里的习惯做事，身处患难之时就做这种境遇可以做的事，没有不悠然自得的时候。子路、冉求、公西赤三人都是有某些才能的人，而曾皙则是不拘于某种具体才能的人。不过，其余三人因为各有各的独特才干，并不是世上那些空谈不实的人，所以也都得到了孔子的赞许。"

↗ 30

【原文】

问："知识不长进，如何？"

先生曰："为学须有本原，须从本原上用力，渐渐盈科而进。今世信息泛滥，亦有一种不明本原而“知识”貌似乱长进之病！仙家说婴儿，亦善譬。婴儿在母腹时，只是纯气，有何知识？出胎后，方始能啼，既而后能笑，又既而后能识认其父母兄弟，又既而后能立、能行、能持、能负，卒乃天下之事，无不可能，皆是精气日足，则筋力日强，聪明日开，不是出胎日便讲求推寻得来。故须有个本原。圣人到‘位天地，育万物’，也只从‘喜怒哀乐未发之中’上养来。后儒不明格物之说，见圣人无不知、无不能，便欲于初下手时讲求得尽，岂有此理。”阳明格竹，亦曾入后儒“格物”歧途。

又曰：“立志用功，如种树然。方其根芽，犹未有干；及其有干，尚未有枝；枝而后叶，叶而后花、实。初种根时，只管栽培灌溉，勿作枝想，勿作叶想，勿作花想，勿作实想。悬想何益？但不忘栽培之功，怕没有枝叶花实？”“悬想无益”，是另一弊端。

【译文】

陆澄问：“知识不见长进，怎么办呢？”

先生说：“为学必须有个根本，要从根本上下苦功夫，循序渐进。仙家用婴儿打比方，是个精辟的比喻。譬如，婴儿在母腹中，只是一团纯真之气，有什么知识？脱离母体后，才会啼哭，然后会笑，后来又能认识父母、兄弟，再后面逐渐能站了，能走了，能拿东西了，能背东西了，最后天下的事没有什么不能做的了。这都是他的精神越来越充足，筋骨越来越强壮，智慧越来越增长，并不是离开母体后就立即能推究得到的。所以要有一个本原。圣人能让天地安于其所，万物得到化育，也只是从喜怒哀乐没有表现出的本性中修养得来。后世儒生不明白格物的学说，看到圣人无所不知，无所不能，就想在初学时把一切都学到，哪里有这样的道理？”

先生接着说：“立志用功，就像种树一样。一开始只是生根发芽，连树干都没有；等到有了树干，还没长出树枝；等到有了树枝，然后才会有树

叶；等到有了树叶，然后才会开花结果。刚开始种植根芽的时候，只管着栽培、浇灌就好，不要想枝，不要想叶，不要想花，也不要想果。空想有什么用呢？只要时刻不忘栽培浇灌的功夫，何必担心没有枝叶和花果？”

↗ 31

【原文】

问：“看书不能明，如何？”

先生曰：“此只是在文义上穿求，故不明。“穿求”两字甚精准，穿凿附求也。如此，又不如为旧时学问。朱子之学，“旧时学问”也。他到看得多，解得去。“精益求精”正从朱子来。只是他为学虽极解得明晓，亦终身无得。说明方向是第一性的。须于心体上用功，凡明不得，行不去，须反在自心上体当，即可通。亦兼指朱子“晚年定论”也。盖《四书》《五经》不过说这心体，这心体即所谓道，心体明即是道明，更无二。此是为学头脑处。”“心体”二字，即心学根本！

【译文】

陆澄问：“读书的时候不明白书中的意思，如何是好？”

先生说：“这主要是因为死扣文义，所以不明白。这样的话，倒不如去学程朱的学问。他们看得多，解释得也透彻。只是他们虽然讲得清楚明白，却终生无所得。所以做学问，就应该在自己的心智和践行上下苦功夫。凡是不明白、做不了的，必须返回自身，在自己心中体会，这样就能通。《四书》《五经》说的都是这个本心，也就是所谓的天理，本心明白了，天理也就明白了，再无其他。这就是为学的关键所在。”

32

【原文】

“虚灵不昧，众理具而万事出。心外无理，心外无事。”虚灵不昧者，心也。心即理！心外无物！

【译文】

“让心空灵而不蒙昧，各种道理存于心中，万事万物就会呈现出来。在本心之外没有什么天理，离开本心也没有什么事物。”

33

【原文】

或问：“晦庵先生曰：‘人之所以为学者，心与理而已。’此语如何？”

曰：“心即性，性即理。下一‘与’字，恐未免为二。此在学者善观之。”朱子分割心与理，便有了难以逾越的鸿沟与障碍。

【译文】

有人问：“朱熹先生讲：‘人们学习探究的，就是心与理而已。’这句话正确吗？”

先生说：“心就是性，性就是理。加了一个‘与’字，未免就将心与理一分而为二了。这就需要学者善于观察、发现。”

↗ 34

【原文】

或曰:“人皆有是心,心即理,何以有为善,有为不善?”

先生曰:“恶人之心,失其本体。”后之所谓“无善无恶心之体,有善有恶意之动”之发端也。

【译文】

有人说:“人人都有这颗心,心就是理。为什么有人行善,有人行不善呢?”

先生说:“恶人的心,已经失去了心的本体。”

↗ 35

【原文】

问:“‘析之有以极其精而不乱,然后合之有以尽其大而无余’,此言如何?”此语亦出于朱子。朱熹想法甚好,可惜实践中“析”则徒具其表,乃至有碎片化之患;“合”则大而无当,终至似是而非。

先生曰:“恐亦未尽。此理岂容分析?又何须凑合得?圣人说‘精一’,自是尽。”难得见“分析”一词,惜乎并不同于西方科学之“分析”也。

【译文】

陆澄问:“朱熹说,‘进行细致的分析可以使天理精确而不混乱,然后综合起来,广博丰富而无所不包’,这句话正确吗?”

先生说:“恐怕说的不完全。这个理怎么能分析?又怎么可以综合而得？圣人说‘精一’，就已经全都说到了。”

↗ 36

【原文】

“省察是有事时存养，存养是无事时省察。”省察易，存养难！有事无事，其实皆须省察、存养！

【译文】

“自我省察是在有事时的存心养性，存心养性是在无事时的自我省察。”

↗ 37

【原文】

澄尝问象山[1]在人情事变上做工夫之说。陆九渊实启“心即理”也，故阳明先生逢晦庵往往否定，逢象山往往肯定。

先生曰：“除了人情事变，则无事矣。喜怒哀乐非人情乎？自视听言动，以至富贵贫贱、患难死生，皆事变也。人情事变，真是无所不包。事变亦只在人情里。其要只在‘致中和’，‘致中和’只在‘谨独’。”“谨独”即“慎独”，“独”非外在之孤独，乃“心体”之“存养”也。

---

1 象山，即陆九渊，字子静，号象山翁，世称象山先生，南宋思想家、教育家。

【译文】

陆澄曾经就陆九渊在人情、事变上下功夫的观点请教于先生。

先生说："除了人情事变，就没有其他什么事情了。喜怒哀乐难道不是人的情感吗？从耳闻目睹、言行举止，到富贵贫贱、患难生死，这些都是事变。事变都包含在人的感情之中，其关键在于心绪的正中平和，而正中平和的关键则在于独处时谨慎不苟。"

38

【原文】

澄问："仁、义、礼、智之名，因已发而有？"《中庸》之"未发""已发"，着实为根本所在！

曰："然。"

他日，澄曰："恻隐、羞恶、辞让、是非，是性之表德邪？"

曰："仁、义、礼、智也是表德。性一而已。自其形体也，谓之天；主宰也，谓之帝；流行也，谓之命；赋于人也，谓之性；主于身也，谓之心；心之发也，遇父便谓之孝，遇君便谓之忠。自此以往，名至于无穷，只一性而已。犹人一而已，对父谓之子，对子谓之父，自此以往，至于无穷，只一人而已。人只要在性上用功，看得一性字分明，即万理灿然。""心、性、帝、命"，概念与逻辑梳理清楚，亦是入门功夫。"性"在觉知，于人尤为关键，故佛门亦言"明心见性"。

【译文】

陆澄问："仁、义、礼、智的名称，是人的情感已发后产生的吗？"

先生说："是这样的。"

一天，陆澄又问：“恻隐之心、羞恶之心、辞让之心、是非之心，这些都是人的先天德性吗？”

先生说：“仁、义、礼、智都属于先天的德性。天性只有一个，就它的形体而言叫作天，就主宰万物而言叫作帝，就流转运行而言叫作命，就赋于人而言叫作性，就主宰人身而言叫作心。心的活动，对待父亲就是孝，辅助君主就是忠。以此类推，名称可以无穷无尽，但都是出自一个天性而已。这就像人还是这么一个人，对父亲而言，他是儿子；对儿子而言，他是父亲，以此类推，名称可以无穷无尽，但都是同一个人而已。人只要在人性上做功夫，把‘性’字想明白了，那么，天下各种道理就都通了。”

↗ 39

【原文】

一日，论为学工夫。

先生曰：“教人为学，不可执一偏。亦是夫子因材施教。初学时心猿意马，拴缚不定，其所思虑多是人欲一边。故且教之静坐，息思虑。久之，俟其心意稍定，只悬空静守，如槁木死灰，亦无用。须教他省察克治。静坐、省察，俱是入门、纠偏。省察克治之功，则无时而可间，如去盗贼，须有个扫除廓清之意。无事时，将好色、好货、好名等私逐一追究搜寻出来，定要拔去病根，永不复起，方始为快。常如猫之捕鼠，一眼看着，一耳听着，才有一念萌动，即与克去，斩钉截铁，不可姑容与他方便，不可窝藏，不可放他出路，方是真实用功，方能扫除廓清。形象生动至极！到得无私可克，自有端拱时在。《魏书·辛雄传》曰：“端拱而四方安，刑措而兆民治。”犹“垂衣裳而天下治”也。故太宗有年号曰“端拱”，治身一如治国。虽曰‘何思何虑’，非初学时事。初学必须思，

省察克治即是思诚，只思一个天理，到得天理纯全，便是‘何思何虑’矣。”至“何思何虑”，已是从心所欲不逾矩。

【译文】

一天，论及如何做学问。

先生说：“教人做学问，不可只强调一个方面。刚开始学习的时候，心不在焉，神思不宁，所考虑的大多是私欲方面的事。因此，应该教他们静坐，来安定他们的思绪。久而久之，使得他们的心思略有安定。但若一味冥想守静，如同槁木死灰一般，也没有用。此时必须教他们学会反省探求、克制自己。反省探求、克制自己的功夫不可间断，好比铲除盗贼，必须要有彻底杜绝的决心。无事时，将好色、贪财、慕名等私欲逐一清查搜寻出来，一定要将病根拔去，使它永远不能复发，这才痛快淋漓。就像猫捉老鼠，眼睛盯着，耳朵听着，只要一有私心杂念萌动，立即将其除去。斩钉截铁，不可姑息纵容。既不让老鼠躲藏，也不给它任何生路，这才是真功夫，才能扫清心中的私欲。等到心中已经没有私欲可以克制，自然能做到端正恭敬。虽然说‘何思何虑’，但这并非初学者所能做到的。初学时必须加上思考、反省、探求、克制的功夫，也就是思诚，只想一个天理。等到天理完全纯正时，也就是‘何思何虑’了。”

↗ 40

【原文】

澄问：“有人夜怕鬼者，奈何？”陆澄提问亦甚有趣！

先生曰：“只是平日不能‘集义’，而心有所慊，故怕。若素行合于神明，何怕之有？”孔曰成仁，孟曰取义，故能养浩然正气，又何惧之有？

子莘[1]曰："正直之鬼不须怕。恐邪鬼不管人善恶，故未免怕。"正鬼邪鬼之说，蒲松龄或以为然。

先生曰："岂有邪鬼能迷正人乎？只此一怕，即是心邪。故有迷之者，非鬼迷也，心自迷耳。"鬼不迷人人自迷"，其后即言色鬼，真俗语"色不迷人人自迷"之源也。如人好色，即是色鬼迷；好货，即是货鬼迷；怒所不当怒，是怒鬼迷；惧所不当惧，是惧鬼迷也。"

【译文】

陆澄问："有的人夜晚害怕鬼，怎么办？"

先生说："这只是平时不肯行善积德，内心有所亏欠，所以才害怕。如果平时的行为都合乎神明的天理，又有什么可怕的？"

马明衡说："正直的鬼不可怕，但邪恶之鬼不理会人的善恶都要戕害，所以难免有些害怕。"

先生说："邪鬼怎能迷惑正直的人？只有一件事是可怕的，就是自己的心是邪恶的，所以那些被迷惑的人，并不是被鬼迷惑了，是自己迷惑了本心。比如，人如果好色，就是被色鬼迷惑；如果贪财，就是被财鬼迷惑；对不该发怒的事发怒，就是被怒鬼迷惑；对不该害怕的事感到害怕，就是被惧鬼迷惑。"

↗ 41

【原文】

"定者，心之本体，天理也。动静，所遇之时也。"若以科学论之，本体即能量，动静则是能量不同的表现形式。

1 子莘，即马明衡，字子莘，王阳明最早的福建弟子。

【译文】

“定是心的本体，即天理。动与静的变化，只是在不同境遇的不同表现。”

↗ 42

【原文】

澄问《学》《庸》同异。

先生曰：“子思[1]括《大学》一书之义，为《中庸》首章。”如此，《中庸》实为入门之要。或即在喜怒哀乐致中和也。故沧溟论人生三困，情绪、习性、欲望，首在情绪也。

【译文】

陆澄问《大学》《中庸》两书的异同。

先生说：“子思概括《大学》一书的主旨，作为《中庸》的第一章。”

↗ 43

【原文】

问：“孔子正名，先儒说‘上告天子，下告方伯，废辄[2]立郢[3]，此意如何？”一段历史公案，聩、辄父子争位相残。夫子为政“必也正名”，当

1 子思，孔子之孙，孔鲤之子，相传曾受业于曾参。

2 辄，卫灵公所立太子蒯聩之子。

3 郢，卫灵公的另一个儿子。

如之何？

先生曰："恐难如此。岂有一人致敬尽礼，待我而为政，我就先去废他，岂人情天理？孔子既肯与辄为政，必已是他能倾心委国而听。圣人盛德至诚，必已感化卫辄，使知无父之不可以为人，必将痛哭奔走，往迎其父。父子之爱，本于天性，辄能悔痛真切如此，蒯聩[1]岂不感动底豫？蒯聩既还，辄乃致国请戮。聩已见化于子，又有夫子至诚调和其间，当亦决不肯受，仍以命辄。群臣百姓又必欲得辄为君。辄乃自暴其罪恶，请于天子，告于方伯诸侯，而必欲致国于父。聩与群臣百姓，亦皆表辄悔悟仁孝之美，请于天子，告于方伯诸侯，必欲得辄而为之君。于是集命于辄，使之复君卫国。辄不得已，乃如后世上皇故事，率群臣百姓尊聩为太公，备物致养，而始退复其位焉。则君君、臣臣、父父、子子，名正言顺，一举而可为政于天下矣。孔子正名，或是如此。"阳明先生设想夫子调停之法，基于夫子之威望、智慧也，故后之教化乡民，设里正三老，以调停乡里，盖源出于此。

【译文】

陆澄问："孔子主张端正名分，朱熹说这是'向上报告天子，向下通告诸侯，废除辄而拥立郢'。这是什么意思呢？"

先生说："恐怕很难这样。哪里有国君在位时对我恭敬尽礼，要求辅佐从政，我却先废除他，人情天理怎么能容忍？孔子既然答应辅佐辄为政，一定是他已经能全心听取意见，可以把国家托付了。孔子的德行与诚意一定感化了辄，使他知道不孝敬父亲就不能做人。辄必然痛哭奔走，前去迎接父亲归国。父子之爱是人的天性，辄能切实悔悟反省，蒯聩又怎能不受感动？蒯聩回来，辄把国家交给父亲治理，并以此请罪。蒯聩已被儿子深深打动，又

1 蒯聩，卫国太子。

有孔子在中间诚心调解，蒯聩当然不会接受，依然让儿子治理国政。大臣百姓也一定要辄做国君。辄于是公布自己的罪过，请示天子，告知诸侯，定要让位于父亲。蒯聩和群臣百姓，都赞扬辄悔过仁孝的美德，请示天子，告知诸侯，仍然要辄做他们的君主。于是，众人要求辄再当卫国的国君。辄无奈之下，用类似于后世尊立太上皇的方法，率领群臣百姓尊奉蒯聩为太公，奉养完备，然后才恢复自己的君位。这样一来，国君像国君，大臣像大臣，父亲像父亲，儿子像儿子，名分正当了，说的话才能顺应天理，天下便可以轻而易举地治理了。孔子所强调的正名，或许就是这个意思吧！”

↗ 44

【原文】

澄在鸿胪寺仓居，忽家信至，言儿病危，澄心甚忧闷，不能堪。一种生活真实，亦父子之情，可与上段参看。

先生曰：“此时正宜用功。若此时放过，闲时讲学何用？人正要在此时磨炼。“事上练”真原为“事上炼”，想陆澄此刻修行真所谓“炼”也。父之爱子，自是至情。然天理亦自有个中和处，过即是私意。人于此处多认做天理当忧，则一向忧苦，不知已是‘有所忧患，不得其正’。大抵七情所感，多只是过，少不及者。此是七情易泛滥也。才过便非心之本体，必须调停适中始得。就如父母之丧，人子岂不欲一哭便死，方快于心？然却曰‘毁不灭性’，非圣人强制之也，天理本体自有分限，不可过也。“毁不灭性”，语出《孝经》。后王华之逝，先生之为孝子，至情至性，又无过无不及，所为正可明证。人但要识得心体，自然增减分毫不得。”

【译文】

陆澄在鸿胪寺暂住，忽然收到家信，说儿子病危，他心里十分忧愁、烦闷，难以自抑。

先生说："现在正是用功的时刻，如果错过这个机会，平时讲习又有什么用处？人就是要在这个时候磨炼意志。父亲爱儿子，是至深的感情，但天理也有它的中正平和，过分了就是私心。此时，人们面对这种情况，往往认为按天理应该烦恼，但若是一味忧苦而不能自拔，那就是'心里有忧患，不能达到纯正'了。一般说来，七情的表露，多是过分的多，不够的少。过分了，就不是心的本体，必然进行调停控制才可以使之适中。比如，父母双亲去世，做儿女的岂不是要一下子哭死，才能纾解悲痛之心？然而，《孝经》中说，'悲伤不要伤害了本性'，并非圣人要强迫世人抑制情感，天理本身自有界限，不可以过分。人只要认识了本心，就会明白天理是分毫不能增减的。"

↗ 45

【原文】

"不可谓'未发之中'，常人俱有。盖'体用一源'，有是体即有是用。有'未发之中'，即有'发而皆中节之和'。今人未能有'发而皆中节之和'，须知是他'未发之中'亦未能全得。"致中和是根本，然"未发"是隐性，"已发"是显性。显性之失易见，隐性之误难明。故"未发"处尤需功夫。

【译文】

"不能说常人都可以保持感情未发之际的中和境界。因为'体用一源'，有这个体，就有这个作用。有'未发之中'，就有'发而皆中节之和'。现

在的人不能做到‘发而皆中节之和’，必须知道是他未能完全做到‘未发之中’。”

46

【原文】

“《易》之辞是‘初九，潜龙勿用’六字;《易》之象是初画;《易》之变是值其画;《易》之占是用其辞。”当年诏狱之中，彻悟易理。后之方有龙场悟道。夫子亦韦编三绝。故，《易》为儒学根本，亦中国哲学之根本也。

【译文】

“《易经》‘乾’卦初爻的爻辞是‘初九，潜龙勿用’;《易经》的卦象是初画;《易经》的变化是出现新的卦爻;《易经》的占卜是利用卦辞和爻辞。”

47

【原文】

“‘夜气’是就常人说。孟子云:“牿之反覆，则其夜气不足以存；夜气不足以存，则其违禽兽不远矣。”此亦精神、善念之端，后之“致良知”之源。学者能用功，则日间有事无事，皆是此气翕聚发生处。圣人则不消说‘夜气’。”此就夜气说常人、学者、圣人三种层次境界。

【译文】

“存养‘夜气’，是对普通人而言的。做学问的人如果能够在本心上用功，那么，无论白天有事无事，都是夜气的聚合发散在起作用。对圣人来说，就不必说什么‘夜气’”。

↗ 48

【原文】

澄问“操存舍亡”章。“操则存，舍则亡”，语出《孟子·告子上》。

曰：“‘出入无时，莫知其乡。’此就念头说，故须心念纯一而不杂！此虽就常人心说，学者亦须是知得心之本体亦元是如此。“心猿意马”是也。则操存功夫，始没病痛。不可便谓出为亡，入为存。若论本体，元是无出无入的。若论出入，则其思虑运用是出，然主宰常昭昭在此，何出之有？既无所出，何入之有？程子所谓腔子，“心，要在腔子里！”亦只是天理而已。阳明于二程，不似于朱子否定批判多。虽终日应酬而不出天理，即是在腔子里。若出天理，斯谓之放，斯谓之亡。”孟子云“学问之道无他，求其放心而已”。

又曰：“出入亦只是动静，动静无端，岂有乡邪？”

【译文】

陆澄向先生请教《孟子》中“操存舍亡”一章的内容。

先生说：“‘人心的出入是没有规律，也不知道它的方向。’这虽然是就平常人的心来说的，但做学问的人也应当明白心的本体正是这样。如此，操守存养的功夫才能没有缺陷。不能随便认定出就是失去本心，入就是保存本心。如果谈到本体，原本并无出和入。如果谈到出和入，那么人的思维活动就是出，但作为主宰的本心始终在此，又有什么出可言呢？既然没有出，又有什么入可言呢？程颐先生所谓‘心要在腔子里’的腔子，只是天理而已。即使成天应酬，也不会越出天理，仍在腔子里面。如果越出天理，就是所谓的放纵，也就是丧失本心了。”

先生又说：“出与入其实是动与静的不同状态，而动静并无端倪，哪里又有方向呢？”

49

【原文】

王嘉秀[1]嘉秀其名，甚合儒学。故其初学佛，终弃释从儒，成心学信徒。问：“佛以出离生死诱人入道，仙以长生久视诱人入道，故佛、道二家于乱世往往大行其道，如魏晋南北朝之乱世，释则长驱直入，道则风行天下。其心亦不是要人做不好。究其极至，亦是见得圣人上一截，然非入道正路。如今仕者，有由科，有由贡，有由传奉，一般做到大官，毕竟非入仕正路，君子不由也。恩贡、传奉者，不经科考与吏部考选，自非正途，然由科亦非入道正路，可见评判标准是出发点，是知识分子的胸中情怀与志向。仙、佛到极处，与儒者略同。但有了上一截，遗了下一截，终不似圣人之全。下学上达，圣人之全。然其上一截同者，不可诬也。后世儒者又只得圣人下一截，分裂失真，流而为记诵、词章、功利、训诂，亦卒不免为异端。是四家者，儒生学问，常在此四家。终身劳苦于身心无分毫益，视彼仙、佛之徒，清心寡欲，超然于世累之外者，反若有所不及矣。今学者不必先排仙、佛，且当笃志为圣人之学。圣人之学明，则仙、佛自泯。不然，则此之所学，恐彼或有不屑，而反欲其俯就，不

1 王嘉秀，字实夫，王阳明弟子。

亦难乎？鄙见如此。先生以为何如？”湛若水评阳明先生亦有“五溺”之说，故不经佛道词章之学，怎见正学！

先生曰：“所论大略亦是。但谓上一截、下一截，亦是人见偏了如此。若论圣人大中至正之道，彻上彻下，只是一贯。更有甚上一截、下一截？“下学上达”也只是同一件事！‘一阴一阳之谓道’，但‘仁者见之便谓之仁。知者见之便谓之智。百姓又日用而不知。故君子之道鲜矣’。仁、智岂可不谓之道？但见得偏了，便有弊病。”儒释道俱得天理，故能三教合一，此华夏文明之高纬处也。

【译文】

王嘉秀问：“佛教用超脱生死来劝人信奉，道教用长生不老劝人信奉，其用心也不是要人干坏事。归根到底也是看到了圣人的‘上达’功夫，但并不是天理的正途。就像今天谁要做官，有的经过科举考试，有的由乡里推举，有的则是通过传奉，同样做到了大官，如果不是仕途的正道，君子是不会接纳的。道家、佛家的最高境界，和儒学大致相同。后世儒生，往往只注意到圣人的‘上达’功夫，忽略了‘下学’功夫，最终不能得到圣人全部的本真。但是，他们在‘上达’方面所看到的与圣人相同的地方，是不容怀疑的。而后世儒生，又只是看到圣人的‘下学’功夫，割裂了儒学的本质，使儒学变为记诵、词章、功利、训诂之学，最后也就不免沦为异端。埋头记诵、词章、功利、训诂之学的人，一生辛苦劳碌，却对身心修养毫无益处，对比那些佛徒、道士清心寡欲，超然世外，反而感到有所不及。今天的学者没有必要先去排挤佛家、道家，而应该立志学习圣人之学。圣学发展光大，佛、道两派自然就会消亡。如若不然，儒家所学的东西，佛、道两家都不屑一顾，却想使佛、道两家服气，不是很难吗？这是我的浅见，先生觉得怎样呢？”

先生说：“你所讲的大体正确，但将圣人的思想分成‘上达’与‘下

学'，也是理解有失偏颇。至于说到圣人所追求的大中至正的道，始终上下贯穿，首尾相连，怎会有'上达'与'下学'之分？《易·系辞》说'一阴一阳之谓道'，然而，'仁爱的人从中看到仁爱，智慧的人从中看到智慧，普通百姓只是日常所用而不知道其意，所以能掌握圣人思想的是很少的'。仁爱与智慧难道不可以称作道吗，但只看到仁爱与智慧就是片面的，就难免存在弊端。"

50

【原文】

"蓍固是《易》，龟亦是《易》。"蓍则数理，龟则纹理。故，蓍则数，龟则文。《易》则妙不可言！

【译文】

"用蓍草占卜是《易经》，用龟壳占卜也是《易经》。"

51

【原文】

问："孔子谓武王未尽善，恐亦有不满意。"典出《论语·八佾》。

先生曰："在武王自合如此。"言杀伐之不得已，阳明先生或有夫子自谓之隐衷。

曰："使文王未没，毕竟如何？"

曰："文王在时，天下三分已有其二。若到武王伐商之时，文王若在，或者不致兴兵，必然这一分亦来归了。文王只善处纣，使不得纵恶而已。”文王境界是理想，武王境界是现实。

【译文】

陆澄问：“孔子认为武王还没有达到尽善，大概是对武王不满意吧！”

先生说：“对武王来说，应当如此。”

陆澄问：“如果文王尚在，将会怎么样呢？”

先生说：“文王在世时，他拥有三分之二的天下。武王伐纣时，如果文王还活着，也许不会动用兵甲，余下三分之一的天下也一定归附了。文王会妥善处理与纣的关系，使他不能继续作恶罢了。”

↗ 52

【原文】

问孟子言“执中无权犹执一”。语出《孟子·尽心》，论杨朱、墨翟之偏颇，子莫之无权。此条有版本写作“惟乾”问。惟乾，即冀元亨。

先生曰：“中只是天理，只是易，随时变易，如何执得？明变易之理，便知偏执皆误！须是因时制宜。难预先定一个规矩在。如后世儒者要将道理一一说得无罅漏，立定个格式，此正是执一。”由宋至明，理学正执一之甚。

【译文】

问孟子“执中没有权变，也就是固执一端”是什么意思。

先生说：“中就是天理，就是变化，而且是随时变化的，怎么能执着于这种态度呢？应该因时制宜，难以事先确定一个标准。就像后世儒生要把道理说得彻底圆满，一定要定个标准，这就是偏执一端。”

53

【原文】

唐诩[1]问："立志是常存个善念，要为善去恶否？"

曰："善念存时，即是天理。此念即善，更思何善？此念非恶，更去何恶？此念如树之根芽，立志者长立此善念而已。'从心所欲不逾矩'，只是志到熟处。"此念，心系当下，与"为善去恶是格物"并不矛盾。

【译文】

唐诩问："立志就是要常存一个善念，就是要为善而去恶吗？"

先生说："善念保持在心中，就是天理。有这个意念就是善，哪里还用去想什么是善？这个意念不是恶，哪里还要除去什么恶呢？这个意念好比树的根芽，立志的人就是要长久确立这个善念罢了。《论语·为政》篇中说'从心所欲，不逾矩'，这就是立志修行到成熟的时候了。"

54

【原文】

"精神、道德、言动，大率收敛为主。敛则凝一，积聚，是根本。发散是不得已。天地人物皆然。"

【译文】

"精神、道德、言行，常常以收敛为主，向外扩散是不得已。天地、万

1 唐诩，字号不详，王阳明弟子。

物都是这样的。”

55

【原文】

问：“文中子是如何人？”

先生曰：“文中子庶几‘具体而微’，惜其蚤死。”比之颜渊。

问：“如何却有续经之非？”

曰：“续经亦未可尽非。”先生龙场悟道，更有《五经臆说》，更甚于续经也。

请问。

良久，曰：“更觉‘良工心独苦’。”杜子美云“更觉良工心独苦”，先生于文中子则心有戚戚焉。

【译文】

陆澄问：“王通是一个什么样的人？”

先生说：“王通差不多可说是‘各方面都具备，只在某些方面还欠缺’的人，可惜去世太早。”

又问：“怎么会有续经的过失呢？”

先生说：“关于续经的问题，也不能全盘否定。”

继续请教是怎么回事。

先生沉思了很久，方说：“我更体会‘良工心独苦’这句诗的意思了。”

56

【原文】

“许鲁斋[1]谓儒者以治生为先之说，亦误人。”先生认可王通、否定许衡，正见“良工心独苦”。

【译文】

“许衡认为儒者以谋生为第一要务的说法，也让人产生错误的认知。”

57

【原文】

问仙家元气、元神、元精。

先生曰：“只是一件，流行为气，凝聚为精，妙用为神。”道家曰精、气、神，儒家“只是一件”，曰“天理”，则不如道家生动得多。

【译文】

有人请教道家元气、元神、元精的问题。

先生说：“这是一个意思。当它流转时就是气，凝聚时就是精，巧妙地起作用就是神。”

1 许鲁斋，即许衡，字仲平，号鲁斋，宋元之际学问家。

↗ 58

【原文】

“喜怒哀乐，本体自是中和的。才自家着些意思，便过不及，便是私。”儒家讲求修身，论人生困境如情绪、习性处，则生动得多。

【译文】

“人的喜怒哀乐，本体原是中和的。只要自己掺杂些别的想法，稍有过分或达不到，便是私欲了。”

↗ 59

【原文】

问“哭则不歌”。

先生曰：“圣人心体，自然如此。”恻隐之心、怜悯之心，俱是“圣人心体”。

【译文】

陆澄请教“哭过就不再歌”的含义。

先生说：“圣人的本心，自然而然就是这样的。”

↗ 60

【原文】

“克己须要扫除廓清，一毫不存方是。有一毫在，则众恶相引而来。”“斩草要除根”。“故来相决绝”。

【译文】

“克己就是务必彻底去除私欲，一丝一毫都不能存留。如果有一点私欲存在，众多的恶念就会接踵而至。”

↗ 61

【原文】

问《律吕新书》。

先生曰：“学者当务为急。算得此数熟，亦恐未有用，必须心中先具礼乐之本方可。且如其书说，多用管以候气。律管以定节气，中国音乐之神奇。然至冬至那一刻时，管灰之飞或有先后，须臾之间，焉知那管正值冬至之刻？须自心中先晓得冬至之刻始得。此便有不通处。学者须先从礼乐本原上用功。”钱穆先生云：“礼乐即人心。”

【译文】

陆澄问《律吕新书》怎么样。

先生说：“这是学者的当务正业。把律吕之数算得再熟悉，恐怕也毫无用处，必须在心中先确立礼乐的根本才行。比如书中讲，常用律管来看节气的变化，然而到了冬至，竹管中灰的飞动或许先后有短暂的差别，又怎么知道哪一管中的飞灰表示冬至的正点？必须在自己心中先知道一个冬至时刻才行。此处就有个说不通的问题。所以，学者必须先从礼乐的根本上苦下功夫。”

↗ 62

【原文】

曰仁云："心犹镜也，圣人心如明镜，常人心如昏镜。近世'格物'之说，如以镜照物，照上用功，不知镜尚昏在，何能照？先生之'格物'，如磨镜而使之明，磨上用功，明了后亦未尝废照。"世人之格物，格世上物；先生之格物，格心上物。

【译文】

徐爱说："本心如同镜子。圣人的心好像明亮的镜子，平常人的心好像昏暗的镜子。近代的格物学说，好比用镜照物，只在映照上用功，却不明白镜子若是昏暗，如何能照得出？先生的格物，就像磨镜子使镜子变得明亮，是在磨上下功夫，镜子光亮之后，也就不会耽误照东西了。"

↗ 63

【原文】

问道之精粗。

先生曰："道无精粗，人之所见有精粗。如这一间房，人初进来，只见一个大规模如此。处久，便柱壁之类，一一看得明白。再久，如柱上有些文藻，细细都看出来。然只是一间房。"《中庸》所谓"致广大，而尽精微”也，非精粗也。

【译文】

陆澄向先生请教道的精深与粗浅。

先生说：“道本身并无精深与粗浅，是人们的见解有精深与粗浅。好比这间房子，人刚刚进来，只看个大致情况。住久了，房柱、墙壁之类都一一看得清楚明白。时间更长一点，房柱上的花纹也历历可数。然而仍旧是这间房子。”

↗ 64

【原文】

先生曰：“诸公近见时少疑问。何也？学问，始于问学。人不用功，莫不自以为已知，为学只循而行之是矣。殊不知私欲日生，如地上尘，一日不扫便又有一层。着实用功，便见道无终穷，愈探愈深，必使精白无一毫不彻方可。”

【译文】

先生说：“各位最近见面时，问题变少了。这是为什么？人不用功，无不以为自己已经都知道了，做学问只需根据之前的循序渐进就可以了。但不知私欲每天都在生长，就像地上的灰尘，一天不打扫就会又多一层。踏实用功，就会明白道是永无止境的，越探究越精深，一定要达到精确、明白，没有一丝一毫不透彻的境界才行。”

↗ 65

【原文】

问:“知至然后可以言诚意。今天理、人欲知之未尽,如何用得克己工夫?”还是知行分开之弊。

先生曰:“人若真实切己用功不已,则于此心天理之精微,日见一日;私欲之细微,亦日见一日。若不用克己工夫,终日只是说话而已,天理终不自见,私欲亦终不自见。如人走路一般。走得一段,方认得一段;走到歧路处,有疑便问。问了又走,方渐能到得欲到之处。循序渐进,自可知行合一。今人于已知之天理不肯存,已知之人欲不肯去。且只管愁不能尽知,只管闲讲。何益之有?且待克得自己无私可克,方愁不能尽知,亦未迟在。”

【译文】

陆澄问:“实现了知之后才能讲诚意。如今对天理和人欲还未彻底认识,如何做好克己的功夫呢?”

先生说:“人若踏实地不断用功,对于人心天理的精妙之处,就能逐日增进认识,对于私欲的细微之处,也能逐日增进认识。如果不用克己功夫,成天只是空谈,天理便始终看不到,私欲也始终看不见。就好比人行路,走了一段就认识一段;到了岔路口时,有疑问就打听,打听了又走,才能慢慢到达目的地。今天的人们对已知的天理不肯存养,对已知的私欲不肯去除,却一味忧愁知道的不够多,只讲空话,有什么好处?倒不如等到自己无私可克,再忧愁不能完全知道也为时不晚。”

↗ 66

【原文】

问："道一而已。古人论道，往往不同，求之亦有要乎？""道一而已"是归纳法，"论道不同"是演绎法。

先生曰："道无方体，不可执着。道是能量，故"无方体"。却拘滞于文义上求道，远矣。如今人只说天，其实何尝见天？谓日月风雷即天，不可。谓人物草木不是天，亦不可。道即是天。若识得时，何莫而非道？人但各以其一隅之见，认定以为道止如此，所以不同。若解向里寻求，见得自己心体，先生喜说"心体"，若无"心体"，无从着力。即无时无处不是此道，亘古亘今，无终无始，更有甚同异？心即道，道即天。知心则知道、知天。"

又曰："诸君要实见此道，须从自己心上体认，不假外求始得。"既有心体，不假外求。

【译文】

陆澄问："道只有一个，古人论道常常不同，求道是否也有要领可言？"

先生说："道没有具体的时空限制，不可执着。局限于文义上求道，离道就远了。今天的人们谈论天，其实又何曾见过天？认为日月风雷是天，是不对的；认为人物草木不是天，也是不对的。道就是天。如果能认识到这一点，那什么不是道呢？人们只是凭借自己的一隅之见，认为道只不过如此，所以道才有所不同。如果明白向心里寻求，认识了自己的本心，那么，无时无处不是这个道。道自古到今，无始无终，又有什么同和异？心就是道，道就是天。知道了自己的本心，也就认识了道与天。"

先生接着又说："各位若想真切地看见道，务必从自己心上体会认识，不到心外去寻求才可以。"

↗ 67

【原文】

问："名物度数，亦须先讲求否？"

先生曰："人只要成就自家心体，则用在其中。如养得心体，果有'未发之中'，自然有'发而中节之和'，自然无施不可。苟无是心，虽预先讲得世上许多名物度数，与己原不相干，只是装缀，临时自行不去，亦不是将名物度数全然不理。只要'知所先后，则近道'。"名物度数终究还是外在，心学终究还是要由内而外！

又曰："人要随才成就，才是其所能为。此曰名物度数与才干之关系。如夔[1]之乐，稷[2]之种。是他资性合下便如此。成就之者，亦只是要他心体纯乎天理，其运用处，皆从天理上发来，然后谓之才。到得纯乎天理处，亦能不器。君子不器，技艺终究是末端。使夔、稷易艺而为，当亦能之。"

又曰："如'素富贵行乎富贵，素患难行乎患难'，皆是不器。此惟养得心体正者能之。"

【译文】

陆澄问："事物的名称、度量，也须先行研究吗？"

先生说："人只要能存养自己的心体，它的作用就在其中了。如果能存养心体，真的达到'未发之中'，自然会有'发而中节之和'的作用，自然是做什么都没有问题。如果没有保存本心，即使事先确定再多的名称、度量，与自己并没有关系，只是一时的装饰，遇到事情不能处事应物。当然，这并不是说名称、度量毫无道理，只是'知道先做什么，后做什么，就接近

1 夔，相传为尧舜时期的乐官。

2 稷，后稷，相传为尧舜时期掌管农业之官，周朝始祖。

天理了’。”

先生接着说：“人要根据自己的才能成就自己，这才是他所能做到的。比如，夔精通音乐，稷擅长种植，是符合他们的天赋资质罢了。成就一个人，也只是要他的本心合乎天理就行。他所运用的才智禀赋，都是从天理上发挥来的，然后可以称之为才。达到纯天理的境界，就能不拘泥于某一种具体的技能，就是让夔和稷更换彼此的角色，他们也能够做得很好。”

先生又说：“像《中庸》中所说的‘身处富贵，就做富贵时能干的事；身处患难，就做患难中能做的事’，都属于不拘泥于一种技能的。这些只有把本心修养得纯正的人才可做到。”

↗ 68

【原文】

“与其为数顷无源之塘水，不若为数尺有源之井水，生意不穷。”

时先生在塘边坐。傍有井，故以之喻学云。若朱子于塘边坐，必云：“半亩方塘一鉴开，天光云影共徘徊。问渠那得清如许？为有源头活水来。”此亦殊途同归也。

【译文】

“与其挖一个数顷大的没有水源的池塘，不如去掘一口数尺之深的有水源的水井，如此，水源就会常流而不枯竭。”

当时，先生正坐在池塘边，身旁有井，所以就用这个来比喻做学问。

↗ 69

【原文】

问："世道日降，太古时气象如何复见得？"

先生曰："一日便是一元。一元十二会，一日十二时辰。人平旦时起坐，未与物接。此心清明景象，便如在伏羲时游一般。"平旦如太古，气清景明也。

【译文】

陆澄问："世道日渐衰微，远古时的清明气象如何能够重现呢？"

先生说："一天就是一个轮回。清晨起床后坐着，还未与外物接触，此时心中的清明景象，好像在伏羲时代遨游一般。"

↗ 70

【原文】

问："心要逐物。如何则可？"

先生曰："人君端拱清穆，六卿分职，天下乃治。心统五官，亦要如此。今眼要视时，心便逐在色上；耳要听时，心便逐在声上。如人君要选官时，便自去坐在吏部；要调军时，便自去坐在兵部。如此，岂惟失却君体？六卿亦皆不得其职。"治身一如治国，五官分职，心只需端拱清穆。

【译文】

陆澄问："心要追求外物，怎么做才能修身呢？"

先生说："国君庄严、肃穆地端坐在朝堂上，六卿各司其职，天下一定大治。心统领五官，也须如此。如今眼睛要看时，心就去追求色相；耳朵要听时，心就去追求声音。这就像君主要挑选官员，便亲自到吏部；要调遣军队，便亲自去兵部。这样，不仅君主的身份荡然无存，六卿也不能各司其职，各负其责。"

↗ 71

【原文】

"善念发而知之，而充之；恶念发而知之，而遏之。知与充与遏者，志也，天聪明也。圣人只有此。学者当存此。"有志，方能明觉善恶之念。故"诗言志"，儒家尤重"志"。

【译文】

"善念萌生的时候，要觉知并加以扩充。恶念萌生的时候，要觉知并加以遏制。觉知、扩充、遏制，是志，是天赋予人的智慧。圣人是有这个意念，学者应当存养它。"

↗ 72

【原文】

澄曰："好色、好利、好名等心固是私欲，如闲思杂虑，如何亦谓之私欲？"闲思杂虑虽末，犹风亦起于青萍之末。

先生曰："毕竟从好色、好利、好名等根上起，自寻其根便见。如汝心中决知是无有做劫盗的思虑，何也？以汝元无是心也。汝若于货色名利等心，一切皆如不做劫盗之心一般都消灭了，光光只是心之本体，看有甚闲思虑？此便是‘寂然不动’，便是‘未发之中’，便是‘廓然大公’。自然‘感而遂通’，自然‘发而中节’，自然‘物来顺应’。”

【译文】

陆澄问：“好色、贪财、好名等心思固然是私欲，像那些闲思杂念，为什么也称私欲呢？”

先生说：“闲思杂念，到底是从好色、贪财、好名这些病根上滋生的，自己寻求本源就会发现。比如，你自信绝对没有做盗贼的这些念头，什么原因？因为你根本就没有这份心思。你如果对财物、美色、虚名、利益等想法，都像不做盗贼的心一样都消灭了，完完全全只是心之本体，看看还有什么闲思杂念？这便是‘寂然不动’，便是‘未发之中’，便是‘廓然大公’。自然就可以‘感而遂通’，自然可以‘发而中节’，自然可以‘物来顺应’。”

↗73

【原文】

问“志至气次”。

先生曰：“‘志之所至，气亦至焉’之谓，非极至、次贰之谓。‘持其志’，则养气在其中；‘无暴其气’，则亦持其志矣。孟子救告子之偏，故如此夹持说。”志气一也，犹知行一也，此皆心学破执之功！

【译文】

陆澄请教“志至气次”的意思。

先生说："这是'心志到达的地方，气也相继而至'的意思，并非是以志为'极至'而以气为'次要'。保持心志的过程，养气也就在其中了。不滥用心中的气，也就是保持心志。孟子为了补救告子的偏颇，因此，才如此兼顾而言。"

↗ 74

【原文】

问："先儒曰：'圣人之道，必降而自卑。贤人之言，则引而自高。'如何？"此程颐以己之心度夫子"空空如也"之言也。

先生曰："不然。如此却乃伪也。一语中的！圣人如天，无往而非天。三光之上，天也；九地之下，亦天也。天何尝有降而自卑？此所谓大而化之也。贤人如山岳，守其高而已。然百仞者不能引而为千仞，千仞者不能引而为万仞。是贤人未尝引而自高也，引而自高则伪矣。"圣人、贤人之境，虽有不同，然并无自卑、自高之伪。

【译文】

陆澄问："程颐先生说，圣人的道行朴素谦卑，贤人的言论却自我抬高。这句话当如何看待？"

先生说："不是这样的。如果是这样，那就是作假。圣人就像是天，天没有什么时候不在，日月星辰之上是天，九层地底下也是天。天什么时候会降下身段而自己谦卑呢？这就是孟子所说的天不仅大而且能够化育。贤人则如同高山，仅仅守住自己的高度罢了。然而，百仞之高不能再拔高到千仞，千仞之高不能再拔高到万仞。所以，贤人也未曾自己抬高自己，自我抬高就是作假了。"

75

【原文】

问："伊川谓'不当于喜怒哀乐未发之前求中'，延平[1]却教学者看未发之前气象，何如？"程颐传道于杨时，杨时传罗从彦，罗传李侗，李侗又传朱熹。李侗即延平先生也。

先生曰："皆是也。伊川恐人于未发前讨个中，把中做一物看，如吾向所谓认气定时做中，故令只于涵养省察上用功。延平恐人未便有下手处，故令人时时刻刻求未发前气象，使人正目而视惟此，倾耳而听惟此。即是'戒慎不睹，恐惧不闻'的工夫。皆古人不得已诱人之言也。"道一也，论道不同在诉求不同也。

【译文】

陆澄问："程颐先生曾说过'不该在喜怒哀乐发出来之前追求中正平和'，李侗先生却教导学生要看未发之前的景象，为什么这样呢？"

先生说："都正确。程颐先生唯恐学生在未发之前寻求一个中，把中当作一件事物看待，就像我曾说的把气的安定当作中一样，因此只让学生在涵养省察上用功。李侗先生担心学生找不到下手的地方，因此让学生时时刻刻寻求未发之前的景象，使眼睛只看这时的状况，使耳朵只听这时的景象，也就是《中庸》上讲的'戒慎不睹，恐惧不闻'。这些都是古人为教导人才不得不说的话。"

1 延平，即李侗，字愿中，世称延平先生，南宋学者。程颐三传弟子，朱熹曾求教于李侗。

↗ 76

【原文】

澄问："喜怒哀乐之中和，其全体常人固不能有。如一件小事当喜怒者，平时无喜怒之心，至其临时，亦能中节，亦可谓之中和乎？"陆澄此则生活日用之问。

先生曰："在一时一事，固亦可谓之中和。然未可谓之大本、达道。人性皆善，中和是人人原有的，岂可谓无？但常人之心既有所昏蔽，则其本体虽亦时时发见，终是暂明暂灭，非其全体大用矣。无所不中，然后谓之大本；无所不和，然后谓之达道。惟天下之至诚，然后能立天下之大本。"

曰："澄于'中'字之义尚未明。"暂明暂灭，自是中义未明。

曰："此须自心体认出来，非言语所能喻，'中'只是天理。"

曰："何者为天理？"

曰："去得人欲，便识天理。"

曰："天理何以谓之'中'？"

曰："无所偏倚。"大道，自然无所偏倚。

曰："无所偏倚是何等气象？"

曰："如明镜然，全体莹彻，略无纤尘染着。"

曰："偏倚是有所染着，如着在好色、好利、好名等项上，方见得偏倚；若未发时，美色、名、利皆未相着，何以便知其有所偏倚？"

曰："虽未相着，然平日好色、好利、好名之心，原未尝无。既未尝无，即谓之有。直指潜意识！既谓之有，则亦不可谓无偏倚。譬之病疟之人，虽有时不发，而病根原不曾除，则亦不得谓之无病之人矣。须是平日好色、好利、好名等项一应私心扫除荡涤，无复纤毫留滞，而此心全体廓然，纯是天理，方可谓之喜怒哀乐未发之中，方是天下之大本。"

此段陆澄追问总在言语逻辑，先生不厌其烦，循循善诱，正是以身示“中”，示“和”。

【译文】

陆澄问：“喜怒哀乐的中和，就全体来说普通人无法都具备。比如，遇到一件小事应该有所喜怒，平素没有喜怒之心，到事情来临时也能发而中节，这是否能称作中和呢？”

先生说：“一时一事能够做到如此，虽然也可称中和，但并不能说是大本、达道。人性都是善良的。中和是人人生来就有的，岂能说没有？然而，常人之心时常有所昏暗蒙蔽，他的本心虽不时显现，却又时明时灭，还不是本心的全体作用。只有时刻都是中正，才能称作大本；只有时刻都是平和，才能叫作达道。唯有天下的至诚之人，方能确立天下的大本。”

陆澄问：“我对‘中’的意思还不是很理解。”

先生说：“这须从心体上去认识，不是语言所能够表达的。‘中’就是一个天理。”

陆澄问：“什么是天理？”

先生说：“剔除私欲，即可认识天理。”

陆澄问：“天理为何称‘中’？”

先生说：“因为无所偏倚。”

陆澄问：“无所偏倚，是什么样的景象？”

先生说：“就像明镜那样，全体透明莹彻，丝毫没有污染。”

陆澄问：“偏倚是有所沾染，比如在好色、贪利、好名等方面有所染，方可看出偏倚。但如果心还处于未萌发之际，美色、名位、利益都未显现，怎么知道也有所偏倚呢？”

先生说：“虽然没有表现出来，但平素好色、贪利、好名的心并非没有。既然不是没有，就称作有；既然是有，就不能说无所偏倚。就好比患了疟疾的人，虽有时不犯病，但病根没有拔除，也就不能说他不是病人。必须把平素的好色、贪利、好名等私欲统统清理干净，不得有纤毫遗留，使此心彻底纯洁空明，纯为天理，才可以叫作喜怒哀乐未发出来时的中正，这才是天下的大本达道。”

77

【原文】

问：“‘颜子没而圣学亡’，此语不能无疑。”如曾子何？如孟子何？

先生曰：“见圣道之全者惟颜子，观‘喟然一叹’可见。其谓‘夫子循循然善诱人。博我以文，约我以礼’，是见破后如此说。‘博文’‘约礼’，如何是善诱人？学者须思之。道之全体，圣人亦难以语人，须是学者自修自悟。颜子‘虽欲从之，末由也已’，即文王‘望道未见’意。望道未见，乃是真见。颜子没，而圣学之正派遂不尽传矣。”颜子之后，见圣道之全者惟阳明，故有此语、此叹！

【译文】

陆澄问：“先生说过‘颜回死后孔子的学说就衰亡了’，对这句话我不能不感到疑惑。”

先生说：“在孔子的众弟子中，只有颜回窥见圣道全貌，从他的喟然一叹中便可以看出来。他说，‘老师循序渐进地引导学生，用丰富的知识教导我，用简洁明白的礼节约束我’，只有真正悟道后才可作如是说。‘博文’‘约礼’如何善于教导他人呢？做学问的人须仔细考虑。所谓道之全体，圣人也很难告诉世人，需要学者自己内心体悟。颜回说虽然想要描述它，但没有办法罢了，也就是文王所说‘望道未见’的意思。盼望得道而不能见，才是真正的见。颜回死后，圣学之正宗就无法完全流传下来。”

↗ 78

【原文】

问：“身之主为心，心之灵明是知，知之发动是意，意之所看为物，是如此否？”

先生曰：“亦是。”先生难得如此简单之回答，然“亦”字犹见勉强。

【译文】

陆澄问：“身的主宰是心，心的灵明是知，知的发动是意，意所涉及的对象为物，真的是这样吗？”

先生说：“这样说也正确。”

↗ 79

【原文】

“只存得此心常见在，便是学。过去未来事，思之何益？徒放心耳。”心系当下，由是安详。

【译文】

“只要常常存养本心，便是学习。过去和将来的事，想它有什么用呢？只能是丧失本心而已。”

↗ 80

【原文】

“言语无序，亦足以见心之不存。”朱子晚年自悔，其前后言语无序否？

【译文】

“说话颠来倒去，也可看出没有存养本心。”

↗ 81

【原文】

尚谦[1]问孟子之“不动心”与告子异。

先生曰：“告子是硬把捉着此心，要他不动。孟子却是集义到自然不动。”“硬把捉着不动”与“集义自然不动”，此番比较真形象生动！

又曰：“心之本体原自不动。心之本体即是性，性即是理，性元不动，理元不动。集义是复其心之本体。”

【译文】

薛侃请教孟子的“不动心”和告子所讲的“不动心”有什么区别。

先生说：“告子是牢牢把握这颗心，强制它纹丝不动；孟子的不动心则是由集义到自然不动。”

先生接着又说：“心之本体，原本不动。心之本体就是性，性就是理。

1 尚谦，即薛侃。薛侃，字尚谦，号中离，王阳明弟子，王学闽粤学派的代表人物。

性原本是不动的，理原本也不动。集义就是恢复心的本体。”

82

【原文】

“万象森然时，亦冲漠无朕；冲漠无朕，即万象森然。冲漠无朕者，‘一’之父；万象森然者，‘精’之母。‘一’中有‘精’，‘精’中有‘一’。”故“惟精惟一”，而非“惟一惟精”。精是过程，一是归宿。

【译文】

“万象森然呈现时，就达到了寂然无我的境界；寂然无我境界，也就是森然万象。寂然无我的境界，即是致一的依据；万象森然的呈现，即是精微的依据。致一中有精微，精微中有致一。”

83

【原文】

“心外无物。如吾心发一念孝亲，即孝亲便是物。”世人格世上物，心学格心上物，故心外无物也。

【译文】

“心外没有什么事物存在。譬如我的心中有孝敬父母的念头，那么，孝敬父母就是一件事物。”

↗ 84

【原文】

先生曰："今为吾所谓'格物'之学者，尚多流于口耳，今世之讲心学者，何尝不如是！况为口耳之学者，能反于此乎？天理人欲，其精微必时时用力省察克治，方日渐有见。如今一说话之间，虽只讲天理，不知心中倏忽之间，已有多少私欲。盖有窃发而不知者，虽用力察之，尚不易见。况徒口讲而可得尽知乎？今只管讲天理来顿放着不循，讲人欲来顿放着不去，岂格物致知之学？后世之学，其极至，只做得个'义袭而取'的工夫。"孟子云："其为气也……是集义所生者，非义袭而取之也。"

【译文】

先生说："现在从事我所说的格物之学的人，还大多停留在言谈之间，从事这种'口耳之学'的人，怎么可能达到这个境界呢？天理与人欲，它们的细微处只有时时用力省察克治，才能一天天有所发现。现在的人说起来，虽是探讨天理，但不知转眼间，心中又有多少私欲。私欲悄悄产生，人却毫无知觉，即使用力省察还不易发现，更何况口头上说说，又怎么能全部察知呢？此刻只顾讲天理，却放在一旁不去遵循；论人欲，却放在一旁不去克服，怎么是格物致知之学？后世的学问，其终点也最多做一个模仿因袭的功夫罢了。"

↗ 85

【原文】

问格物。

先生曰："格者，正也。正其不正，以归于正也。"正其不正归于正！"正"字尤善。

【译文】

陆澄问格物的内涵。

先生说："格就是正。就是纠正那些歪曲的念头，使其归于正统。"

↗ 86

【原文】

问："'知止'者，知至善只在吾心，元不在外也，而后志定。"

曰："然。"功夫全在内。

【译文】

陆澄接着问道："'知止'就是明白至善只存在我心中，根本不在心外，然后志向才能安定，是吗？"

先生说："是这样的。"

↗ 87

【原文】

问："'格物'于动处用功否？"

先生曰："'格物'无间动静，静亦物也。孟子谓'必有事焉'，是动静皆有事。"心头气机，"必有事焉"，才是人生真相。

【译文】

陆澄问："格物是否应在动时用功？"

先生说："格物无分动静，静也是物。就如孟子说的'必有事焉'，不论动静，都要与事物相处。"

↗ 88

【原文】

"工夫难处，全在格物致知上。此即'诚意'之事。意既诚，大段心亦自正，身亦自修。诚意于事端，正心于根本。但'正心''修身'工夫，亦各有用力处。'修身'是已发边，'正心'是未发边。心正则中，身修则和。"未发、已发，致中和也。

【译文】

"修身养性功夫的难处，全落在格物致知上。也就是说是否诚心诚意。心意诚恳，大体上心也自然端正，身也得到自然修养。不过，正心、修身的功夫也各有不同的用力处。修身是在思想感情已经激发的时候，正心是在思想感情还没有激发的时候。正心则中正，修身则平和。"

↗ 89

【原文】

"自'格物''致知'至'平天下'，儒生八要也。只是一个'明明德'。虽'亲民'，亦'明德'事也。'明德'是此心之德，即是仁。仁者以天地万物为一体。仁者，成就万物。使有一物失所，便是吾仁有未尽处。”

【译文】

“从‘格物’‘致知’到‘平天下’，只是‘明明德’的过程。即使是‘亲民’，也属于‘明德’的范围。‘明德’就是本心的德行，就是仁爱。仁爱的人是把天地万物当作一个整体，倘若有一部分被遗漏了，就是因为仁爱还有不完善之处。”

↗ 90

【原文】

“只说‘明明德’而不说‘亲民’，便似老、佛。”儒家终究比释道更有责任感与使命感！

【译文】

“只讲光大圣明的德行，而不讲关爱百姓，就是如同佛家、道家一样了。”

↗ 91

【原文】

“至善者，性也。性元无一毫之恶，故曰至善。止之，是复其本然而已。”至善即心体之本源、之能量，非善恶之善，故曰至善。

【译文】

“最高的善，就是人的本性，人的本性原本没有丝毫的恶，因此称为最高的善。所谓止于至善，就是恢复人性的本来面目而已。”

↗ 92

【原文】

问：“知至善即吾性，吾性具吾心，吾心乃至善所止之地，则不为向时之纷然外求，而志定矣。定则不扰扰而静，静而不妄动则安，安则一心一意只在此处。千思万想，务求必得此至善，是‘能虑而得’矣。如此说是否？”

先生曰：“大略亦是。”大略如是，若细究，定、静、安、虑、得，当更于心体上探求。

【译文】

陆澄问：“如果知道最高的善就是本性，本性就在自己的心中具备，心中就是至善的存留之处。那么，就不要像过去那样急着向外求取，志向也就安定了。志向安定了，就不会有烦恼；安定下来不妄动就是安定；安定了，就能专心致志在至善处。千思万想，就是一定要求得这个至善，这样便是‘能虑而得’了。这样理解，是否正确呢？”

先生说：“大致如此。”

93

【原文】

问："程子云：'仁者以天地万物为一体。'何墨氏[51]兼爱，反不得谓之仁？"只是表象上的逻辑。

先生曰："此亦甚难言，须是诸君自体认出来始得。仁是造化生生不息之理，虽弥漫周遍，无处不是，然其流行发生，亦只有个渐，所以生生不息。如冬至一阳生，必自一阳生，而后渐渐至于六阳，若无一阳之生，岂有六阳？阴亦然。惟有渐，所以便有个发端处；惟其有个发端处，所以生；惟其生，所以不息。譬之木，其始抽芽，便是木之生意发端处；抽芽然后发干，发干然后生枝生叶，然后是生生不息。若无芽，何以有干、有枝叶？能抽芽，必是下面有个根在。有根方生，无根便死。无根何从抽芽？父子、兄弟之爱，便是人心生意发端处，如木之抽芽。自此而仁民、而爱物，便是发干、生枝、生叶。爱有远近、次第、亲疏，方是人性真相。墨氏'兼爱''无差等'，将自家父子兄弟与途人一般看，便自没了发端处。不抽芽，便知得他无根，便不是生生不息。安得谓之仁？孝弟为仁之本，却是仁理从里面发生出来。"

【译文】

陆澄问："程颢先生说，仁爱的人把天地万物都看作与自身一体，为什么墨子的兼爱反而不能称为仁呢？"

先生说："这很难用语言来表述，主要还有赖于各位自己深刻体会。仁是造化万物、生生不息的理，虽然它遍布宇宙，无处不存，但其流行发生也有一个从小到大的发展过程，所以它才生生不息。比如，'冬至一阳生'。一定是从一阳开始，渐渐发展到六阳；如果没有一阳的产生，又何来六阳？阴也是如此。正由于有一个渐进的过程，所以就有个发端处。正因为有个

发端处，所以才能生出万物。正因为生出万物，所以才会生生不息。这好比一棵树，刚开始是发芽，这就是树的生长发端处。抽芽后，会长出树干，然后再长出枝叶，得以生生不息。如果没有芽，怎么会有主干和枝叶？树能抽芽，一定是因为地下有根，有根方能生长，无根便会枯死。没有树根，如何抽芽？父子、兄弟的爱，是人心情感的最初起点，就如同树的芽一般。由此才能关爱百姓、万物，就像树发芽后便会枝繁叶茂。墨子的兼爱是无区别，把自己的父子、兄弟与陌生人同等看待，这自然就没有了发端的起点。树不发芽，就知道它没有根，便不能生生不息，怎么能称作仁呢？孝顺父母、尊敬兄长是仁爱的根本，仁爱、天理就是从这个根本中生发出来的。”

↗ 94

【原文】

问：“延平云：‘当理而无私心。’‘当理’与‘无私心’，如何分别？”

先生曰：“心即理也。无私心，即是当理；未当理，便是私心。若析心与理言之，恐亦未善。”朱熹的老师为心学的“心即理”提供了最好的论据。

又问：“释氏于世间一切情欲之私都不染着，似无私心。但外弃人伦，却似未当理。”

曰：“亦只是一统事，都只是成就他一个私己的心。”摒除私心、私欲。

【译文】

陆澄问道：“李桐说：‘符合天理，就会没有私心。’符合天理与没有私心，怎样区别呢？”

先生说：“心就是理。没有私心，就是符合天理。不符合天理，就是存有私心。如果把心和理分开来讲，恐怕也不合适。”

陆澄又问道：“佛家渲染对世间的七情六欲都不沾染，好像没有私心，但是佛家抛掉人伦，似乎不符合天理。”

先生说：“佛家和世人一样，都是只要成全自己的私心。”

薛侃录

为学须得个头脑，工夫方有着落

↗ 95

【原文】

侃问："持志如心痛，一心在痛上，安有工夫说闲语，管闲事？"十年前，甚爱薛侃此言！今之世，碎片化愈甚，不说闲话、不管闲事，依然有现实意义。

先生曰："初学工夫如此用亦好，但要使知'出入无时，莫知其乡'。心之神明，原是如此，工夫方有着落。若只死死守着，恐于工夫上又发病。"心之神明，无所不包，境阔大而不仄。

【译文】

薛侃问："保持志向犹如心痛一般，一心只在痛上，哪里有时间说闲话，管闲事？"

先生说："开始学习时，如此下功夫也好，但要明白心的本体'出入无时，莫知其乡'。本心的清明原来就是如此。这样功夫才有着落。如果只知道死守志向，在功夫上大概又会出现问题。"

↗ 96

【原文】

侃问："专涵养而不务讲求，将认欲作理，则如之何？"

先生曰："人须是知学。讲求亦只是涵养，讲求更见涵养功夫。不讲求只是涵养之志不切。"

曰："何谓知学？"

曰："且道为何而学？学个甚？"

曰："尝闻先生教，学是学存天理。心之本体，即是天理。体认天理，只要自心地无私意。"

曰："如此则只须克去私意便是，又愁甚理欲不明？"

曰："正恐这些私意认不真。"

曰："总是志未切。志切，目视、耳听皆在此，安有认不真的道理？是非之心，人皆有之，不假外求。讲求亦只是体当自心所见，不成去心外别有个见。"阳明先生尤善讲求！

【译文】

薛侃问："只重视德行的涵养而不注重学问上的讲论，把人欲当作天理，这怎么办呢？"

先生说："人应当知学。求学讲论也是涵养德行。不求学讲论，只是因为涵养的志向不够真切。"

又问："什么是知学？"

先生说："姑且先说说为什么而学？学习什么？"

薛侃说："曾听您说，学是学存养天理。心的本体就是天理，体认天理就是要求自己的心没有私心杂念。"

先生说："如果是这样，只要取出自己的私心就够了，何愁分不清天理和

人欲呢？”

薛侃说：“就是担心这些私欲不能分清。”

先生说：“这终究是志向不坚定的问题。如果志向坚定，耳朵听到的、眼睛看到的都在这里，哪有认不清的道理？辨别是非的能力，每个人都有，不需要向外界去寻求。讲论探求也只是体会自己心中所悟到的，不必再去心外另外找一个。”

↗ 97

【原文】

先生问在坐之友：“比来工夫何似？”

一友举虚明意思。

先生曰：“此是说光景。”

一友叙今昔异同。

先生曰：“此是说效验。”

二友惘然，请是。

先生曰：“吾辈今日用功，只是要为善之心真切。此心真切，见善即迁，有过即改，方是真切工夫。如此，则人欲日消，天理日明。若只管求光景，说效验，却是助长外驰病痛，不是工夫。”光景、效验不是工夫，深刻！

【译文】

先生问在座的同学：“近来做的功夫如何？”

一个同学以清澈明亮的体验举例。

先生说：“这是讲表面现象。”

一个同学讲述了现在与过去的异同。

先生说："这是说效果。"

两位同学感到困惑，向先生请教正确答案。

先生说："我们今天用功，就是要使追求善的心真切。只要这个心真切，见到善就会向往，有了错就会改正，这才是真切的功夫。如此一来，私欲就日益减少，天理就渐渐明朗。如果只在那里寻求表面情况，论说功用效果，反倒助长了心外探求的弊端，而不是真切功夫了。"

↗ 98

【原文】

朋友观书，多有摘议晦庵者。

先生曰："是有心求异，即不是。吾说与晦庵时有不同者，为入门下手处有毫厘千里之分，不得不辩。然吾之心与晦庵之心，未尝异也。先贤之"心"，未尝异也！若其余文义解得明当处，如何动得一字？"如何面对程朱理学，尤其是如何面对朱子学说，是阳明心学在当时当世最复杂而艰难的选择。一有学理层面的面对，此间既有承传，又有纠偏。二有世俗层面的面对，理学即是官学，稍有不慎，即成众矢之的。三有哲学史与文明史层面的面对，心学对理学的超越，此刻已箭在弦上，势成必然。

【译文】

朋友们在一起看书，常常摘选朱熹的语录并加以议论。

先生说："如此吹毛求疵，是不对的。我的主张和朱熹时有不同，主要是学问的入门下手处，有差之毫厘、失之千里之别，这是不能不辨明的。然而，我的心和朱熹的没有不同。如果朱熹对文义解释得清晰精确之处，我又怎么能改动一个字呢？"

↗ 99

【原文】

希渊[1]希渊与徐爱一起拜师于阳明先生远赴龙场前，是王门第一批弟子。希渊字、号尤善！问：“圣人可学而至。“圣人必可学而至！”当初娄亮一言而影响至深至远！然伯夷[2]、伊尹[3]于孔子，才力终不同。其同谓之圣者安在？”

先生曰，“圣人之所以为圣，只是其心纯乎天理，而无人欲之杂。犹精金之所以为精，但以其成色足而无铜铅之杂也。人到纯乎天理方是圣，金到足色方是精。然圣人之才力，亦有大小不同，犹金之分两有轻重。尧、舜犹万镒，文王、孔子犹九千镒，禹、汤、武王犹七八千镒，伯夷、伊尹犹四五千镒。才力不同，而纯乎天理则同，皆可谓之圣人。犹分两虽不同，而足色则同，皆可谓之精金。以五千镒者而人于万镒之中，其足色同也。以夷、尹而厕之尧、孔之间，其纯乎天理同也。盖所以为精金者，在足色，而不在分两。以金譬喻，同与不同，一目了然。所以为圣者，在纯乎天理，而不在才力也。故虽凡人，而肯为学，使此心纯乎天理，则亦可为圣人。犹一两之金比之万镒，分两虽悬绝，而其到足色处，可以无愧。故曰‘人皆可以为尧、舜’者以此。此说，妙不可言！学者学圣人，不过是去人欲而存天理耳，犹炼金而求其足色。金之成色所争不多，则煅炼之工省而功易成，成色愈下则煅炼愈难。人之气质清浊粹驳，有中人以上，中人以下。其于道，有生知安行，学知利行。其下者，必须人一己百，人十己千，及其成功则一。后世不知作圣之本是纯乎天理，却专去知识才能上求圣人，以为圣人无所不知，无所不能。我

1 希渊，即蔡宗兖，字希渊，号我斋，王阳明弟子。
2 伯夷名云，字公信，与兄弟叔齐是商朝末年，北方小国孤竹的两个王子。
3 伊尹，商代名臣。

须是将圣人许多知识才能，逐一理会始得。故不务去天理上着工夫，徒弊精竭力，从册子上钻研，名物上考索，形迹上比拟。知识愈广而人欲愈滋，才力愈多而天理愈蔽。此段批评，切中时弊。以之论今，更见深刻！正如见人有万镒精金，不务煅炼成色，求无愧于彼之精纯，而乃妄希分两，务同彼之万镒。锡铅铜铁，杂然而投，分两愈增而成色愈下。既其梢末，无复有金矣。”今世，分两增者如过江之鲫，成色足者寥寥无几！

时曰仁在傍，曰：“先生此喻足以破世儒支离之惑，大有功于后学。”实大有功于后学、后世！

先生又曰：“吾辈用功，只求日减，不求日增。减得一分人欲，便是复得一分天理。何等轻快脱洒！何等简易！”果然大道至简！

【译文】

蔡宗兖问：“人固然可以通过学习成为圣贤，但是，伯夷、伊尹和孔子相比，在才力上终究有所不同。为什么把他们同称为圣人呢？”

先生说：“圣人之所以为圣人，只因他们的心纯为天理，没有丝毫私心杂念。就像精纯的金子之所以纯度高，是因为它的成色充足，没有掺杂铜、铅等杂质。人达到心中纯为天理就是圣人，金子达到成色十足就是纯金。不过，圣人的才力也有大小之分，好比金的分量有轻有重。尧、舜好比万镒之金，文王、孔子如同九千镒之金，禹、汤、武王则好像七八千镒之金，伯夷、伊尹如同四五千镒之金。他们的才力各异，但内心纯为天理则是相同的，因此都可称为圣人。这就像金子的分量不同，但只要在成色上相同，都可称为纯金。把五千镒放入万镒之中，成色是一致的。把伯夷、伊尹和尧、孔子放在一起，他们心中的纯粹天理是一致的。金子之所以成为纯金，在于成色而不在于分量的轻重。圣人之所以是圣人，在于本心纯乎天理，而不在于才力大小。因此，平常之人只要肯学，使自己的心达到纯乎天理的地步，同样可成为圣人。比如一两纯金和万镒之金相比，分量的确相差很远，但就成色而言则是毫不逊色。正因为如此，孟子所说‘人人都可以成为尧舜’，依据的正是这一点。学者学习圣人，不过是去除私欲、存养天理而已，好比炼金追求成色充足。金子的成色相差不大，那么锤炼的功夫可节省许多，容易成为纯金。成色越差锤炼越难。人的气质有清纯浊杂之分，有普通人以上、普通人以下的区别。对于道来说，有生知安行和学知利行的不同。资质低下的人，必须是别人用一分力，自己用百分力；别人用十分力，自己用千分力，最后所取得的成就是相同的。后世的人不理解圣人的根本在于纯是天理，而只想在知识才能上力求做圣人，认为圣人无所不知，无所不会，必须把圣人的许多知识才能逐一学会才行。因此，不从天理上下功夫，只能白白耗费精力，从书本上钻研，从名物上考究，从形迹上模仿。这样，知识越是渊博，私欲就越是滋长；才能越高，天理越被遮蔽。正如同看见别人拥有万镒纯金，不肯在成色上锤炼自己金子的成色，以求不比别人黄金的成色差，而只妄想在分量上赶超别人的万镒，将锡铅铜铁都夹杂进去冶炼，分量越重而成色却越发低下，炼到最后，就不再有金子了。”

当时，徐爱在一旁说道：“先生这个比喻足以打破世间儒生散乱支离的困惑，对学生大有裨益。”

先生接着说：“我们做功，只求每日减少，不求每日增多。减去一分私欲，便又多得一分天理。这是多么轻快洒脱，多么简捷易行！”

↗ 100

【原文】

士德[1]问曰：“‘格物’之说，如先生所教，明白简易，人人见得。

1 杨骥，字士德，初跟随湛若水求学，后为王阳明弟子。

文公聪明绝世，于此反有未审。何也？”

先生曰：“文公精神气魄大，是他早年合下便要继往开来，故一向只就考索著述上用功。若先切己自修，自然不暇及此。到得德盛后，果忧道之不明。如孔子退修六籍，删繁就简，开示来学，亦大段不费甚考索。文公早岁便著许多书，晚年方悔，是倒做了。”可见出发点至为重要！

士德曰：“晚年之悔，如谓‘向来定本之悟’。又谓‘虽读得书，何益于吾事’？又谓‘此与守书籍，泥言语，全无交涉’，是他到此方悔从前用功之错，方去切己自修矣。”

曰：“然。此是文公不可及处。他力量大，一悔便转。可惜不久即去世。平日许多错处皆不及改正。”否定其说，肯定其人。是智慧也！

【译文】

杨骥问：“格物的学说，诚如先生所教诲的，简单明了，人人都懂。朱熹聪明绝世，对格物的阐释却反而不准确，这是为什么呢？”

先生说：“朱熹的精神气魄宏伟，这是他早年就下定决心要继往开来，因而一直在考证著述上下苦功夫。如果先切合自己进行修养，自然无暇顾及这些。等到德行盛大时，果然忧虑大道的晦暗不明。就像孔子删述《六经》，删繁从简，从而开导、启发后学，也就不必花费大量精力去考证了。朱熹早年之时写了不少书，到晚年时才后悔，认为功夫做颠倒了。”

杨骥说：“朱熹晚年无尽后悔，他说‘向来定本之误’，又说‘虽读得书，何益于吾事’，又说‘此与守旧籍，泥言语，全无交涉’，这些话，表明他此时才发现从前的功夫不对头，才去切合自己修炼。”

先生说：“是的。这正是人们不及朱熹之处。他的力量大，一旦后悔便果断回头。令人惋惜的是，不久之后就去世了，平日的诸多错误都来不及改正。”

↗ 101

【原文】

侃去花间草，因曰："天地间何善难培，恶难去？"薛侃除草，甚为经典。

先生曰："未培未去耳。"

少间，曰："此等看善恶，皆从躯壳起念。便会错。"

侃未达。

曰："天地生意，花草一般，何曾有善恶之分？子欲观花，则以花为善，以草为恶。如欲用草时，复以草为善矣。此等善恶，皆由汝心好恶所生，故知是错。"

曰："然则无善无恶乎？"

曰："无善无恶者，理之静；有善有恶者，气之动。不动于气，即无善无恶，是谓至善。"后之四句教云"无善无恶心之体，有善有恶意之动"，或肇源于此。

曰："佛氏亦无善无恶。何以异？"

曰："佛氏着在无善无恶上，便一切都不管，不可以治天下。圣人无善无恶，只是'无有作好''无有作恶'，不动于气。然'遵王之道''会其有极'，便自一循天理。语出《洪范》，即《中庸》发而中节之理。便有个裁成辅相。"故儒实而佛空。释家放下，儒家拿起，自有担当！

曰："草既非恶，即草不宜去矣？"

曰："如此却是佛、老意见。草若是碍，何妨汝去？"通透如此！

曰："如此又是作好作恶。"

曰："不作好恶，非是全无好恶，却是无知觉的人。谓之不作者，只是好恶一循于理，不去又着一分意思。如此，即是不曾好恶一般。"思维与境界不能更上一层楼，便难理解阳明先生此说。

曰："去草如何是一循于理，不着意思？"

曰："草有妨碍，理亦宜去，去之而已。偶未即去，亦不累心。"不累心"处，是关键。若着了一分意思，即心体便有贻累，便有许多动气处。"

曰："然则善恶全不在物。"

曰："只在汝心。循理便是善，动气便是恶。"

曰："毕竟物无善恶。"

曰："在心如此，在物亦然。世儒惟不知此，舍心逐物，将'格物'之学错看了，终日驰求于外，只做得个'义袭而取'，终身行不著，习不察。"是集义所生，非义袭而取！

曰："如好好色，如恶恶臭，则如何？"

曰："此正是一循于理，是天理合如此，本无私意作好作恶。"

曰："如好好色，如恶恶臭。安得非意？"

曰："却是诚意，不是私意。"诚意"之意，"正心"之功也。诚意只是循天理。虽是循天理，亦着不得一分意。故有所忿懥好乐，则不得其正。须是廓然大公，方是心之本体。知此即知'未发之中'。""廓然大公"是关键！

伯生曰："先生云：'草有妨碍，理亦宜去。'缘何又是躯壳起念？"孟源旁观者清也，此问有趣！

曰："此须汝心自体当。汝要去草，是甚么心？周茂叔[1]窗前草不除，是甚么心？"引濂溪先生草之不除，真急智圆融之至！伯生问得有趣，先生答得甚妙！

【译文】

薛侃在清除花中杂草的时候，有感而问："为什么天地之间的善难以培

---

1 周茂叔，即周敦颐，字茂叔，世称濂溪先生，宋朝儒家理学思想的开山鼻祖。

养，恶难以铲除？”

先生说：“既没有培养，也没有铲除。”

过了片刻，先生又说：“如此看待善恶，只是从形体上着眼，自然有错。”

薛侃不理解话中之意。

先生说：“天地间的生命，如花草一样，何曾有善恶之别？你想赏花，就会认为花是善的，草是恶的。若要利用草时，又会认为草是善的了。这些善恶，都是由人心的好恶而产生的，所以是错误的。”

薛侃问：“这样说是不是就没有善恶之分了？”

先生说：“心中没有善恶的念头，是天理宁静的表现；心中有善恶的念头，是思想感情激发的缘故。人的思想感情不为气所激发，就没有善恶的念头，就可以称得上至善了。”

薛侃问：“佛教也主张无善无恶，这中间有什么区别呢？”

先生说：“佛教只抓住无善无恶这一点，其他的一切都不管，这是不能治理天下的。圣人没有善恶的念头，只是不刻意为善，不刻意为恶，不为思想感情所驱使。这样遵循先王之道，待到达极致，便自然能依循天理的要求，‘裁成天地之道，辅助天地之宜’。”

薛侃说：“草既然不是恶的，那么，也就不能拔除它了。”

先生说：“如此想，就又成为佛家与道家的主张。如果草对花有所妨碍，拔除又何妨？”

薛侃说：“这样做，就又是在刻意为善，刻意为恶了。”

先生说：“不刻意为善，不刻意为恶，并不是说全无善恶的观念。如果完全没有善恶的观念，就会成为一个麻木不仁之人。所谓不刻意为善，不刻意为恶，只是说要遵循天理去判断，不带任何主观意念。这样，就好像是不曾有好恶一样。”

薛侃问：“除草时，如何全依天理而不带任何主观意念呢？”

先生说：“草如果妨碍了花，就应该拔除，拔除了就行了。有时虽没有

拔除干净，也不要放在心上。如果在意的话，便会使我们的身心受到拖累，便会为气所动。”

薛侃说：“如此说来，善恶就全然与物无关了。”

先生说：“善恶只在你的心中，遵循天理就是善，为气所动就是恶。”

薛侃说：“物的本身毕竟没有善恶。”

先生说：“对心而言是如此，对物而言也是如此。世俗之儒只是不懂这一点，抛弃了本心，去追逐探求事物，把格物的思想认错了。成天向外寻求，只在字面上‘义袭而取’，终身只是行而不明，习而不察。”

薛侃问：“对于喜欢美色，讨厌恶臭，又该怎样理解呢？”

先生说：“这正是自始至终遵循天理，天理本当如此，本无刻意为善为恶的私心在这里。”

薛侃说：“喜欢美色，讨厌恶臭，怎么不是刻意的私心呢？”

先生说：“这里只是诚意，而不是私意。诚意只是遵循天理。即使遵循天理，也不能添加一分私意。因此，有了愤怒、怨恨、喜好、快乐的情绪，心就不能中正。人应该胸怀宽广，大公无私，才是心的本体。明白了这些，就能明白未发之中。”

孟源说：“先生讲草妨碍了花，理应拔除，但为什么又说是从形体上着眼呢？”

先生说：“这需要你在自己心中加以体会。你要除掉草，是什么样的心？周敦颐不除去窗前的草，他又是什么样的心？”

↗ 102

【原文】

先生谓学者曰：“为学须得个头脑，工夫方有着落。此言为学当先立

格局与方向也，足见今日之教育之本末倒置也！纵未能无间，如舟之有舵，一提便醒。不然，虽从事于学，只做个‘义袭而取’。只是行不著，习不察，非大本、达道也。”

又曰：“见得时，横说竖说皆是。一部《传习录》，正见得先生“横说竖说皆是”也。若于此处通，彼处不通，只是未见得。”所谓“一法通万法通”，所谓融会贯通，方是“见得”。

【译文】

先生对学生们说：“做学问必须有个宗旨，功夫才有着落。即使不能无间断，也要像船一样有个舵，关键时刻一提便明白。如若不然，虽然是做学问，但也只是‘义袭而取’，只能行动而不落实，学习而不省察，这不是根本，也不是达道。”

先生接着又说：“有了宗旨，横说竖讲都正确。如果是这里明白，别处不明白，只是因为还没有把握宗旨。”

↗ 103

【原文】

或问：“为学以亲故，不免业举之累。”

先生曰：“以亲之故而业举为累于学，则治田以养其亲者，亦有累于学乎？找借口，便已是“累心”！先正云‘惟患夺志’，但恐为学之志不真切耳。”语本《二程遗书》程颐所云“或谓科举事业夺人之功”而来。

【译文】

有人求教：“为了父母而做学问，不免有科举之累。”

先生说："为父母的缘故参加科举而妨碍了学习，那么种田赡养父母，也妨碍学习吗？程颐认为'惟患夺志'，只是担心为学的志向不真切。"

↗ 104

【原文】

崇一[1] 崇一尤尚先生"致良知"学说。问："寻常意思多忙，有事固忙，无事亦忙，何也？"崇一此问，切中今之世人之病也。有事无事皆"忙"之"忙"乃心思、心意之忙也。所谓一息百念，今之世"碎片化"愈甚，心之"忙"、心之"累"则更甚！

先生曰："天地气机，元无一息之停。然有个主宰，故不先不后，不急不缓。虽千变万化，而主宰常定。人得此而生。若主宰定时，与天运一般不息，虽酬酢万变，常是从容自在。所谓'天君泰然，百体从令'。语出宋人《心箴》："君子存诚，克念克敬。天君泰然，百体从令。"若无主宰，便只是这气奔放，如何不忙？"

【译文】

欧阳德问："平时思想意念多忙乱，有事的时候忙，没事的时候也忙，这是怎么回事？"

先生说："天地间的大气，本来没有瞬息中断过。但有了一个主宰，就能不分先后、不分急缓。即使有千变万化，主宰是一成不变的，人也是因为有了这个主宰而产生。如果主宰恒定，如同天地运行一样运动不息，即使变化不断，但总是从容自在，也就是所谓的'天君泰然，百体从令'。假如没

1 崇一，即欧阳德，字崇一，号南野，王阳明弟子。

有这个主宰，就只会让思想情感奔腾放纵，怎么会不忙呢？”

↗ 105

【原文】

先生曰：“为学大病在好名。”

侃曰：“从前岁，自谓此病已轻，比来精察，乃知全未。岂必务外为人？只闻誉而喜，闻毁而闷，即是此病发来。”此病，今之网络世界尤甚！沧溟先生从前亦不免此病，每读此段犹警然自省也！

曰：“最是。名与实对。务实之心重一分，则务名之心轻一分。全是务实之心，即全无务名之心。若务实之心如饥之求食，渴之求饮，安得更有工夫好名？”此亦“心无旁骛”之法。

又曰：“‘疾没世而名不称’，称字去声读，亦‘声闻过情，君子耻之’之意。世人读平声者，意思则大谬不然。可见音韵、训诂之小学功夫实在是中国传统学问之根本。实不称名，生犹可补，没则无及矣。‘四十、五十而无闻’，是不闻道，非无声闻也。孔子云，‘是闻也，非达也。’安肯以此望人？”

【译文】

先生说：“做学问最大的毛病就是好名。”

薛侃说：“从前年开始，我觉得自己好名的毛病已经减轻许多。最近仔细省察，才发现这个毛病并未彻底除去。好名仅仅是指向外追求声名吗？只要听到赞誉就高兴，听到批评就忧愁，想必就是因为好名的毛病所导致？”

先生说：“十分正确。名与实相对。务实的心重一分，求名的心就轻一分。如果全是务实的心，就没有追求虚名的心了。如果务实的心，就好像饿了就要吃东西，渴了就要喝水那样，怎么会有精力来追求虚名呢？”

先生又说：“‘疾没世而名不称’，‘称’字读第四声，也就是说如果名声超过了自己的实际水平，君子会感到遗憾。实与名不相符，活着尚可弥补，死了就来不及了。孔子认为‘四十、五十而无闻’，是还没有听闻大道，并不是还没有好的名声。孔子说：‘是闻也，非达也。’他又怎么会用声名来评价人呢？”

↗ 106

【原文】

侃多悔。呵呵，看来薛侃亦是情绪性人格。

先生曰：“悔悟是去病之药，然以改之为贵。若留滞于中，则又因药发病。”今之“因药发病”者，学界尤多。

【译文】

薛侃经常悔悟反省。

先生说：“悔悟是治病的良药，但贵在改正。假如只是停留在悔恨里，那又是因药而生病了。”

↗ 107

【原文】

德章[1]曰：“闻先生以精金喻圣，以分两喻圣人之分量，以煅炼喻学

1 德章，即刘德章，字号不详，王阳明弟子。

者之工夫，最为深切。惟谓尧、舜为万镒，孔子为九千镒。疑未安。”

先生曰：“此又是躯壳上起念，故替圣人争分两。若不从躯壳上起念，即尧、舜万镒不为多，孔子九千镒不为少。万不为多，千不为少，只得自家精纯！此说甚妙！尧、舜万镒，只是孔子的；孔子九千镒，只是尧、舜的，原无彼我。所以谓之圣，只论‘精一’，不论多寡。只要此心纯乎天理处同，便同谓之圣，若是力量气魄，如何尽同得？后儒只在分两上较量，所以流入功利。若除去了比较分两的心，各人尽着自己力量精神，只在此心纯天理上用功，即人人自有，个个圆成，便能大以成大，小以成小，不假外慕，无不具足。此便是实实落落、明善诚身的事。后儒不明圣学，不知就自己心地‘良知良能’上体认扩充，却去求知其所不知，求能其所不能，一味只是希高慕大，不知自己是桀、纣心地，动辄要做尧、舜事业，如何做得？终年碌碌，至于老死，竟不知成就了个甚么，可哀也已。”旁观者喜欢就表象做比较，德章是也。为圣者着力就本体下功夫，先生是也！

【译文】

刘德章说：“听先生用纯金比喻圣人，用分量的轻重比喻圣人才力的大小，用锤炼金子比喻学者的功夫，这些喻义很深刻。只是您认为尧、舜是万镒，孔子是九千镒，这种说法似乎不恰当。”

先生说：“你这是从外在的事物上着眼的，所以替圣人争轻重。如果不是从外在着眼，那么，把尧、舜比作万镒不为多，把孔子比作九千镒不为少。尧、舜的万镒是孔子的，孔子的九千镒也是尧、舜的，彼此之间本来就没有区别。之所以称为圣，只看他们的精一，而不在数量多少。只要心同样纯为天理，便都可称之为圣人。至于力量气魄，又怎么会完全相同呢？后世儒者只在分量上比较，就陷入功利之中。如果剔除了比较分量的心，每个人尽自己的努力，只在此心纯是天理上下功夫，就能人人具有本心，个个圆满完善，就能才力大的成就大的贡献，才力小的成就小的贡献，这些都不是向外求，而都是凭借内心的完美纯粹。这就是实实在在、明善诚身的大事情。后儒不理解圣学，不知道从自己内心体会、扩充良知良能，却去追求自己不知道的知识，去做自己不会做的事，一味好高骛远。不明白自己的私欲宛如桀纣，却动不动要去做尧舜的功业，怎么做得成？一生劳碌奔波，直至老死，也不知到底成就了什么，太悲哀了！”

↗ 108

【原文】

侃问：“先儒以心之静为体，心之动为用。如何？”此言程子也。

先生曰：“心不可以动静为体用，动静，时也。此犹物理学之“运动与静止都是相对的”，与哲学互证亦甚妙。即体而言，用在体；即用而言，体在用。是谓‘体用一源’。若说静可以见其体，动可以见其用，却不妨。”

【译文】

薛侃问：“程颐先生认为心的静是本体，心的动是功用，这样讲是否正确？”

先生说：“不能用心的动静来区分本体和功用。动静是暂时的。就本体而言，用在体之中；就作用而言，体在用之中。这叫作‘体用一源’。如果说心静时可以呈现心的本体，心动时可以体现心的作用，倒也不妨事。”

↗ 109

【原文】

问："上智下愚如何不可移？"

先生曰："不是不可移，只是不肯移。""移"即改变，人为万物之灵长，所长即在"可移"、可成长、可改变也。可是，真正的改变需要付出巨大的努力，此即大多数人"不肯移"的症结所在。

【译文】

薛侃问："最聪明的人和最愚笨的人为什么不能改变呢？"

先生说："不是不能改变，只是不肯改变。"

↗ 110

【原文】

问"子夏门人问交"章。交友，子夏主张"可者与之，不可者拒之"，而子张主张包容，"嘉善而矜不能"。

先生曰："子夏是言小子之交，子张[1]是言成人之交。若善用之，亦俱是。"常人易见区别与是非，哲人易见殊途而同归。

【译文】

薛侃请教《论语》中"子夏门人问交"这一章。

先生说："子夏说的是小孩间的交往，子张说的是成人间的交往。如果善于加以利用，都是很正确的。"

1 子张，复姓颛孙、名师，字子张，孔门七十二贤人之一。

111

【原文】

子仁[1]问："'学而时习之，不亦说乎'？《论语》开篇一句，实是儒学根本，亦是人生根本。先儒以学为效先觉之所为，如何？"

先生曰："学是学去人欲，存天理。因后世对宋明理学的批判，"存天理，灭人欲"一句多成为批判的靶子，而至今人的理解已大为扭曲，以为其鄙陋全在违反人性。其实，儒家所云"人欲"是指人的劣根性表现，犹如佛家所云"贪嗔痴"、基督教所云"七宗罪"耳。而"存天理"则是改变之道，亦是成长之道，故阳明先生所谓儒家之学全在"学去人欲、存天理"也。从事于去人欲、存天理，则自正诸先觉，考诸古训，自下许多问辨思索，存省克治工夫，然不过欲去此心之人欲，存吾心之天理耳。若曰'效先觉之所为'，则只说得学中一件事，亦似专求诸外了。'时习'者，'坐如尸'，非专习坐也，坐时习此心也。'立如斋'，非专习立也，立时习此心也。'说'是'理义之说我心'之'说'，人心本自说理义，如目本说色，耳本说声，惟为人欲所蔽所累，始有不说。今人欲日去，则理义日洽浃，安得不说？"洽者润也，浃者透也。

【译文】

冯恩问："孔子说'学而时习之，不亦说乎？'朱熹认为，学习是效法先觉者的行为，这样说正确吗？"

先生说："学，是学去除人欲，存养天理。如果去除人欲、存养天理，就自然会求正于先觉，考求于古训，就自然会在问辨、思索、存养、省察、克治方面下很多的功夫。这些也不过是要除去己心的私欲，存养己心的天理

1 子仁，即冯恩，字子仁，王阳明弟子。也有说法指栾惠或林春。

罢了。至于说‘效先觉之所为’，只是说了学中的一件事，也似乎专门向外求取了。‘时习’的人宛如‘坐如尸’，不是专门练习端坐，而是在端坐的时候锻炼这颗心。‘立如斋’，也不是专门练习站立，而是在站立的时候锻炼这颗心。‘说’是‘理义之说我心’的‘说’。人心原本就因为喜欢义理而喜悦，好比眼睛本来就喜欢美色，耳朵喜欢谐声一样。只因为私欲的蒙蔽和拖累，人心才会有不悦。如果私欲一天天减少，那么，义理就能一天天滋润身心，人心又怎能不愉悦呢？”

↗ 112

【原文】

国英[1]问："曾子三省虽切，恐是未闻一贯时工夫。""三省吾身"对"一以贯之"。此类问题，毛病都在现象上找矛盾，终究还是思维层次不够高。

先生曰："一贯是夫子见曾子未得用功之要，故告之。学者果能忠恕上用功，岂不是一贯？'一'如树之根本，'贯'如树之枝叶，未种根，何枝叶之可得？体用一源，体未立，用安从生？谓'曾子于其用处，盖已随事精察而力行之，但未知其体之一'，此恐未尽。"能见"体用一源"，方是更高维度。

【译文】

陈桀问："曾参的'吾日三省吾身'虽然真切，但恐怕还不理解'一以贯之'的功夫。"

先生说："一以贯之是孔子看到曾子没有掌握功夫要领才告诉他的。为

1 国英，即陈桀，字国英，王阳明弟子。

学之人如果真能在忠和恕上下功夫，难道不是一贯吗？‘一’如同树的根，‘贯’如同树的枝叶。没有树根，枝叶从哪里来？体用一源，体未立存，用如何而来？朱熹说：‘曾子于其用处，盖已随事精察而力行之，但未知其体之一’，这恐怕不完全对。”

↗ 113

【原文】

黄诚甫[1]问“汝与回也，孰愈”章。

先生曰：“子贡多学而识，在闻见上用功，颜子在心地上用功，又是层次与境界的差异。故圣人问以启之。而子贡所对又只在知见上，故圣人叹惜之，非许之也。”关键在“弗如也，吾与女弗如也”一句。

【译文】

黄宗贤就《论语》中“汝与回也，孰愈”一章，请教于先生。

先生说：“子贡学识广泛，知识渊博，在见闻上下功夫，颜回则是在心性上下功夫，所以孔子用询问来启发子贡。但是，子贡的回答只停留在所知所见上，因此孔子叹息，而不是赞扬他。”

↗ 114

【原文】

“颜子不迁怒，不贰过，亦是有‘未发之中’始能。”颜子亦非草木，

1 黄诚甫，即黄宗贤，字诚甫，号至斋，王阳明弟子。

非不怒，非无过，然“不迁、不贰”，是“发而中节”，功夫却全在“未发之中”。

【译文】

“颜回不迁怒于人，不犯同样的错误，也是有‘未发之中’的本性才可以做到。”

↗ 115

【原文】

“种树者必培其根，种德者必养其心。欲树之长，必于始生时删其繁枝；欲德之盛，必于始学时去夫外好。如外好诗文，则精神日渐漏泄在诗文上去。凡百外好皆然。”此论选择很重要，选择的根本即“取舍”。

又曰：“我此论学，是无中生有的工夫。诸公须要信得及，只是立志。学者一念为善之志，如树之种，但勿助勿忘，只管培植将去，自然日夜滋长，生气日完，枝叶日茂。树初生时，便抽繁枝，亦须刊落，然后根干能大。初学时亦然。故立志贵专一。”阳明先生初学亦有“五溺”之“繁枝”，然终究“立志专一”，“根干能大”，以至“参天”！

【译文】

“栽树的人一定要培养树根，修德的人一定要修养心性。要使树木生长，必须在开始时就剪除多余的枝叶。要使德性高尚，必须在开始学习时就除去对外物的喜好。比如喜爱诗文，精神就会逐渐转移在诗文上。其他诸多爱好都是如此。”

先生又说：“我在此处讲学，讲的是无中生有的功夫。各位所能相信的，只有立志。学者一心为善的志向，就像树的种子，只要不忘记，也不助长，只管培植下去，自然会日夜生长，生机盎然，枝叶茂盛。树刚长出来时，有了繁枝，就应该剪掉，然后树根、树干才能长大。初学时也是如此。所以，立志最可贵的是专一。”

116

【原文】

因论先生之门，某人在涵养上用功，某人在识见上用功。

先生曰：“专涵养者，日见其不足；专识见者，日见其有余；日不足者，日有余矣；日有余者，日不足矣。”又是两种人生道路的选择！理学强调识见上用功，好像学了很多，正是“日有余者，日不足矣”。

【译文】

谈话时论及先生的弟子，有人是在涵养上用功，有人是在知识见闻上用功。

先生说：“只在涵养上用功，每天能发现自己德行的不足；只在知识见闻上用功，每天都会觉得自己的知识有余。每天感到不足的人，将会逐渐有余。每天感到有余的人，将会日益不足。”

117

【原文】

梁日孚[1]问：“居敬、穷理是两事，先生以为一事。何如？”

1 梁日孚，即梁焯，字日孚，王阳明弟子。

先生曰："天地间只有此一事，安有两事？见两事，是差异，是表象。见一事，是根本，是洞明。日孚名焯，焯者明也。若论万殊，'礼仪三百，威仪三千'，又何止两？公且道居敬是如何？穷理是如何？"

曰："居敬是存养工夫，穷理是穷事物之理。"

曰："存养个甚？"

曰："是存养此心之天理。"

曰："如此，亦只是穷理矣。"

曰："且道如何穷事物之理？"

曰："如事亲，便要穷孝之理；事君，便要穷忠之理。"

曰："忠与孝之理，在君、亲身上，在自己心上？若在自己心上，亦只是穷此心之理矣。且道如何是敬？"

曰："只是主一。"

曰："如何是主一？"

曰："如读书，便一心在读书上；接事，便一心在接事上。"

曰："如此，则饮酒便一心在饮酒上，好色便一心在好色上，却是逐物，成甚居敬功夫？"又是归谬法！

日孚请问。

曰："一者，天理。主一是一心在天理上。若只知主一，不知一即是理，有事时便是逐物，无事时便是着空。惟其有事无事，一心皆在天理上用功，所以居敬亦即是穷理。就穷理专一处说，便谓之居敬；就居敬精密处说，便谓之穷理。却不是居敬了别有个心穷理，穷理时别有个心居敬。通透！名虽不同，功夫只是一事。就如《易》言'敬以直内，义以方外'，敬即是无事时义，义即是有事时敬，两句合说一件。如孔子言'修己以敬'，即不须言义；孟子言'集义'，即不须言敬。会得时，横说竖说，工夫总是一般。若泥文逐句，不识本领，即支离决裂，工夫都无下落。"经学以小学为根基，亦有利有弊。后之儒生，最爱泥文逐句，最易支离决裂！

问："穷理何以即是尽性？"

曰："心之体，性也，性即理也。穷仁之理真要仁极仁，穷义之理真要义极义。仁义只是吾性，故穷理即是尽性。如孟子说'充其恻隐之心，至仁不可胜用'，这便是穷理工夫。"

日孚曰："先儒谓'一草一木亦皆有理，不可不察'，如何？"又是程朱之言，阳明先生所谓"夫我则不暇"，如在目前，亦甚有趣！

先生曰："'夫我则不暇'。公且先去理会自己性情，须能尽人之性，然后能尽物之性。"此是以《中庸》语驳程朱语。

日孚悚然有悟。

【译文】

梁日孚问："朱熹认为居敬与穷理是两件事，先生为什么认为是一件事呢？"

先生说："天地间唯有一件事，怎么会有两件事？至于说到事物的千差万别，礼仪三百、威仪三千，又何止两件？你且说说什么是居敬，什么是穷理？"

梁日孚说："居敬就是存养的功夫，穷理就是穷尽事物之理。"

先生问："存养什么？"

梁日孚说："存养自己心中的天理。"

先生说："这样也就是穷理了。"先生又说："暂且再说说怎样穷尽事物之理？"

梁日孚说："比如，侍奉父母就要穷尽孝的理，事君就要穷尽忠的理。"

先生说："忠和孝的理，是在国君、父母身上，还是在自己心上？如果在自己心上，也就是穷尽此心的理了。且谈一下什么是敬？"

梁日孚说："就是主一。"

先生问："怎样才算是主一？"

梁日孚说："比如，读书就一门心思读书，做事就一门心思做事。"

先生说："照这样说，饮酒便一门心思饮酒，好色便一门心思好色。这是追逐外物，怎么能称为居敬功夫呢？"

梁日孚向先生请教。

先生说："一就是天理，主一就是一心在天理上。如果只懂得主一，不明白它就是理，那么有事时就会追逐外物，无事时就会凭空臆想。只有不论有事无事，一心在天理上下功夫，如此居敬也就是穷理。就穷理的专一而言，就是居敬；就居敬的精密而言，就是穷理。并非在居敬之后，又有一个心去穷理；在穷理时，又有一个心去居敬。名称虽然不同，功夫只有一个。正如《易经》中讲'敬以直内，义以方外'，敬就是无事时的义，义就是有事时的敬。敬与义结合仍是一回事。孔子说'修己以敬'，义就不用说了。孟子说'集义'，敬也不必说了。体悟了这些后，横说竖说，功夫总是一样。如果局限于文句，不了解根本，只会支离破碎，功夫就没有着落之处。"

梁日孚问："为什么说穷理就是尽性呢？"

先生说："心的本体是性，性就是理。穷尽仁的理，是使仁成为至仁；穷尽义的理，是使义成为至义。仁与义只是性，因此，穷理就是尽性。孟子所说的'充其恻隐之心，至仁不可胜用'，就是穷理的功夫。"

梁日孚说："程颐先生说的'一草一木亦皆有理，不可不察'，这句话是否正确？"

先生说："对于我来说，没有多余的工夫。你唯有先去涵养自己的性情，只有穷尽了人之本性，然后才能穷尽物之本性。"

梁日孚猛然警醒而有所体悟。

↗ 118

【原文】

惟乾[1]问："知如何是心之本体？"

先生曰："知是理之灵处。就其主宰处说，便谓之心；就其禀赋处说，便谓之性。孩提之童，无不知爱其亲，无不知敬其兄，只是这个灵能不为私欲遮隔，充拓得尽，便完全是他本体，便与天地合德。自圣人以下，不能无蔽，故须'格物'以致其知。"此"知"是"觉知"，而非"知识"。

【译文】

冀元亨问："知为什么是心的本体？"

先生说："知是理的灵性所在，就其主宰而言，就是心；就其禀赋而言，就是性。幼龄儿童，没有不知道爱他们的父母，没有不知道敬爱他们的兄长。这是因为，心性的知没有被私欲蒙蔽、迷惑，可以彻底扩充、拓展，知便完全地成为心的本体，便与天地万物合而为一。除了圣人，人们难以做到不受私欲杂念的蒙蔽，所以，需要通过格物来获得良知。"

↗ 119

【原文】

守衡[2]问："《大学》工夫只是'诚意'，'诚意'工夫只是'格物'。

1 惟乾，即冀元亨，字惟乾，王阳明弟子。
2 守衡，据陈荣捷先生考证，此人或许为王阳明弟子朱衡之误。

'修齐治平'，只诚意尽矣。又有'正心'之功，'有所忿懥好乐，则不得其正'。何也？"

先生曰："此要自思得之，知此则知'未发之中'矣。"

守衡再三请。

曰："为学工夫有浅深，初时若不着实用意去好善恶恶，如何能为善去恶？这着实用意，便是'诚意'。然不知心之本体原无一物，一向着意去好善恶恶，便又多了这分意思，便不是廓然大公。《书》所谓'无有作好作恶'，方是本体。所以说'有所忿懥好乐，则不得其正'。'正心'只是'诚意'工夫里面体当自家心体，常要鉴空衡平，这便是'未发之中'。"阳明先生尤爱云"未发之中"，亦即心之本体也。

【译文】

守衡问："《大学》中的功夫只是诚意，诚意的功夫只是格物、修身、齐家、治国、平天下。如此只要有诚意的功夫就足够了。然而，《大学》中又有正心的功夫，心中有愤怒、怨恨、喜好、快乐，心就不能中正，为什么呢？"

先生说："这一点需要自己思考、体会，明白之后，就能理解未发之中了。"

守衡再而三地请教于先生。

先生说："为学的功夫有深有浅，刚开始若不肯专心致志去追求美好的事物，摒弃丑陋的事物，又怎么可以行善除恶呢？这个专心致志就是诚意。然而，如果不懂得心的本体原无一物，只是执着地去好善憎恶，就又多了一份执着的意思，便不是那么广阔、坦荡了。《尚书》中所谓的'无有作好作恶'，方是心的本体。因此说，有愤怒、怨恨、喜好、快乐，心就不能中正。正心就是从诚意功夫中体悟自己的心体，经常明察持平，这就是未发之中。"

↗ 120

【原文】

正之[1]问："戒惧是己所不知时工夫，慎独是己所独知时工夫，此说如何？"

先生曰："只是一个工夫。无事时固是独知，有事时亦是独知。一语破的！人若不知于此独知之地用力，只在人所共知处用功，便是作伪，便是'见君子而后厌然'。此独知处便是诚的萌芽，此处不论善念恶念，更无虚假，一是百是，一错百错，正是王霸、义利、诚伪、善恶界头。于此一立立定，便是端本澄源，便是立诚。古人许多诚身的工夫、精神命脉，全体只在此处。真是莫见莫显，无时无处，无终无始，只是此个工夫。今若又分戒惧为己所不知，即工夫便支离，亦有间断。既戒惧即是知，己若不知，是谁戒惧？此等反问，掷地有声！如此见解，便要流入断灭禅定。"断灭禅定即执空、顽空。

曰："不论善念恶念，更无虚假，则独知之地，更无无念时邪？"

曰："戒惧亦是念。戒惧之念，无时可息。若戒惧之心稍有不存，不是昏瞶，便已流入恶念。自朝至暮，自少至老，若要无念，即是己不知。此除是昏睡，除是槁木死灰。"此一段话，说得痛快淋漓。

【译文】

黄宏纲问："《中庸》中说，戒惧是自己不知晓时的功夫，慎独是只有自己知晓时的功夫，这种认识正确吗？"

先生说："这只是一个功夫。没有事情的时候固然只有自己知道，有事的时候其实也只有自己知道。人如果不懂得在只有自己知道的地方用功夫，

1 正之，即黄宏纲，字正之，号洛村，王阳明弟子。

只在人人共知的地方用功夫，那就是虚伪，就是‘见君子而后厌然’。这个独知用功的地方，正是诚意萌发的地方。此处不论善念恶念，都没有一丝虚假，一对百对，一错百错。这也正是王霸、义利、诚伪、善恶的分界点。在这里立稳脚跟，就是正本清源，就是立诚。古人许多诚身的功夫、精神命脉全部汇聚在这个地方。真是不隐不显，无时无处，无始无终，只是这个功夫。倘若又把戒惧当成自己所不知的，功夫就会支离破碎，也就会有间断。既然感到戒惧，那就是自己知道；如果自己不知，又是谁在戒惧呢？这样的见解，又会使人陷入佛家的断灭禅定中了。”

黄宏纲说：“无论善念恶念，都没有丝毫虚假，那么，自己独处时就没有无念的时候了吗？”

先生说：“戒惧也是念。戒惧的念头从来不会停止，如果戒惧的心稍有松懈，人不是变得糊涂，就是被恶念侵袭。从早到晚，从小到老，如果没有意念，就会相当于没有知觉，这样若不是昏睡之中，便是形同槁木，心如死灰了。”

↗ 121

【原文】

志道[1]问：“荀子云‘养心莫善于诚’，先儒非之，何也？”此是程子非荀子之言。

先生曰：“此亦未可便以为非。‘诚’字有以工夫说者。诚是心之本体，求复其本体，便是思诚的工夫。明道说‘以诚敬存之’，亦是此意。大学‘欲正其心，先诚其意。’荀子之言固多病，然不可一例吹毛求疵。

1 志道，此人生平不详。

大凡看人言语，若先有个意见，便有过当处。此是公允之论！‘为富不仁’之言，孟子有取于阳虎[1]，此便见圣贤大公之心。”此例甚恰切。

【译文】

志道问：“荀子说，养心最好的办法是思诚，程子却否定了他的说法，为什么呢？”

先生说：“这句话也不能认为它不对。‘诚’字有从功夫上来说的。诚是心之本体，要恢复心的本体，就是思诚的功夫。程颢说的‘以诚敬存之’，正是这个意思。《大学》中也说：‘欲正其心，先诚其意’，荀子的话固然有不少毛病，但也不能一概吹毛求疵。大致上说，对别人的学说进行点评，如果先有了自己的看法，自然会有不公正之处。比如，‘为富不仁’，就是孟子引用阳虎的话，由此可见圣人的大公之心。”

122

【原文】

萧惠[2]问：“己私难克，奈何？”

先生曰：“将汝己私来，替汝克。”此达摩祖师“将心来，与汝安”之法。

又曰：“人须有为己之心，方能克己；能克己，方能成己。”此“为己”即“人不为己，天诛地灭”之“为己”，即“成己”。

萧惠曰：“惠亦颇有为己之心，不知缘何不能克己？”

1 阳虎，即阳货，季孙氏家臣。
2 萧惠，字号不详，王阳明弟子。

先生曰:“且说汝有为己之心是如何。”

惠良久曰:“惠亦一心要做好人，便自谓颇有为己之心。今思之，看来亦只是为得个躯壳的己，不曾为个真己。”

先生曰:“真己何曾离着躯壳？恐汝连那躯壳的己也不曾为。且道汝所谓躯壳的己，岂不是耳目口鼻四肢？”

惠曰:“正是为此，目便要色，耳便要声，口便要味，四肢便要逸乐，所以不能克。”

先生曰:“‘美色令人目盲，美声令人耳聋，美味令人口爽，驰骋田猎令人发狂’，这都是害汝耳目口鼻四肢的，岂得是为汝耳目口鼻四肢？若为看耳目口鼻四肢时，便须思量耳如何听，目如何视，口如何言，四肢如何动。必须非礼勿视听言动，方才成得个耳目口鼻四肢。这个才是为着耳目口鼻四肢。汝今终日向外驰求，为名为利，这都是为着躯壳外面的物事。汝若为着耳目口鼻四肢，要非礼勿视听言动时，岂是汝之耳目口鼻四肢自能勿视听言动？须由汝心。这视听言动，皆是汝心。汝心之视，发窍于目；汝心之听，发窍于耳；汝心之言，发窍于口；汝心之动，发窍于四肢。若无汝心，便无耳目口鼻。所谓汝心，亦不专是那一团血肉。若是那一团血肉，如今已死的人，那一团血肉还在，缘何不能视听言动？所谓汝心，却是那能视听言动的。这个便是性，便是天理。有这个性，才能生。这性之生理，便谓之仁。这性之生理，发在目，便会视；发在耳，便会听；发在口，便会言；发在四肢，便会动，都只是那天理发生。以其主宰一身，故谓之心。这心之本体，原只是个天理，原无非礼。这个便是汝之真己。这个真己，是躯壳的主宰。若无真己，便无躯壳。真是有之即生，无之即死。汝若真为那个躯壳的己，必须用着这个真己，便须常常保守着这个真己的本体。戒慎不睹，恐惧不闻，惟恐亏损了他一些。才有一毫非礼萌动，便如刀割，如针刺，忍耐不过，必须去了刀，拔了针。这才是有为己之心，方能克己。汝今正是认贼作子，缘何却说有为己之心，不能克己？”此一大段，先生说得固然生动。然“躯壳的己”与“真己”于常人日常却属实是矛盾所在。“躯壳的己”是生物遗传基因决定的，是激素决定的，是“丛林法则”决定的己，而“真己”却是精神的、信仰的、“去人欲，存天理”的己。“为己”与“成己”即在后者对前者的超越并终成主宰，可这正是人生之毕生工夫所在！

【译文】

萧惠问：“自己的私欲不容易克制，该怎么办呢？”

先生说：“把你的私欲说出来，我来替你克制。”又说：“人需要有为自己着想的心，方能克制私欲；能够克制自己，才能成就自己。”

萧惠问：“我的确有为自己着想的心，但不知为什么不能克制私欲？”

先生说：“你不妨先谈谈你为自己的心是怎样的？”

萧惠沉思良久，说：“我也一心想要做个好人，便自我感觉很有一些为自己着想的心。如今想来，我只是为了躯壳的自己，并不是为了真实的自我。”

先生说：“真正的我怎么能离开身体呢？恐怕你也不曾为过躯体的我。你所说的躯壳的我，不就是指耳目口鼻和四肢吗？”

萧惠说：“正是为了这些。眼睛要看美色，耳朵要听美声，嘴巴要吃美味，四肢要享受安逸，所以便不能克制私欲。”

先生说：“老子说过，美色使人目盲，美声使人耳聋，美味使人口爽，打猎游乐使人疯狂。所有这些，对你的耳目口鼻和四肢都有损害，怎么会有益于你的耳目口鼻和四肢呢？如果真正是为你的耳目口鼻和四肢着想，就要考虑耳朵如何听，眼睛如何看，嘴巴如何说，四肢如何动。只有做到‘非礼勿视，非礼勿听，非礼勿言，非礼勿动’，才能实现耳目口鼻和四肢的功能，才真正是为了自己的耳目口鼻和四肢。如今，你终日在外寻求名利，这些都是为了躯体之外的事物。如果你真是为了自己的耳目口鼻和四肢，就必须‘非礼勿视，非礼勿听，非礼勿言，非礼勿动’。这难道是你的耳目口鼻

和四肢自动不听、不看、不说、不动？这必须是你的心在起作用。视听言动，都是心的作用。内心的视觉，通过眼睛来实现；内心的听觉，通过耳朵来实现；内心的言语，通过口舌来实现；内心的动作通过四肢来实现。如果你的心不存在，也就没有你的耳目口鼻和四肢。所谓的心，也并不是专指那一团血肉。如果专指那团血肉，现在有个人死去了，那团血肉仍在，但为什么不能视听言动了呢？所谓真正的心，是那能使你视听言动的心，这个心也就是天理。有了这个'性'，才有了人的生生不息。这样的生生不息，也就是'仁'。这种生生之理，表现在眼睛上，人就能看；表现在耳朵上，人就能听；表现嘴巴上，人就能说；表现在四肢上，人就能动。这些都是天理在起作用。用天理主宰着人的身体，所以就叫作心。这个心的本体，就是天理，原本就是礼。这才是你真实的自我。这个真实的自我，就是肉体的主宰。如果没有真实的自我，也就没有肉体。要有这个主宰，人才是活的；没有这个主宰，人就已经死了。你如果真是为了肉体的自我，必须依靠这个真我，并需要经常保存这个真我的本体。做到让人紧张的事不看，令人恐惧的事情不听，唯恐对真我的本体有一丝损伤。如果稍有丝毫的非礼萌生，有如刀割、针刺一般，令人难以忍受，必须扔了刀、拔掉针。这才是有成就自己的心，才能克制私欲。你现在正是认贼为子，为什么说有为自己的心，却又不能克制私欲呢？”

↗ 123

【原文】

有一学者病目，戚戚甚忧。小人长戚戚耳。

先生曰：“尔乃贵目贱心。”所谓“睁开心眼”。

【译文】

有位学生患有眼病，十分忧戚。

先生说："你这是只看重眼睛，不看重本心。"

↗ 124

【原文】

萧惠好仙、释。

先生警之曰："吾亦自幼笃志二氏，自谓既有所得，谓儒者为不足学。其后居夷三载，见得圣人之学若是其简易广大，始自叹悔错用了三十年气力。就华夏文明而言，虽然儒释道三教合一，然儒学终究是文明根本！大抵二氏之学，其妙与圣人只有毫厘之间。汝今所学，乃其土苴，辄自信自好若此。土，粪也。苴，草也。犹言糟粕已极。真鸱鸮窃腐鼠耳。"土苴"语出《庄子》，此又用惠施典故，甚妙！

惠请问二氏之妙。

先生曰："向汝说圣人之学简易广大，汝却不问我悟的，只问我悔的。"哈哈，这对师生甚有趣！

惠惭谢，请问圣人之学。

先生曰："汝今只是了人事问，待汝办个真要求为圣人的心，来与汝说。"

惠再三请。

先生曰："已与汝一句道尽，汝尚自不会。"可以想见傲娇王老师与懵懂萧同学当时模样，实在有趣之至！哈哈，教学如此，当为之浮一大白！

【译文】

萧惠热衷于道教、佛教。

先生警示他说："我自幼笃信佛老，认为也颇有收获，并以为儒学没有什么好学的。后来在贵州龙场住了三年，体会到圣人之学是如此简易、广大，才悔悟错用了三十年的气力。总体而言，佛老学问的精妙处与圣人的学说并无多大的差别。如今，你所学到的不过是两家的糟粕，却自我感觉良好。这就像猫头鹰窃得一只腐鼠，还以为是美食。"

萧惠向先生请教佛老之学的精妙。

先生说："我跟你说圣人之学简易、广大，你不问我所感悟的，却只问我所悔悟的。"

萧惠惭愧地道歉，向先生请教圣人之学。

先生说："现在你只是为了人情才问，等你真有了做圣人的心愿后，我再和你讲也为时不晚。"

萧惠再而三地请教。

先生说："我已经用一句话给你说尽了，但你还没有明白。"

↗ 125

【原文】

刘观时[1]问："'未发之中'是如何？"若非先生常言之，观时不当有此问！

先生曰："汝但戒慎不睹，恐惧不闻，养得此心纯是天理，便自然见。"

1 刘观时，字易仲，世称沙溪先生，王阳明弟子。

观时请略示气象。“气象”二字用得好！

先生曰：“哑子吃苦瓜，与你说不得。你要知此苦，还须你自吃。”个中滋味！

时曰仁在傍，曰：“如此才是真知，即是行矣。”此亦知行合一之端。

一时在座诸友皆有省。他日先生故有悲叹：“安得起曰仁九泉闻斯言乎！”

【译文】

刘观时问：“‘未发之中’指的是什么？”

先生说：“你只要在无人看到时也谨慎，在无人听到时也敬畏，此心修养得纯为天理，自然而然就明白了。”

刘观时请先生简略谈一下‘未发之中’的景象。先生说：“这是所谓的哑巴吃苦瓜，跟你没法说。你要明白其中之苦，还须自己去品尝。”

这时，徐爱在一旁说：“只有这样，才是真正的知，也就是行了。”

一时之间，在座的各位都有所感悟。

↗ 126

【原文】

萧惠问死生之道。

先生曰：“知昼夜，即知死生。”

问昼夜之道。

曰：“知昼则知夜。”

曰：“昼亦有所不知乎？”萧同学虽懵懂，然尤善顺杆儿爬。

先生曰：“汝能知昼？懵懵而兴，蠢蠢而食，行不著，习不察，终日

昏昏，只是梦昼。先生这顿骂，也够狠的！惟‘息有养，瞬有存’，张载十五岁拜谒武侯祠，感而叹曰："言有教，动有法，昼有为，宵有得，息有养，瞬有存。"王阳明十五岁拜谒于谦祠，感而叹曰："赤手挽银河，公自大名垂宇宙；青山埋白骨，我来何处吊英贤。"此之谓少年气象，此之谓薪火相传！此心惺惺明明，天理无一息间断，才是能知昼。这便是天德，便是通乎昼夜之道而知，更有甚么死生？"

【译文】

萧惠向先生请教生死之道。

先生说："知道了昼与夜，就能知道生与死。"

萧惠再请教昼夜之道。

先生说："知道了白天，也就知道了黑夜。"

萧惠说："难道还有人不知道白天吗？"

先生说："你真的知道白天吗？懵懵懂懂地起床，胡嚼乱咽地吃饭，做事情不专心，学习上不思考，成天昏昏噩噩，这只是梦中的白天。只有时刻不忘存养本心，保持本心的清明，使天理没有片刻间断，这样才算认识了白天。这个就是天的德性。这就是明白了昼夜之道。知晓了昼夜之道，还有什么生死的问题？"

↗ 127

【原文】

马子莘问："'修道之教'，旧说谓圣人品节吾性之固有，以为法于天下，若礼乐刑政之属。此意如何？"旧说即朱子之说。

先生曰："道即性即命，本是完完全全，增减不得，不假修饰的，何须要圣人品节？却是不完全的物件。礼乐刑政是治天下之法，固亦可谓之教，但不是子思本旨。旧说是朱子注解子思《中庸》。若如先儒之说，下面由教入道的，缘何舍了圣人礼乐刑政之教，别说出一段戒慎恐惧工夫？却是圣人之敢为虚设矣。”

子莘请问。

先生曰：“子思性、道、教，皆从本原上说。天命于人，则命便谓之性；率性而行，则性便谓之道；修道而学，则道便谓之教。率性是诚者事，所谓‘自诚明，谓之性’也；修道是诚之者事，所谓“自明诚，谓之教’也。圣人率性而行，即是道。圣人以下，未能率性，于道未免有过不及，故须修道。修道则贤知者不得而过，愚不肖者不得而不及，都要循着这个道，则道便是个教。此‘教’字与‘天道至教’‘风雨霜露，无非教也’之‘教’同。俱语出《礼记》。‘修道’字与‘修道以仁’同。人能修道，然后能不违于道，以复其性之本体，则亦是圣人率性之道矣。下面‘戒慎恐惧’便是修道的工夫，‘中和’便是复其性之本体，如《易》所谓‘穷理尽性，以至于命’，‘中和’‘位育’，便是尽性至命。”所谓“致中和，天地位焉，万物育焉。”

【译文】

马明衡问：“《中庸》的‘修道之教’，朱子把它解释为圣人根据人固有的品性进行评价分类，为天下人树立一个遵循的标准，比如礼、乐、刑、政之类，这种认识正确吗？”

先生说：“道是人的天性，也就是天命，原本就是完完全全的，不可增也不可减，更不用修饰，哪里需要圣人去加以分类规范呢？那不就成了不完整的东西？礼仪、音乐、刑法、政治，是治理天下的办法，固然也可称之为教化，但并不是子思的本意。如果按照朱熹的解释，中下资质的人通过教育可以体悟大道，为什么又丢掉圣人制定的礼仪、音乐、刑法、政治的教化，而

另讲一套戒慎恐惧的功夫呢？这是把圣人的教化当作摆设了。”

马明衡就有关问题请教于先生。

先生说：“子思所说的人性、天道、教化都是从根本上说的。天命在人，这个命就是性；率性而行，人性也就是天道；体悟修道而学，那么天道也就是教化。完全遵从本性，是那些意念诚恳的人才能做到的，这就是《中庸》中讲的‘自诚明，谓之性’。修养体悟天道，是那些意念诚恳的人才能做到的，这就是《中庸》中讲的‘自明诚，谓之教’。圣人率性而为，就是天道。圣贤之下的人不能完全做到率性而为，他们的行为难免过分或是不及，因此必须修道。修养体悟天道，聪明的人不能做得过分，才智平凡的人不能做得不及，都是要依循这个天道，天道也就成了教化。这个‘教’与‘天道至教’‘风雨霜露，无非教也’的‘教’相同。‘修道’与《中庸》上的‘修道以仁’相同。人能够修养体悟天道，然后才能不违背道，从而恢复天性的本来面目，这也就是圣人率性而为的大道了。《中庸》后面讲的‘戒慎恐惧’就是修道的功夫。‘中和’就是恢复人性的本体。就像《易经》上所说的‘穷理尽性以至于命’。能够达到‘中和’‘位育’，就是穷尽天性，完全地把握天命。”

128

【原文】

黄诚甫问：“先儒以孔子告颜渊为邦之问，是立万世常行之道。如何？”

先生曰：“颜子具体圣人。其于为邦的大本大原都已完备。夫子平日知之已深，到此都不必言，只就制度文为上说。此等处亦不可忽略，须要是如此方尽善。又不可因自己本领是当了，便于防范上疏阔，须是要

'放郑声，远佞人'。盖颜子是个克己向里、德上用心的人，孔子恐其外面末节或有疏略，故就他不足处帮补说。孔老师尤善因材施教、损益补缺！若在他人，须告以'为政在人，取人以身，修身以道，修道以仁'，'达道''九经'及'诚身'许多工夫，方始做得。这个方是万世常行之道。不然，只去行了夏时，乘了殷辂，服了周冕，作了韶舞，天下便治得？后人但见颜子是孔门第一人，又问个为邦，便把做天大事看了。"王老师真是孔老师千年后的解人！不结合当时的历史语境和孔颜的特殊关系，就无法领会孔子这番教导的真正意义。

【译文】

黄宗贤问："朱熹认为《论语》中，孔子关于颜回求教治国的回答，确立了万世常行之道，这种认识对吗？"

先生说："颜回具有圣人的素质，对于治国的根本问题已经全都掌握。孔子平时对他十分了解，在这里没必要再多说，只是讲些典章制度方面的内容，这些也不能忽略，只有做到如孔子所说的那样才是完善。也不能因为具备一些本领，就疏于防范，还应该'放郑声，远佞人'。因为颜回是一个善于克制、性格内向、注重道德修养的人，孔子担心他忽视了外部的细节，因此就他的不足处加以提示。如果是别人，孔子也许会告诉他，比如'为政在人，取人以身，修身以道，修道以仁''达道''九经'及'诚身'等诸多功夫，如此才能治理国家，才是万世需要遵循之道。否则，只是推行夏代的历法，乘商代的车子，穿周代的礼服，演奏舜时的韶乐，天下岂能治理得好？后世人只知道颜回是孔门第一高徒，而他又问了一个怎样治国的问题，就把孔子的回答当作完备无疑的了。"

129

【原文】

蔡希渊问："文公《大学》新本，先'格致'而后'诚意'工夫，似与首章次第相合。若如先生从旧本之说，即'诚意'反在'格致'之前。于此尚未释然。"朱子晚年定论，诚为心学在当世立足之关键。

先生曰："《大学》工夫即是'明明德'。'明明德'只是个'诚意'，'诚意'的工夫只是'格物致知'。若以'诚意'为主，去用'格物致知'的工夫，即工夫始有下落。即为善去恶，无非是'诚意'的事。如新本先去穷格事物之理，即茫茫荡荡，都无着落处，还是出发点的问题。须用添个'敬'字，方才牵扯得向身心上来，然终是没根源。若须用添个'敬'字，缘何孔门倒将一个最紧要的字落了，直待千余年后要人来补出？正谓以'诚意'为主，即不须添'敬'字。所以举出个'诚意'来说，正是学问的大头脑处。于此不察，真所谓'毫厘之差，千里之缪'。大抵《中庸》工夫只是'诚身'，'诚身'之极便是'至诚'；《大学》工夫只是'诚意'，'诚意'之极便是'至善'。工夫总是一般。今说这里补个'敬'字，那里补个'诚'字，未免画蛇添足。"阳明先生所评甚是！

【译文】

蔡宗兖问："朱熹的《大学》新本，把格物致知放在诚意功夫之前，这似乎与首章的次序相同。如果按照先生的主张，仍依据旧本的话，那么，诚意就在格物致知的前面。对此，我还有不明白的地方。"

先生说："《大学》中所讲的功夫就是人要发挥圣明的德性，'明明德'就是'诚意'，'诚意'的功夫就是'格物致知'。如果把'诚意'的功夫当作主要的事，然后去做'格物致知'的功夫，功夫才有着落。也就是说，为善去恶都是'诚意'的事。如果像新本的说法，先去探究穷尽格事物的道理，就会迷茫，丧失方向，失去目标，就必须增添一个'敬'字，才能在自己的身心上下功夫，但仍然没有根源。如果必须增添一个'敬'字，为什么孔门把如此关键而重要的字给遗漏了，一直等到千余年后才被补上呢？正是由于把'诚意'当作最主要的，就不需要再添一个'敬'字。因此，提出'诚意'，就是因为这是做学问的关键所在。不明白这一点，真可谓差之毫厘，谬以千里了。大体而言，《中庸》的功夫是'诚身'，'诚身'的极限就是'至诚'；《大学》的功夫只是'诚意'，'诚意'的极限便是'至善'。功夫总是一样的。现在在这里添一个'敬'字，在那里补一个'诚'字，未免画蛇添足了。"

【卷中】

钱德洪序

【原文】

德洪[1]德洪本为余姚当地儒师，正德十六年，阳明先生归省余姚，德洪遂率弟子门生七十四人迎请于中天阁，拜阳明先生为师。后替先生主持中天阁讲席，世人称之"王学教授师"。故于心学之教育、传播而言，德洪贡献尤大。故于阳明先生而言，弟子有徐爱者，"薪火"之幸；弟子有德洪者，"相传"之幸也。曰：昔南元善[2]元善于绍兴知府任上拜师阳明先生，并修禹庙，今绍兴会稽山大禹陵碑即其所立。刻《传习录》于越，凡二册。下册摘录先师手书，凡八篇。其答徐成之[3]二书，吾师自谓"天下是朱非陆，论定既久，一旦反之为难；二书姑为调停两可之说，使人自思得之。"故元善录为下册之首者，意亦以是欤？鹅湖之会，遂有朱陆之辩。是朱非陆，则见宋明顽疾！

今朱、陆之辨明于天下久矣；洪刻先师文录，置二书于外集者，示未全也，故今不复录。其余指知、行之本体，莫详于答人论学此当指答顾东桥论学也。德洪作序时，东桥尚在，且任南京刑部尚书，位高名重，故

1 德洪，即钱德洪，名宽，又字洪甫，号绪山，王阳明弟子，与王畿同为王学浙中学派的代表人物。

2 南元善，即南大吉，号瑞泉，王阳明弟子。

3 徐成之，名守诚，王阳明同乡。

不便直称。与答周道通[1]、陆清伯、欧阳崇一四书；而谓'格物'为学者用力日可见之地，莫详于答罗整庵[2]一书。平生冒天下之非诋推陷，万死一生，遑遑然不忘讲学，惟恐吾人不闻斯道，流于功利、机智，以日堕于夷狄禽兽而不觉。讲学亦是阳明于万死一生中超越非诋推陷之法。其一体同物之心，譊譊终身，至于毙而后已。此孔、孟以来贤圣苦心，虽门人子弟，未足以慰其情也。是情也，莫详于答聂文蔚[3]之第一书。此皆仍元善所录之旧。而揭"必有事焉"即"致良知"功夫，明白简切，使人言下即得入手，此又莫详于答文蔚之第二书，故增录之。此段所序，乃中卷之概要也。

元善当时汹汹，乃能以身明斯道，卒至遭奸被斥，油油然惟以此生得闻斯学为庆，而绝无有纤芥愤郁不平之气。斯录之刻，人见其有功于同志甚大，而不知其处时之甚艰也。虽"处时之艰"，犹"有功于同志"，此真欧阳文忠公所云之朋党也。今所去取，裁之时义则然，非忍有所加损于其间也。

【译文】

钱德洪说，南大吉之前在浙江绍兴刻印《传习录》，分为上、下两册。下册摘录了先生的八封书信。其中在《答徐成之》两封信中，先生说："天下赞成朱熹的观点，反对陆九渊的观点，长期以来已成定论，想要改变，十分困难。这两封信就是为了调解朱陆之争，使人们自己思考，得出结论。"因此，南大吉将这两封信放在下册的开头，用意也正是在此吧。今天，世人已明白朱陆之辩的内涵。我刻印先生的《文录》时，把两封信置于《外集》

1 周道通，名冲，字道通，师从王阳明、湛若水。
2 罗整庵，即罗钦顺，字允升，号整庵，著有《困知记》。
3 聂文蔚，即聂豹，字文蔚，号双江。王阳明在绍兴讲学时，前往就教，王学江右学派的代表人物。

中，主要是有些思想观点还不够完整，因此，现在就不收录了。

其他讲知行本体部分的论述，最详细的莫过于《答人论学》《答周道通书》《答陆清伯书》《答欧阳崇一》这四封信。讨论格物应是学者平常所做的功夫，没有比《答罗整庵书》更详细的了。

先生平生面对世人的非难和诋毁，在九死一生的逆境中始终不忘讲学，唯恐弟子不了解圣学，被功利和机巧所迷惑，以致毫无知觉地与匈狄禽兽为伍而不自知。先生终生追求与天地万物一心的境界，终生辩论，直至死而后已。这种孔孟以来圣贤所独有的苦心孤诣之心，即使是门人弟子，也不足以宽慰他的苦心。先生的这些情怀，没有比《答聂文蔚》的第一封信中更详细的了。以上都是南大吉旧本刻录的。而对“必有事焉”就是“致良知”的功夫的见解，明白简洁，使人很容易找到用功的下手处，没有比《答聂文蔚》的第二封信更详细了，这次也予以增录。

南大吉当时的处境极其艰难，仍以彰显阳明学说为己任，最终遭受排挤、打击。但他仍然认为，接受阳明学说是一生最大的幸事，没有分毫忧愤、不平的情绪。他刊刻《传习录》，世人都能看到对有志于学的朋友帮助很大，却不知他那时的处境有多艰难。现在我的取舍是依据当下的需要，并不是有意对南大吉所刻旧本刻意做增添或删减。

答顾东桥书

知之真切笃实处即是行，行之明觉精察处即是知

130

【原文】

来书云："近时学者务外遗内，博而寡要，故先生特倡'诚意'一义，针砭膏肓，诚大惠也！"此是东桥[1]欲"疑"先扬，后兵先礼之语也。

吾子洞见时弊如此矣，亦将何以救之乎？然则鄙人之心，吾子固已一句道尽，复何言哉！复何言哉！阳明先生与顾东桥来往书信十二函，所复之言，有具体而微，有拔本塞源，有循循善诱，有辩难浩叹。况书信往来，时日迁延，远非今日讯息传递之速，故《答顾东桥书》尤能见阳明先生赤子之心，圣者胸怀！若"诚意"之说，自是圣门教人用功第一义，但近世学者乃作第二义看，故稍与提掇紧要出来，非鄙人所能特倡也。阳明先生作《大学古本序》，开篇即云："《大学》之要，诚意而已也矣。"后之曾国藩教训学生李鸿章，也说："此间所尚，惟一诚字而已！"

【译文】

来信写道："近来的学者只重视在身外追求知识和学问，忽略了内在的道德修养，虽广博却不得要领。因此，先生着重提倡'诚意'，具有针砭时弊，救治病入膏肓的学子的作用，其价值不可估量！"

你能如此洞察时弊，又打算如何去拯治呢？当然，我的思想你已一语道

---

1 顾东桥，名璘，字华玉，号东桥，王阳明弟子。

破，我还有什么好说的？关于诚意的主张，本为圣学教人用功的首要大事，但近来学者却把它看成次要的事情，所以，我才把诚意突出出来，这并不是我个人独自提倡的。

↗ 131

【原文】

来书云："但恐立说太高，用功太捷，此为第一"疑"处。后生师传，影响谬误，未免坠于佛氏明心见性、定慧顿悟之机，无怪闻者见疑。"

区区格、致、诚、正之说，是就学者本心、日用事为间，体究践履，实地用功，是多少次第、多少积累在！正与空虚、顿悟之说相反。此是儒释之根本区别也！闻者本无求为圣人之志，又未尝讲究其详，遂以见疑，亦无足怪。若吾子之高明，自当一语之下便了然矣，乃亦谓"立说太高，用功太捷"，何邪？

【译文】

来信写道："只是担心学说立论过高，而用功又太便捷，后学弟子次第相传，因而产生谬误，不免堕入佛教明心见性、定慧见悟的机关，难怪听闻您的主张的人会有所怀疑了。"

我的格物、致知、诚意、正身的观点，是指学习者的本心与日常处事，体会研究，躬身力行，实地用功，这需要经历多少阶段，包含多少积累。这正好与空虚、顿悟的观点相反。听到我学说的人，有的根本就没有想成圣人的志向，也没有仔细考察其中的详情，所以才产生怀疑，这也不足为怪。像你这样高明之人，本当一经提示就会明了，但你也认为"立说太高，用功太捷"，这是怎么回事呢？

↗ 132

【原文】

来书云："所喻知行并进，不宜分别前后，即《中庸》'尊德性而道问学'之功，交养互发，内外本末一以贯之之道。然工夫次第，不能无先后之差，如知食乃食，知汤乃饮，知衣乃服，知路乃行，未有不见是物，先有是事。此亦毫厘倏忽之间，非谓有等今日知之，而明日乃行也。"此是以"次第、先后"疑"知行合一"也。

既云"交养互发，内外本末一以贯之"，则知、行并进之说无复可疑矣。又云"工夫次第不能不无先后之差"，无乃自相矛盾已乎？四明先生施邦曜认为"不无"应为"无"。然也。阳明先生因言归谬，真是辩才无碍！"知食乃食"等说，此尤明白易见，但吾子为近闻障蔽，自不察耳。"近闻障蔽"者，朱子先知后行之说也。夫人必有欲食之心，然后知食，欲食之心即是意，即是行之始矣。食味之美恶，待入口而后知，岂有不待入口而已先知食味之美恶者邪？意动即"行"，入口方"知"，是真"知行"。必有欲行之心，然后知路，欲行之心即是意，即是行之始矣。路岐之险夷，必待身亲履历而后知，岂有不待身亲履历而已先知路岐之险夷者邪？"知汤乃饮，知衣乃服"，以此例之，皆无可疑。若如吾子之喻，是乃所谓不见是物，而先有是事者矣。吾子又谓"此亦毫厘倏忽之间，非谓截然有等今日知之，而明日乃行也"，是亦察之尚有未精。"察之未精"，正是理学毛病，故喜大道理，故多想当然！然就如吾子之说，则知、行之为合一并进，亦自断无可疑矣。

【译文】

来信写道："所谓知、行并进，不应该区分先后，这也就是《中庸》提到的'尊德性而道问学'的功夫，二者是互相存养，互相促进，内外本末，一以贯之之道。不过，功夫的顺序，不能没有先后之分。比如，知道是食物才吃，知道是汤才饮，知道是衣服才穿，知道是路才会走，不存在连事物都没有看到，就有了对事物描述的情况。这中间也有毫厘瞬间的差别，并不是说非等今天知道了，明天才去实行。”

既然讲“互相存养，互相促进，内外本末一以贯之”，那么知、行并进的主张也应该没有什么可以疑惑的了。又讲“功夫的顺序，不能没有先后之分”，这难道不是自相矛盾的说法吗？“知食乃食”的例子更是浅显易懂，但你被朱熹的观点蒙蔽，所以不能有所省察。人要有想吃的心思，然后才知道去食。想吃的心思就是意念，也就是吃这个行的开始。食物味道的好坏，必然吃到口中才能知道，哪有没入口就知道食物味道好坏的道理呢？人要有想走的心思，然后才知道走路，想行走的心思就是意念，这也就是走这个行的开始。路途的坎坷曲折，需要亲身经历才能知道，哪有未亲身经历就先知道路途的坎坷曲折呢？“知汤乃饮，知衣乃服”，依此类推，没有什么可怀疑的。如果如你所说，就成了不见这个物而先有这个事了。你又说，这中间也有毫厘瞬间的差别，并不是说非等今天知道了，明天才去实行，这种说法也是省察得不够精确。但是，即使如你所说的那样，知、行合二为一、齐头并进的主张，也自然是肯定不可怀疑的了。

↗ 133

【原文】

来书云：“真知即所以为行，不行不足谓之知，此为学者吃紧立教，俾务躬行则可。若真谓行即是知，恐其专求本心，遂遗物理，必有暗而不达之处，抑岂圣门知、行并进之成法哉？”

知之真切笃实处即是行，行之明觉精察处即是知。知行工夫本不可离，只为后世学者分作两截用功，失却知行本体，故有合一并进之说。此一段话，千古名言！真知即所以为行，不行不足谓之知，即如来书所云“知食乃食”等说可见，前已略言之矣。此虽吃紧救弊而发，然知行之体本来如是。二人所见“时弊”不同，自然侧重不同。此犹朱陆之辩也。非以己意抑扬其间，姑为是说，以苟一时之效者也。“专求本心，遂遗物理”，此盖失其本心者也。夫物理不外于吾心，外吾心而求物理，无物理矣。遗物理而求吾心，吾心又何物邪？外吾心则无物理，遗吾心则无物理！心之体，性也，性即理也。故有孝亲之心，即有孝之理；无孝亲之心，即无孝之理矣。有忠君之心，即有忠之理；无忠君之心，即无忠之理矣。理岂外于吾心邪？晦庵谓“人之所以为学者，心与理而已：心虽主乎一身，而实管乎天下之理；理虽散在万事，而实不外乎一人之心”，是其一分一合之间，而未免已启学者心、理为二之弊。此后世所以有“专求本心，遂遗物理”之患，正由不知心即理耳。“心即理”！“心外无物”！此阳明心学振聋发聩第一声也！夫外心以求物理，是以有暗而不达之处，此告子[1]义外之说，孟子所以谓之不知义也。心一而已，以其全体恻怛而言谓之仁，以其得宜而言谓之义，以其条理而言谓之理。不可外心以求仁，不可外心以求义，独可外心以求理乎？外心以求理，此知、行之所以二也。求理于吾心，此圣门知、行合一之教，吾子又何疑乎！

【译文】

来信写道：“真知就是能够去践行，不能够践行的不能称之为知。这是向学习者指出的切实方法，要求学习者务必躬身实行。如果真的认为行就是知，只怕学习者只会注重内心修养，而忽视了向外探求事物之理。这样，肯定会有昏昧而不通达之处，怎么会是圣人知行并进的既定方法呢？”

1 告子，战国时期哲学家。

知的真切笃实处就是行，行的明觉精察处就是知。知行的功夫本来就是不可分离的。只因后世学者把知与行分成两个部分下功夫，失去了知行的本来意义，因此才有知行合二为一、齐头并进的主张。真知就是能够去践行，不能够践行的不能称之为知。就像你的来信所讲的“知食乃食”等例子也可说明，这在前面已经简要谈到了。这虽然是为了挽救时弊而提出来的，然而，知行的本体意义原本也是如此，并不是把自己的主观想法掺杂其中，勉强提出观点，以求达到一时的效用。“专求本心，遂遗物理”，这就是失去了本心。事物的理不在心之外，在心之外去寻求事物的理，也就是没有事物的理了。离开事物的理去反求本心，本心又是什么呢？心的本体是人性，人性就是天理。因此，有孝敬双亲的心，就有孝敬的理；没有孝敬双亲的心，也就没有孝敬的理。有忠诚君主的心，就有忠诚的理；没有忠诚君主的心，也就没有忠诚的理。天理怎么能在本心之外？朱熹说，人之所以为学，是因为有心与理的缘故。心虽然只主宰全身，实质上却控制着天下万物之理。天理虽然散于万物之中，但它们还没有超出心的范围。把心与理一分一合来讲，不免让学习者把心与理当作两物来看待。所以，后世才有“专求本心，遂遗物理”的错误，这也正是他们不知道心就是理的道理。去心外寻求事物之理，就会有昏昧而不通达的地方。这也就是告子说义在心外，而孟子认为告子不理解义的原因。心是一个整体，本心的恻隐同情叫作仁爱，处事得宜称为义，而就心的有条有理而言，就称为理。不能在本心之外去寻求仁爱，不能在本心之外去探求义，怎么可以唯独在本心之外去寻求理呢？在本心之外求理，就是把知与行当作了两回事。在心中求理，才是圣人知行合一的主张，你又有什么疑惑的？

↗ 134

【原文】

来书云：“所释《大学》古本，谓‘致其本体之知’，“本体之知”即

“良知”，故“致知”乃“致良知”，而非“致知识”也。此固孟子‘尽心’之旨。朱子亦以虚灵知觉为此心之量。然尽心由于知性，致知在于格物。”

“尽心由于知性，致知在于格物”，此语然矣。然而推本吾子之意，则其所以为是语者，尚有未明也。东桥与世人“未明”处，往往朱子遗害。朱子以“尽心、知性、知天”为物格、知致，以“存心、养性、事天”为诚意、正心、修身，以“夭寿不贰、修身以俟”为知至、仁尽，圣人之事。若鄙人之见，则与朱子正相反矣。夫“尽心、知性、知天”者，生知安行，圣人之事也。“存心、养性、事天”者，学知利行，贤人之事也。“夭寿不贰，修身以俟”者，困知勉行，学者之事也。三层对应，妙到毫巅！岂可专以“尽心知性”为知，“存心养性”为行乎？吾子骤闻此言，必又以为大骇矣。然其间实无可疑者。一为吾子言之。

夫心之体，性也。性之原，天也。能尽其心，是能尽其性矣。尽心尽性，儒之本也。而佛家至元明始有“明心见性”说。《中庸》云：“惟天下至诚为能尽其性。”又云，“知天地之化育，质诸鬼神而无疑，知天也。”此惟圣人而后能然。故曰：此“生知安行”，圣人之事也。存其心者，未能尽其心者也，故须加存之之功；必存之既久，不待于存，而自无不存，然后可以进而言“尽”。盖“知天”之“知”，如知州、知县之“知”。知州，则一州之事皆己事也；知县，则一县之事皆己事也，是与天为一者也。“事天”则如子之事父，臣之事君，犹与天为二也。譬喻生动、形象！天之所以命于我者，心也、性也，吾但存之而不敢失，养之而不敢害，如“父母全而生之，子全而归之”者也。故曰：此“学知利行”，贤人之事也。

至于“夭寿不贰”，则与存其心者又有间矣。存其心者，虽未能尽其心，固已一心于为善，时有不存，则存之而已。今使之“夭寿不贰”，是犹以夭寿贰其心者也。犹以夭寿贰其心，是其为善之心犹未能一也。

存之尚有所未可，而何“尽”之可云乎？今且使之不以夭寿贰其为善之心。若曰死生夭寿皆有定命，吾但一心于为善，修吾之身以俟天命而已，是其平日尚未知有天命也。“事天”虽与天为二，然已真知天命之所在，但惟恭敬奉承之而已耳。若俟之云者，则尚未能真知天命之所在，犹有所俟者也。故曰：所以立命。立者，“创立”之“立”，如立德、立言、立功、立名之类。凡言“立”者，皆是昔未尝有，而今始建立之谓。一字见训诂之工夫。孔子所谓“不知命，无以为君子”者也。故曰：此“困知勉行”，学者之事也。

今以“尽心、知性、知天”为格物致知，使初学之士尚未能不贰其心者，而遽责之以圣人生知安行之事，如捕风捉影，茫然莫知所措其心，几何而不至于“率天下而路”也？朱子“率天下而路”，影响越大，贻害也越大。今世致知格物之弊，亦居然可见矣。吾子所谓“务外遗内，博而寡要”者，无乃亦是过欤？此学问最紧要处，于此而差，将无往而不差矣。此鄙人之所以冒天下之非笑，忘其身之陷于罪戮，呶呶其言，其不容已者也。可见阳明先生之不容于正统，之不容于当时当世！

【译文】

来信写道：“先生在对《大学》旧本进行注解时认为，致知是获得本体的知，这与孟子‘尽心’的主旨相符。但朱熹也用虚灵、知觉来指人心的全体，然而尽心是因为知性，致知依赖于格物。”

“尽心因为知性，致知在于格物”，这句话是没错的。然而，仔细推敲你话中的意思，你这么说是因为还未理解我所说的致知。朱熹说“尽心、知性、知天”是格物致知；“存心、养性、事天”是诚意、正心、修身；“夭寿不贰，修身以俟”是知的最高境界、仁的极致，是圣人的事情。但我的看法与朱熹正好相反。“尽心、知性、知天”是指生来就知道从容地践行，是圣人做得到的事情；“存心、养性、事天”，是指学习之后就知道如何有利于践

行，是贤人做得到的事情；“夭寿不贰，修身以俟”是指通过学习不断克服困难后努力践行，是学习者要做的事情。怎么能只把“尽心知性”看作知，把“存心养性”看作行呢？你一听到这话，肯定会大吃一惊。但是，这里没有什么是值得疑惑的，让我一一解释明白。

心的本体是性，性的本源是天。能够彻底发挥本心，就能充分发挥自己的本性。《中庸》中说，“只有天下至诚之人才能充分释放自己的本性”。又说，“知道天地对万物的化育，被问到鬼神之事而无疑问，就是知晓了天道”。这些都只有圣人能做到。因此说，“生知安行”是圣人的事情。存养本心，是因为不能充分发挥本心，因此必须要有存养的功夫；必须存养了很长时间，到了不需再存养而自然无时不存养的时候，方可说是充分发挥本心。“知天”的知，就像“知州”“知县”的知一样，知州是把一州的事情都当作自己的事，知县是把一个县的事情都当作自己的事。“知天”，就是与天合而为一。“事天”就好比子女侍奉父母，大臣侍奉君主，还没有达到与天合而为一的地步。天给予我们的，是本心，是人性，只能保留而不能遗失，只能养护而不能伤害，犹如“父母全而生之，子全而归之”一般。所以说，“学知利行”是贤人的事情。

至于“夭寿不贰”，与存养本心的人又有区别。存养本心的人，虽然不能穷尽自己的心，但已经一心向善，偶尔失去本心的时候，只要加以存养就行了。现今让人夭寿不贰，依然是用夭寿将心一分为二。用夭寿把心一分为二，是由于向善的心还不能恒久坚定，存养都谈不上，尽心又从何说起呢？现今要求人不要因为夭寿无常而改变行善的心，好比说死生夭寿都是天命，个人只要一心向善，修养自身等待天命而已。这是由于平日里并不知道有天命的存在。“事天”虽是把人和天分开为二，但已真正知道了天命的所在，知道人只要恭敬地顺应就够了。说到等待天命，就是还不能真正知道天命的存在，而仍然还在等待，所以说“所以立命”。立就是“创立”的立，宛如“立德”“立言”“立功”的“立”。大凡说“立”，都是指从前没有，现在才建立的意思，这也就是孔子所说的“不知命，无以为君子”。因此，不断克服困难后努力践行，是学习者要做的事情。

如今，把“尽心、知性、知天”看成格物致知，假使刚学习的人还不能一心一意地为学，就马上指责他达不到圣人天生就知道、生来就能践行的境界，这就像是捕风捉影，使人茫然不知所措，使得他们疲于奔命。今天致知、格物的弊端，也就已明显可见了。你说重视外在知识而忽略内在修养，虽知识广博却不得要领，不也是一种错误吗？这是做学问的关键之处，此处一出差错，就会无处不出差错。这也是我之所以甘冒天下的非议与嘲笑，不顾身陷罗网，仍唠叨不停的原因，实在是不得已而为之啊。

135

【原文】

来书云：“闻语学者，乃谓‘即物穷理’之说，亦是玩物丧志。又取其‘厌繁就约’‘涵养本原’数说标示学者，指为晚年定论，此亦恐非。”此是当时、当世阳明心学之争议最大处！

朱子所谓“格物”云者，在即物而穷其理也。“即物穷理”是就事事物物上，求其所谓定理者也，是以吾心而求理于事事物物之中，析心与理为二矣。便朱子之“即物穷理”，后来也徒具其表，否则倒有可能引导出实验主义科学。夫求理于事事物物者，如求孝之理于其亲之谓也。求孝之理于其亲，则孝之理其果在于吾之心邪？抑果在于亲之身邪？假而果在于亲之身，则亲没之后，吾心遂无孝之理欤？见孺子之入井，必有恻隐之理，是恻隐之理果在于孺子之身欤？抑在于吾心之良知欤？其或不可以从之于井欤？其或可以手而援之欤？是皆所谓理也。是果在于孺子之身欤？抑果出于吾心之良知欤？以是例之，万事万物之理莫不皆然。

是可以知析心与理为二之非矣。能“分”，往往基于现象把握。能“合”，往往基于规律把握。

夫析心与理而为二，此告子义外之说，孟子之所深辟也。告子“义外”之说，孟子“义袭”之谓。“务外遗内，博而寡要”，吾子既已知之矣，是果何谓而然哉？谓之玩物丧志，尚犹以为不可欤？若鄙人所谓致知格物者，致吾心之良知于事事物物也。吾心之良知，即所谓“天理”也。致吾心良知之“天理”于事事物物，则事事物物皆得其理矣。致吾心之良知者，致知也。事事物物皆得其理者，格物也。是合心与理而为一者也。合心与理而为一，则凡区区前之所云，与朱子晚年之论，皆可以不言而喻矣。“致良知”，终为心学之旨归！

【译文】

来信写道：“听先生对学生讲过，朱子‘即物穷理’的说法也是玩物丧志。又将朱子关于‘厌繁就约’‘涵养本原’的几种学说给学生看，认为这些是朱熹晚年的定论，这恐怕并不正确。”

朱熹所谓的格物，是指在事物中去穷究事物的理。“即物穷理”，是从万事万物中寻求原本的理，如此就把心与理分开为二了。在事物中寻求理，就好比在父母那里寻求孝敬是一个道理。在父母那里寻求孝敬的道理，那么孝的理到底是在我们心中，还是在父母身上？如果在父母身上，那父母去世后，我们心中就没有孝的道理了吗？看见孩子落在井中，必然有恻隐的道理。这个理到底是在孩子身上，还是在我们内心的良知上？或许不能跟着孩子跳入井中，或许可以伸手援救，这都是所说的理。这个理到底是在孩子身上，还是在我们内心的良知上？从这个例子可以看出，万事万物的理都是这样。由此可知，把心与理一分为二是错误的。

把心与理分开为二，是告子以义为外的主张，正是孟子竭力反对的。重视外在知识而忽略内心修养，知识广博却不得要领，你既然已明白这些，为何还要这样说呢？我认为它是玩物丧志，你还认为有什么不正确之处？我所说的致知格物，是将本心的良知推致到各种事物上。本心的良知，也就是所说的天理，把本心良知的天理应用到万事万物上，那么，万事万物都能得到理了。求得本心的良知，就是致知。万事万物都得到理，就是格物。这是把心与理合而为一。将心与理合而为一，那么我之前所讲的以及对朱子晚年学术的说法，就都不言而喻了。

↗ 136

【原文】

来书云："人之心体本无不明，而气拘物蔽，鲜有不昏。非学、问、思、辨以明天下之理，则善恶之机，真妄之辨，不能自觉，任情恣意，其害有不可胜言者矣。"此问在《中庸》所云"博学之，审问之，慎思之，明辨之，笃行之"耳。朱子徒然胶柱鼓瑟，故有次第之行之误。

此段大略似是而非，盖承沿旧说之弊，不可以不辨也。夫学、问、思、辨行，皆所以为学，未有学而不行者也。一语点出"学、问、思、辨行"所漏之"行"，且又不着痕迹。如言学孝，则必服劳奉养，躬行孝道，然后谓之学。岂徒悬空口耳讲说，而遂可以谓之学孝乎？学射，则必张弓挟矢，引满中的；学书，则必伸纸执笔，操觚染翰。尽天下之学，无有不行而可以言学者，则学之始固已即是行矣。笃者，敦实笃厚之意，已行矣。而敦笃其行，不息其功之谓尔。盖学之不能以无疑，则有问，问即学也，即行也；又不能无疑，则有思；思即学也，即行也；又不能无疑，则有辨，辨即学也，即行也。辨既明矣，思既慎矣，问既审矣，学既能矣，又从而不息其功焉，斯之谓笃行，非谓学、问、思、辨之后而始措之于行也。是故以求能其事而言，谓之学；以求解其惑而言，谓之问；以求通其说而言，谓之思；以求精其察而言，谓之辨；以求履其实而言，谓之行。盖析其功而言，则有五。合其事而言，则一而已。此区区心理合一之体，知行并进之功，所以异于后世之说者，正在于是。

今吾子特举学、问、思、辨以穷天下之理，而不及笃行。前者只是不经意点出，此处却是直指要害。是专以学、问、思、辨为知，而谓穷理为无行也已。天下岂有不行而学者邪？岂有不行而遂可谓之穷理者邪？明道云："只穷理，便尽性至命。"故必仁极仁，而后谓之能穷仁之理；义极义，而后谓之能穷义之理。仁极仁，则尽仁之性矣；义极义，则尽义之性矣。学至于穷理至矣，而尚未措之于行，天下宁有是邪？是故知不行之不可以为学，则知不行之不可以为穷理矣。知不行之不可以为穷理，则知知行之合一并进，而不可以分为两节事矣。知行合一终究是阳明心学振聋发聩之创见所在！不用说顾东桥，即便徐爱，乃王门之颜渊，初亦甚惑于此！

夫万事万物之理，不外于吾心，而必曰穷天下之理，是殆以吾心之良知为未足，而必外求于天下之广，以裨补增益之，是犹析心与理而为二也。夫学、问、思、辨笃行之功，虽其困勉至于人一己百，而扩充之极，至于尽性知天，亦不过致吾心之良知而已。良知之外，岂复有加于毫末乎？今必曰穷天下之理，而不知反求诸其心，则凡所谓善恶之机，真妄之辨者，舍吾心之良知，亦将何所致其体察乎？吾子所谓"气拘物蔽"者，拘此蔽此而已。今欲去此之蔽，不知致力于此，而欲以外求。是犹目之不明者，不务服药调理以治其目，而徒依依然求明于其外，明岂可以自外而得哉？任情恣意之害，亦以不能精察天理于此心之良知而已。此诚毫厘千里之谬者，不容于不辨。吾子毋谓其论之太刻也。

【译文】

来信写道："人的本心原来没有不清明的。但受了气的束缚和物欲的蒙蔽，很少有不昏暗的。如果不通过学习、问询、思考、辨别来明晰天下之理，那么，善恶的起因、真伪的分别，就不能知晓，就会肆意放纵，带来的危害将难以言述。”

你的这段话大体是“似是而非”。这是因袭从前的错误说法，不能不把它分辨清楚。学习、问询、思考、辨别，都是所谓的学，很少有学而不行的。比如说学孝，就必须辛劳地服侍赡养，躬行孝道，然后才能够称为学。怎么能只凭空谈谈，就可以称为学孝呢？学射箭，就必须张弓搭箭，拉满弓以命中目标。学书法，就必须备好笔墨纸砚。天下所有的学习，没有不实践就称为学的。所以当开始学习时，就已经是行了。笃，就是敦厚笃信的意思。已经去行了，就要敦厚笃信地去行，而且是切实、连续地下功夫。学习不可能没有疑惑，有疑惑就会产生问题，问就是学，就是行。询问后还会有疑惑，有疑惑就有思考。思考就是学，就是行。思考后还会有疑惑，有疑惑就有辨别。辨别就是学，就是行。辨别明白了，思考谨慎了，询问清楚了，学习也有了收获，还在持之以恒地用功，这就叫作笃行，而不是说在学、问、思、辨之后，才肯着手去行。因此，就探求做成事来说就是学，就求得解除困惑来说就是问，就希望通晓事物的道理来说就是思，就精细地省察来说就是辨，就踏踏实实地实践来说就是行。分析它们的功用，有五个方面；综合它们所干的事，则只有一件。我所说的心、理统一为本体，知行并进是功夫的观点，正是不同于朱熹学说的地方。

如今，你只举出学、问、思、辨来穷尽天下之理，却没有讲切身实践，是把学、问、思、辨当作知，而认为穷理不是实践。天下哪有不包括践行的学呢？哪有不践行就称为穷尽天理的？程颢说：“只穷理，便尽性至命。”因此，必须行仁达到仁的最高境界，才能说是穷尽了仁的道理；在行义中达到义的最高境界，才能说穷尽了义的理。行仁达到仁的最高境界，就能尽仁的天性；行义达到义的最高境界，就能尽义的天性。通过学，已经到了穷近天理的地步，却还没有落实到行动之中，天下怎么会有这种情况？由此可知，

知道了而不去践行，不可以称为学；知道了而不去践行，也不可以看成穷近天理。知道了不去践行，就不能穷理，也就知道知行是合一的，再不能把它们分为两件事了。

万事万物的理，都不在我的心外。如果非要说穷尽天下的理，这大概是认为我心的良知还有不足，所以要向广大的外部世界去探求，以弥补本心的不足。这仍然是把心与理分而为二了。学、问、思、辨、笃行的功夫，虽然有的人资质低下，要付出比别人多百倍的艰苦努力，但达到了尽性知天这一功夫的最高境界，也不过是发挥自己的良知罢了。良知以外，难道还能再加分毫吗？现在一定要说穷尽天下的理，而不知返回我们的内心寻求，那么所说的善恶起因、真伪之别，离开了本心的良知，又如何能够体察明白呢？你所说的气的束缚与物的蒙蔽，正是受到穷天下之理的束缚和蒙蔽罢了。现在，要去除这一弊端，不知在内心做功，而是想向外寻求，就像眼睛看不清，不去服药调理来治疗眼疾，反而是徒劳地到身外寻找看得清的办法，这怎么可能找得到呢？肆意放纵的坏处，也是因为不能在心中的良知上仔细体察天理。这种差之毫厘、谬以千里的问题，不能不辨别清楚。你不要认为我讲得太严苛了。

↗ 137

【原文】

来书云："教人以致知、明德，而戒其即物穷理，试使昏暗之士深居端坐，不闻教告，遂能至于知致而德明乎？纵令静而有觉，稍悟本性，则亦定慧无用之见，果能知古今，达事变，而致用于天下国家之实否乎？东桥亦是越说越不客气了。其曰'知者意之体，物者意之用''格物如格君心之非之格'。语虽超悟独得，不踵陈见，抑恐于道未相吻合？"

区区论致知格物，正所以穷理，未尝戒人穷理，使之深居端坐而一无所事也。阳明先生此种所论实为出发点，而顾东桥总以静态之结果论，故于事功处纠缠不已。究其根本，还是思维方式与思维层次的差异。若谓即物穷理，如前所云务外而遗内者，则有所不可耳。昏暗之士，果能随事随物精察此心之天理，以致其本然之良知，则“虽愚必明，虽柔必强”，大本立而达道行，九经之属可一以贯之而无遗矣，尚何患其无致用之实乎？此亦是“事上练”耳。彼顽空虚静之徒，正惟不能随事、随物精察此心之天理，以致其本然之良知，而遗弃伦理、寂灭虚无以为常，是以要之不可以治家国天下。孰谓圣人穷理尽性之学，而亦有是弊哉？东桥来信质疑处越说越不客气，阳明先生之反驳、反问亦愈发尖锐。

心者，身之主也，而心之虚灵明觉，即所谓本然之良知也。其虚灵明觉之良知应感而动者，谓之意。有知而后有意，无知则无意矣。知非意之体乎？意之所用，必有其物，物即事也。如意用于事亲，即事亲为一物；意用于治民，即治民为一物；意用于读书，即读书为一物；意用于听讼，即听讼为一物。凡意之所用，无有无物者。有是意即有是物，无是意即无是物矣。物非意之用乎？

“格”字之义，有以“至”字之训者，如“格于文祖”“有苗来格”，是以“至”训者也。要见小学功底！然“格于文祖”，必纯孝诚敬，幽明之间无一不得其理，而后谓之“格”。有苗之顽，实以文德诞敷而后格，则亦兼有“正”字之义在其间，未可专以“至”字尽之也。如“格其非心”“大臣格君心之非”之类，是则一皆“正其不正以归于正”之义，而不可以“至”字为训矣。且《大学》“格物”之训，又安知其不以“正”字为训，而必以“至”字为义乎？如以“至”字为义者，必曰“穷至事物之理”，而后其说始通。是其用功之要全在一“穷”字，用力之地全在一“理”字也。若上去一“穷”，下去一“理”字，而直曰“致知在至物”，其可通乎？夫“穷理尽性”，圣人之成训，见于《系辞》者也。

苟“格物”之说而果即“穷理”之义，则圣人何不直曰“致知在穷理”，而必为此转折不完之语，以启后世之弊邪？因一“格”字训诂，而见微言大义。此正儒学功底。

盖《大学》“格物”之说，自与《系辞》“穷理”大旨虽同，而微有分辨。“穷理”者，兼格、致、诚、正而为功也。故言“穷理”，则格、致、诚、正之功皆在其中；言“格物”，则必兼举致知、诚意、正心，而后其功始备而密。今偏举“格物”而遂谓之“穷理”，此所以专以“穷理”属“知”，而谓“格物”未尝有行。非惟不得“格物”之旨，并“穷理”之义而失之矣。

此后世之学所以析知、行为先后两截，日以支离决裂，而圣学益以残晦者，其端实始于此。条分缕析，一气贯穿！吾子盖亦未免承沿积习，则见以为“于道未相吻合”，不为过矣。此言朱子之误，天下之误，四百年来儒学之误，非尔东桥之误也。

【译文】

来信写道：“先生教导学生要致知、明德，却告诫他们不要去事物上穷理，假如让糊涂的人深居静坐，不听从教导和劝诫，就能够有知识、有德行吗？即使他在静中有所觉察，对本性略有体悟，那也只是佛家式的无用的见解，难道他真能知晓古今，通达事变，在国家需要时派上用场吗？您说过，良知是意念的本体，事物是意念的功用；格物的格，就像格去君心之中的不正之念。此话虽有超高的悟性，有独到的不落俗套之处，但恐怕与道不能一致。”

我说的格物致知，正是为了穷尽天理，并没有告诫人们不要去穷尽天理，而让他深居静坐，无所事事。如果把从事物上去穷理，就看成是前面说的重视外在知识，轻视内心修养，那也是错误的。糊涂的人如果真能在事物中省察人心的天理，发现固有的良知，愚蠢的人也会变得聪明，柔弱的人也会变得刚强。最终，就能立大本，行大道，九经之类也能一以贯之而无遗漏，怎么还担心没有实际的才能呢？那些只讲空虚寂静的人，正由于不能在事物中具体省察人心的天理，从而发现固有的良知，因而抛弃了伦理，并以寂灭虚无为平常，这样就无法齐家、治国、平天下。谁说圣人的穷理尽性也有这一弊端呢？

心是身的主宰，而心的虚灵明觉，也是它本身所具有的良知。虚灵明觉的良知，因感应而动，就是意念。先有良知，然后才有意念；没有良知，也就没有意念。良知难道不是意念的本体吗？意念发挥作用的地方，一定会有相应的物，物也就是事情。比如，意念用于孝顺父母，孝顺父母就是一个事物；意念用于治理百姓，治理百姓就是一个事物；意念用于读书，读书就是一个事物；意念用于断案，断案就是一个事物。只要是意念作用的地方，总会有事物的存在。有这个意念，就有这个物。没有这个意念，也就没有这个物，物难道不是意念的作用吗？

“格”的意思，有作“至”解的。比如“格于文祖”“有苗来格”，是用“至”来解的。然而，到文祖庙前祭祀，必须纯孝虔敬，对世人和鬼神阴府的道理，无一不晓，然后才能称作“格”。苗人愚钝，只有推行礼乐教化，然后才能格，因此“格”也含有“正”的意思。比如，“格其非心”“大臣格君心之非”的“格”，都是纠正错误以达到正的意思，这就不能用“至”来解释了。《大学》中的“格物”，又怎么知道不能用“正”字来解释呢？如果用“至”的意思，就必须说“穷至事物之理”，这样的解释才通顺。功夫的要旨全在一个“穷”字，用功的对象全在一个“理”字。如果前面删去“穷”字，后面删掉“理”字，直接说“致知在至物”，能说得通吗？“穷理尽性”是圣人早有的教诲，在《易经·系辞》中就有记载。如果格物真的是穷尽天理，那么圣人为什么不直接说“致知在穷理”，而一定要多一个转折，使语意不完整，而导致后来的弊端呢？

《大学》的“格物”和《易经·系辞》的“穷理”意义大致接近，但还有微妙的区别。穷理囊括了格物、致知、诚意、正心等功夫，所以说穷理，格物、致知、诚意、正心的功夫全含在其中了。说格物，就必须再说致知、诚意、正心，格物的功夫才会完整而严密。如今片面地举出格物，说这就是穷理，这其实只是把穷理看成知，而认为格物没有包括践行。这样不仅不能理解格物的本义，连穷理的意思也歪曲了。后世的学问之所以把知与行分成前后两截，使知与行日益支离破碎，而圣学日益残缺暗淡，其根源正在于此。你大约也因袭了这一主张，认为我的观点与大道不相一致，也并不过分。

↗ 138

【原文】

来书云："谓致知之功，将如何为温清、如何为奉养，即是'诚意'，非别有所谓'格物'，此亦恐非。"事见《徐爱录》第三则。爱问："如事父一事，其间温清定省之类，有许多节目，不知亦须讲求否？"先生所答，必有讹传，故东桥闻之有此问。

此乃吾子自以己意揣度鄙见而为是说，非鄙人之所以告吾子者矣。若果如吾子之言，宁复有可通乎！盖鄙人之见，则谓意欲温清、意欲奉养者，所谓"意"也，而未可谓之"诚意"。必实行其温清奉养之意，务求自慊而无自欺，然后谓之"诚意"。还是知行合一处方谓"诚意"。知如何而为温清之节，知如何而为奉养之宜者，所谓"知"也，而未可谓之"致知"。必致其知如何为温清之节者之知，而实以之温清，致其知如何为奉养之宜者之知，而实以之奉养，然后谓之"致知"。温清之事，奉养之事，所谓"物"也，而未可谓之"格物"。必其于温清之事也，一如其良知之所知当如何为温清之节者而为之，无一毫之不尽，于奉养之事也，一如其良知之所知当如何为奉养之宜者而为之，无一毫之不尽，然后谓之“格物”。温清之物格，然后知温清之良知始致；奉养之物格，然后知奉养之良知始致。此“致”落在实处！故曰：“物格而后知至。”致其知温清之良知，而后温清之意始诚；致其知奉养之良知，而后奉养之意始诚。故曰：“知至而后意诚。”此区区“诚意、致知、格物”之说盖如此。吾子更熟思之，将亦无可疑者矣。

【译文】

来信写道：“先生，您说所谓致知的功夫，就是如何让父母冬暖夏凉，如何奉养适宜，也就是诚意，并非别处还有所谓的格物，这恐怕也不对。”

这是你用自己的想法来猜度我的观点，我并未对你如此说过。如果真的如你所言，又怎能说得通？我认为，让父母冬暖夏凉、奉养适宜，这就是意念，但不能叫作诚意。必须实际做到让父母冬暖夏凉、奉养得当，并且在做的时候感到满意，没有自己欺骗自己，如此才叫诚意。知道如何做到冬暖夏凉，知道如何奉养适宜，这只是我所说的知，而并非致知。必须把关于冬暖夏凉的知正确运用到实践中，切实做到冬暖夏凉；既能运用关于奉养的知识，又切实做到了奉养适宜，这才叫作致知。冬暖夏凉、奉养适宜之类的事，就是所说的物，但还不是格物。对于冬暖夏凉的事，必须依照良知所要求的去践行，没有分毫不尽之处，这才能称为格物。冬暖夏凉这个物“格”了，使父母冬暖夏凉的良知才算是“致”了；奉养适宜这个物“格”了，奉养得当的良知才算是“致”了。因此，《大学》才说：“格物而后知至。”实现使父母冬暖夏凉的良知，然后冬暖夏凉的意才能诚；实现使父母得以奉养得当的良知，然后奉养适宜的意才能诚。因此，《大学》又说：“知至而后意诚。”以上这些就是我对诚意、致知、格物的阐释。你再深入地思考一下，就不会有什么疑问了。

↗ 139

【原文】

来书云："道之大端易于明白，所谓'良知良能，愚夫愚妇可与及者'。至于节目时变之详，毫厘千里之谬，必待学而后知。今语孝于温清定省，孰不知之？至于舜之不告而娶、武之不葬而兴师、养志养口、小杖大杖、割股、庐墓等事，处常处变，过与不及之间，必须讨论是非，以为制事之本，然后心体无蔽，临事无失。"六例皆言权变。

"道之大端易于明白"，此语诚然。顾后之学者，忽其易于明白者而弗由，而求其难于明白者以为学，此其所以"道在迩而求诸远，事在易而求诸难"也。学者反倒最易舍本逐末，因为知识分子最易被一己之知识所障碍！孟子云："夫道若大路然，岂难知哉？人病不由耳。"良知良能，愚夫愚妇与圣人同，但惟圣人能致其良知，而愚夫愚妇不能致，此圣愚之所由分也。

节目时变，圣人夫岂不知，但不专以此为学。而其所谓学者，正惟致其真知，以精察此心之天理，而与后世之学不同耳。吾子未暇良知之致，而汲汲焉顾是之忧，此正求其难于明白者以为学之蔽也。东桥之病亦是大多数知识分子的毛病。夫良知之于节目时变，犹规矩尺度之于方圆长短也。节目时变之不可预定，犹方圆长短之不可胜穷也。故规矩诚立，则不可欺以方圆，而天下之方圆不可胜用矣；尺度诚陈，则不可欺以长短，而天下之长短不可胜用矣；良知诚致，则不可欺以节目时变，而天下之节目时变不可胜应矣。此三句铺排，理甚精妙，且文采斐然。毫厘千里之缪，不于吾心良知一念之微而察之，亦将何所用其学乎？是不以规矩而欲定天下之方圆，不以尺度而欲尽天下之长短，吾见其乖张谬戾，日劳而无成也已。归谬法！

吾子谓"语孝于温清定省，孰不知之"，然而能致其知者鲜矣。出语正在容易处惊人！若谓粗知温凊、定省之仪节，而遂谓之能致其知，则凡知君之当仁者，皆可谓之能致其仁之知；知臣之当忠者，皆可谓之能致其忠之知，则天下孰非致知者邪？以是而言可以知“致知”之必在于行，而不行之不可以为“致知”也，明矣。知行合一之体，不益较然矣乎？较然者，显已矣。

夫舜之不告而娶，岂舜之前已有不告而娶者为之准则，故舜得以考之何典，问诸何人，而为此邪？抑亦求诸其心一念之良知，权轻重之宜，不得已而为此邪？武之不葬而兴师，岂武之前已有不葬而兴师者为之准则，故武得以考之何典，问诸何人，而为此邪？抑亦求诸其心一念之良知，权轻重之宜，不得已而为此邪？使舜之心而非诚于为无后，武之心而非诚于为救民，则其不告而娶与不葬而兴师，乃不孝、不忠之大者。而后之人不务致其良知，以精察义理于此心感应酬酢之间，顾欲悬空讨论此等变常之事，执之以为制事之本，以求临事之无失，其亦远矣。阳明先生所虑，诚然如是！数百年来，犹然如是！其余数端皆可类推，则古人致知之学，从可知矣。

【译文】

来信写道：“大的方面的道，人们容易理解，‘良知良能，愚夫愚妇可与及者’。至于细节、条目的时刻变化，差之毫厘、谬以千里的精微之处，必须要学过才能明白。现在说要在温凊定省上尽孝，有谁不知道呢？至于舜未禀明父母就娶妻，武王未葬父就去伐纣，曾子养志而其子养口，小杖承受而大杖逃跑，割大腿的肉治父母的病，为亲人守丧，等等事情，在正常与变化、过分与不及之间，必须要讨论一个是非对错，以此作为处理事情的依据。然后人的心体方不被蒙蔽，遇到事情才会万无一失。”

道的大的方面容易理解，这是正确的。只是后世的学者疏忽了容易理解的道而不去遵循，却把那些难以明白的作为学问，这正是“道在迩而求诸

远，事在易而求诸难”。孟子说过，道就像大路一样，怎么会难以认识呢？人们的问题不在于不知，而在于不去遵循。在良知、良能方面，愚夫笨妇与圣人没有什么不同。但只有圣人能致良知，愚夫笨妇则做不到。这就是圣人与常人的区别。

细节、条目的时刻变化，圣人怎么会不知道呢？只是圣人不在这上面大做文章。圣人所谓的学问，正是推行良知以精察心中的天理，这与后世所谓的学问大相径庭。你没有去致良知，而在那里担心这些小问题，这就是把难以理解的作为学问的弊端。良知对于随时变化的关系，犹如规矩、尺度与方圆、长短的关系。随时变化的不可测定，就像方圆、长短的不可穷尽一样。因此，规矩一旦确立，是方是圆就不可遮掩，对天下方圆的测定也就用之不尽；尺度一旦制定，是长是短就不可遮掩，对天下的长短也就不在话下了。一旦能够“致”良知，细节的随时变化就不可遮掩，而天下细节的随时变化也就能应付自如。毫厘之差所导致的千里之谬，不在本心良知的细微处研究，又能在什么地方用功呢？这如同不用规矩却要确定天下的方圆，不用尺度却要穷尽天下的长短，我觉得这种做法十分荒诞，劳而无功。

你讲在温清定省上说孝，谁都知晓，但真能实行孝道的人太少了。若说大略地知晓温清定省的礼仪，便说能致孝的良知；只要是知道君主应该仁的人，都可说是能致仁的良知；知道臣属应尽忠的人，都可说是能致忠的良知，那天下还有谁不是致良知的人？由此可知，致知必须显现在行上，而不行就不是致知，这是最明白不过的。知行合一的本体，不也是更清楚了吗？至于舜未秉明父母而娶妻，是在舜之前就有了不告而娶的先例为标准，因而参考了典籍，请教了别人，才这样做的吗？还是舜依据本心的良知，审度轻重后，不得已才这样做的呢？武王不葬文王而讨伐商纣，是在武王之前就有了不葬而兴师的先例作为标准，因而参考了典籍，请教了别人，才这样做的呢？还是武王依据本心的良知，审度轻重后，不得已才这样做的呢？如果舜不是担心没有后代，武王不是真心拯救百姓，那么，舜未秉明父母而娶妻，武王不葬文王而兴师，就是最大的不孝和不忠。后世的人不肯尽力致良知，不在处理事物时细察义理，反而去空谈这样一些反常的事，一口咬死这些才是处理事情的根据，以求遇事没有过失，如此就离题万里了。其他几点都可依此而类推，因此，古人有关致知的学问，也就可想而知了。

↗ 140

【原文】

来书云：“谓《大学》‘格物’之说，专求本心，犹可牵合。可见东桥依然不能心悦诚服。至于《六经》《四书》所载‘多闻多见’‘前言往行’‘好古敏求’‘博学审问’‘温故知新’‘博学详说’‘好问好察’，是皆明白求于事为之际、资于论说之间者，用功节目固不容紊矣。”东桥受朱子“先知后行”之影响，可谓根深蒂固。

“格物”之义，前已详悉，牵合之疑，想已不俟复解矣。至于“多闻多见”，乃孔子因子张之务外好高，徒欲以多闻多见为学，而不能求诸其心，以阙疑殆，此其言行所以不免于尤悔，而所谓见闻者，适以资其务外好高而已。盖所以救子张多闻多见之病，而非以是教之为学也。夫子尝曰“盖有不知而作之者，我无是也”，是犹孟子“是非之心，人皆有之”之义也。此言正所以明德性之良知非由于闻见耳。若曰“多闻择其善者而从之，多见而识之”，则是专求诸见闻之末，而已落在第二义矣，故曰“知之次也”。夫以见闻之知为次，则所谓知之上者果安所指乎？是可以窥圣门致知用力之地矣。夫子谓子贡曰：“赐也，汝以予为多学而识之者欤？非也，予一以贯之。”使诚在于“多学而识”，则夫子胡乃谬为是说以欺子贡者邪？“一以贯之”，非致其良知而何？《易》曰：“君子多识前言往行，以畜其德。”夫以畜其德为心，则凡多识前言往行者，孰非畜德之事？此正知行合一之功矣。

“好古敏求”者，好古人之学，而敏求此心之理耳。心即理也。学者，学此心也；求者，求此心也。孟子云：“学问之道无他，求其放心而已矣。”非若后世广记博诵古人之言词，以为好古，而汲汲然惟以求功名利达之具于其外者也。“博学审问”，前言已尽。“温故知新”，朱子亦以“温故”属之“尊德性”矣。德性岂可以外求哉？惟夫“知新”必由于“温故”，而“温故”乃所以“知新”，则亦可以验知行之非两节矣。“博学而详说之者，将以反说约也。”若无“反约”之云，则“博学详说”者，果何事邪？舜之“好问好察”，惟以用中而致其“精一”于道心耳。道心者，良知之谓也。君子之学，何尝离去事为而废论说？但其从事于事为、论说者，要皆知行合一之功，正所以致其本心之良知，而非若世之徒事口耳谈说以为知者，分知行为两事，而果有节目先后之可言也。东桥所列诸语，阳明先生毫不躲避，一一作答，真可谓学问精深，已至贯通！

【译文】

来信写道：“您认为《大学》的格物，只是求本心，这还勉强说得过去。至于《六经》《四书》所讲的‘多闻多见’‘前言往行’‘好古敏求’‘博学审问’‘温故知新’‘博学详说’‘好问好察’，等等，都清楚地表明了要在处事中探求，在论辩中有所获。由此可见，功夫的名目是不可紊乱的。”

格物的内涵，前文已作了详细阐述。你觉得牵强疑惑的地方，已不必再多作解释。至于说到“多闻多见”，那是孔子针对子张而说的。子张好高骛远，认为唯多闻多见才是学问，而不能反求内心以存疑惑，所以，他的言行难免有埋怨和悔恨，而所谓的见闻只是滋长了他好高骛远的缺点。孔子说这番话是为了纠正子张多闻多见的缺点，而不是教导他去多闻多见。孔子曾说过："盖有不知而作之者，我无是也。"这句话与孟子的"是非之心，人皆有之"的意思相近。这些正表明人的德行、良知并不来自于见闻、知识。至于"多闻择其善者而从之，多见而识之"，只是寻求见闻上的细枝末节，已是次等的了，所以孔子说"知之次也"。把见闻方面的知作为次要学问，那么主要的学问是指什么？从这里可以看到圣人致知用功夫的地方了。孔子对子贡说："赐也，汝以予为多学而识之者欤？非也，予一以贯之。"若良知真的在于多学多记，孔子为什么要用这一谬论来欺瞒子贡呢？"一以贯之"不是致良知，又会是什么？《易经》上说，"君子多记忆并学习前人的言行，以存养自己的美德"。倘若以积累德性为目的，那么更多地了解前人的言行，又何尝不是积累德性的事呢？这正是知行合一的功夫。

好古敏求的人，热衷于古人的学问而勤劳迅捷地寻求内心的理。心就是理。学，就是要学习这个本心。求，就是要探求这个心。孟子说："学问之道无他，求其放心而已矣。"并不是像后世之人，把广记博诵古人的言辞当成好古，那仅仅是迫切追求功名利禄等外表的东西。关于"博学审问"，前文已讲得很是详细。"温故知新"，朱熹也说是尊德性的范畴。德性难道是能向外寻求到的？知新必经由温故，温故才可知新，这又可作为证明知与行并非两件事。"博学而详说之"，是为了再返回到至约。若没有返回至约这一点，博学详说究竟是指什么呢？舜的好问好察，也仅是用喜、怒、哀、乐未发之中达到天道和本心的统一。道心，就是良知。君子的学问，什么时候离开过处事，抛开过论说呢？但处事和论说，都是知行合一的功夫，也正是要致其本心的良知，而不像世人只把口说耳听的东西当作知，把知与行当两件事看待，如此才有了名目和次序之说。

【原文】

来书云："杨[1]、墨之为仁义，乡愿之乱忠信，尧、舜、子之[2]之禅让，汤、武、楚项[3]之放伐，周公、莽[4]、操[5]之摄辅，谩无印证，又焉适从？东桥之例，亦甚犀利。此是让天下辨是非之理。且于古今事变，礼乐名物，未尝考识，使国家欲兴明堂，建辟雍，制历律，草封禅，又将何所致其用乎？故《论语》曰"生而知之"者，义理耳。若夫礼乐名物，古今事变，亦必待学而后有以验其行事之实。此则可谓定论矣。"东桥终究还是要分知、行。

所喻杨、墨、乡愿、尧、舜、子之、汤、武、楚项、周公、莽、操之辨，与前舜、武之论，大略可以类推。古今事变之疑，前于良知之说，已有规矩尺度之喻，当亦无俟多赘矣。规矩尺度之喻，甚恰切！

至于明堂、辟雍诸事，似尚未容于无言者。然其说甚长，姑就吾子之言而取正焉，则吾子之惑将亦可少释矣。

夫明堂、辟雍之制，始见于吕氏[6]之《月令》，汉儒之训疏，《六经》《四书》之中未尝详及也。岂吕氏、汉儒之知，乃贤于三代之贤圣乎？齐宣之时，明堂尚有未毁，则幽、厉之世，周之明堂皆无恙也。尧、舜茅茨土阶，明堂之制未必备，而不害其为治；幽、厉之明堂，固犹文、武、成、康之旧，而无救于其乱。何邪？岂能"以不忍人之心，而行不忍人之政"，则虽茅茨土阶，固亦明堂也；以幽、厉之心，而行幽、厉之政，则虽明堂，亦暴政所自出之地邪？武帝[7]肇讲于汉，而武后[8]盛作于唐，

---

1 杨，即杨朱，字子居，战国初思想家、哲学家。
2 子之，战国时期燕国丞相，燕国国君之位禅让给子之。
3 楚项，即霸王项羽，名籍，字羽。
4 莽，即王莽，字巨君，后篡汉建立新朝。
5 操，即曹操，字孟德，号吉利，东汉末期政治家、文学家。
6 吕氏，即吕不韦，战国末年著名商人、政治家，官至秦国丞相，主持编纂《吕氏春秋》。
7 武帝，即汉武帝刘彻。
8 武后，即武则天，唐高宗李治皇后，后建立武周，为中国历史上唯一的女皇帝。

其治乱何如邪？阳明先生之非汉武明堂，可见其并不认可汉武征伐之功，故后之桂萼欲借阳明之手而图安南，其事无果，早见端倪！阳明先生一生征战，平南赣匪患，平宁王之乱，平广西匪患。戎马倥偬，总以苍生为念；盖世伟业，不矜征伐之功。此真圣者胸怀！

天子之学曰辟雍，诸侯之学曰泮宫，皆象地形而为之名耳。然三代之学，其要皆所以明人伦，非以辟不辟、泮不泮为重轻也。孔子云："人而不仁，如礼何？人而不仁，如乐何？"制礼作乐，必具中和之德，声为律而身为度者，然后可以语此。若夫器数之末，乐工之事，祝史之守，故曾子曰"君子所贵乎道者三""笾豆之事，则有司存"也。尧"命羲、和[1]，钦若昊天，历象日月星辰"，其重在于"敬授人时"也。舜"在璇玑玉衡"，其重在于"以齐七政"也。是皆汲汲然以仁民之心而行其养民之政，治历明时之本，固在于此也。

羲、和历数之学，皋[2]、契未必能之也，禹、稷未必能之也，"尧、舜之知而不偏物"，虽尧、舜亦未必能之也。然至于今，循羲、和之法而世修之，虽曲知小慧之人、星术浅陋之士，亦能推步占侯而无所忒。则是后世曲知小慧之人，反贤于禹、稷、尧、舜者邪？

"封禅"之说尤为不经，是乃后世佞人谀士所以求媚于其上，倡为夸侈，以荡君心而靡国费。盖欺天罔人，无耻之大者，君子之所不道，司马相如[3]之所以见讥于天下后世也。吾子乃以是为儒者所宜学，殆亦未之思邪？明堂、辟雍、历律、封禅，先生侃侃而谈，既见学问，又见思辨！

夫圣人之所以为圣者，以其生而知之也。而释《论语》者曰："'生而知之'者，义理耳。若夫礼乐名物、古今事变，亦必待学而后有以验

1 羲、和，羲氏与和氏，传说尧曾命羲仲、羲叔、和仲、和叔两对兄弟分驻四方，以观天象，并制历法。

2 皋，皋陶，相传是舜帝的"士师"，掌管司法。

3 司马相如，字长卿，汉武帝时期成就最高的辞赋作家。

其行事之实。”夫礼乐名物之类，果有关于作圣之功也，而圣人亦必待学而后能知焉，则是圣人亦不可以谓之“生知”矣。谓圣人为“生知”者，专指义理而言，而不以礼乐名物之类，则是礼乐名物之类无关于作圣之功矣。圣人之所以谓之“生知”者，专指义理而不以礼乐名物之类，则是“学而知之”者，亦惟当学知此义理而已。“困而知之”者，亦惟当困知此义理而已。今学者之学圣人，于圣人之所能知者，未能“学而知之”，而顾汲汲焉求知圣人之所不能知者以为学，无乃失其所以希圣之方欤？凡此皆就吾子之所惑者而稍为之分释，未及乎拔本塞源之论也。此段辩驳，气势尤胜。虽学者书信往来，却仿佛孔明江东舌战之姿！精彩！

【译文】

来信写道：“杨朱和墨子所谓的仁义，乡愿所谓的忠信，尧、舜及子之的禅让，汤武、项羽的放逐与讨伐，周公、王莽及曹操的摄政，如果笼统地讲而不加以考证，又该如何准确地评价呢？对于古今事变、礼乐名物都没有鉴察区别，如果国家要修建明堂、建立学校、制定历律、举行封禅，又有什么作用呢？所以，《论语》中说的‘生而知之’，只是讲义理罢了。礼乐名物、古今事变，这些都必须在学习之后，通过实践验证它们的真实性。这个可以说已经当成定论了。”

你所讲的杨朱、墨子、乡愿、尧、舜、子之、商汤、武王、项羽、周公、王莽、曹操各自的区分，和前面说的舜与武王的情景大致相同。对于古今事变，你心存疑虑，前面在讲良知时，已经以规矩尺度作比加以说明了，此处不再重述。至于说到修明堂、建学校之事，不能不再讲几句。然而，这些事情说起来恐怕很长，暂且就你所说加以辨析，或许能消除一点你的困惑。

关于明堂与学校的记述，最早见于《吕氏春秋 · 月令》和汉代儒生的注疏中，在《六经》与《四书》中还未曾作详细记载。难道吕不韦和汉代学者的知识，比夏商周三代的圣贤还要高深？齐宣王的时候，明堂有的还未被毁掉，可知周幽王、周厉王时，周的明堂还都完好无损。尧、舜的时代，用茅草盖房屋，垒土作台阶，明堂制度未必完善，但不因此而阻碍他们治理天下。周幽王、周厉王的明堂，依然是文王、武王、成王、康王时的旧模样，但不能拯救那时的天下大乱。这是为什么呢？这不正是表明，能用怜恤他人的仁德之心实施怜恤他人的仁政，即便是茅屋土阶，也仿佛明堂；用周幽王、周厉王的蛇蝎心肠来实施他们的暴政，即便是明堂，也只不过是实施暴政的场所。汉武帝重新探讨明堂之事，唐朝武则天大建明堂，他们治理国政的效果又如何呢？

天子建的学校称辟雍，诸侯建的学校称泮宫，都是根据地形而命名。但是，夏商周三代的学问，其核心是以讲明人伦，至于是否类似璧环，是否建在泮水边，都无足重轻。孔子说："人而不仁，如礼何？人而不仁，如乐何？"制礼作乐，必须有中正平和的德性。只有以自己的声音为音律，以自己的身长为尺度的人，才有能力制礼作乐。至于礼仪乐器的细节和技巧，则是乐工和祝史的工作。因此，曾参说，"君子看重的事情有三个，祭祀礼乐的细节，则由具体办事的人负责"。尧命羲、和，恭敬地遵循上天之意，根据日月星辰的运行制定历法，是为了让人们把握时间；舜观察北斗七星，是为了排列七项政事。这些都是争取尽快地用仁爱百姓的心来施行养民的政策。制定历法，掌握时令的根本，正是在于此。

羲、和在历法数学方面的才华，皋陶和契不一定有，大禹和稷也不一定会有。尧、舜的智慧对事情并不能面面俱到，即使尧、舜也不一定能从事羲、和的工作。但是，到现在，依照羲、和的方法世代修习，即便是才智平常的人、浅陋的占卜术士，也能够修订历法、占卜天象，而不会有闪失。难道是后世才智平常之人反比大禹、后稷，甚至尧、舜更能干吗？

封禅之说更加荒诞不经，那是后代奸佞之徒为了讨好献媚，夸大其词，借以迷乱君心而浪费国力的说法。这种欺世盗名的无耻行径，是君子不屑谈论的。这也正是司马相如被后人耻笑的原因。你认为这是儒生应学的，恐

怕没有仔细考虑吧！

圣人之所以成为圣人，因为他们是生而知之，而解释《论语》的人说："生而知之者，义理耳。若夫礼乐名物，古今事变，亦必待学而后有以验其行事之实。"如果礼乐名物之类真的与成圣的功夫相关，而圣人也要等到学了之后才能知，那圣人也就不能说是生而知之了。圣人生而知之，只是就义和理方面而言的，并不是从礼乐名物方面说的，那么礼乐名物之类，也就与圣人毫无关系了。之所以说圣人是生而知之，只是指义理，而不是指有关礼乐名物之类的知识；学而知之的人，也应该只是学这个义理；困而知之的人，也就是在困勉中学习这个义理罢了。现在学习者向圣人学习，对于圣人所知道的，他们不去通过学习而知晓，相反迫切地把圣人所不知道的作为学问，这不是迷失了向圣人学习的方向吗？所有这些论述，都是针对你困惑的地方加以阐释剖析，还没有涉及"拔本塞源"的问题。

142

【原文】

夫"拔本塞源"之论不明于天下，则天下之学圣人者，将日繁日难，斯人沦于禽兽夷狄，而犹自以为圣人之学。吾之说虽或暂明于一时，终将冻解于西而冰坚于东，雾释于前而云滃于后，呶呶焉危困以死，而卒无救于天下之分毫也已。此是一代大儒之忧患心也！

夫圣人之心，"以天地万物为一体"，其视天下之人，无外内远近，凡有血气，皆其昆弟赤子之亲，莫不欲安全而教养之，以遂其万物一体之念。天下之人心，其始亦非有异于圣人也，特其间于有我之私，隔于物欲之蔽，大者以小，通者以塞，人各有心，至有视其父子兄弟如仇雠者。圣人有忧之，是以推其天地万物一体之仁以教天下，使之皆有以克其私，去其蔽，以复其心体之同然。其教之大端，则尧、舜、禹之相授受，所谓“道心惟微，惟精惟一，允执厥中”；“人心惟危，道心惟微。惟精惟一，允执厥中。”十六字，中华心法也！而其节目，则舜之命契，所谓“父子有亲，君臣有义，夫妇有别，长幼有序，朋友有信”五者而已。五伦也。唐、虞、三代之世，教者惟以此为教，而学者惟以此为学。当是之时，人无异见，家无异习，安此者谓之圣，勉此者谓之贤，而背此者，虽其启明如朱[1]，亦谓之不肖。下至闾井、田野，农、工、商、贾之贱，莫不皆有是学，而惟以成其德行为务。何者？无有闻见之杂，记诵之烦，辞章之靡滥，功利之驰逐，而但使孝其亲，弟其长，信其朋友，以复其心体之同然。是盖性分之所固有，而非有假于外者，则人亦孰不能之乎？

学校之中，惟以成德为事。今之学校，以何为事？而才能之异，或有长于礼乐，长于政教，长于水土播植者，则就其成德，而因使益精其能于学校之中。迨夫举德而任，则使之终身居其职而不易。用之者惟知同心一德，以共安天下之民，视才之称否，而不以崇卑为轻重，劳逸为美恶。效用者亦惟知同心一德，以共安天下之民，苟当其能，则终身处于烦剧而不以为劳，安于卑琐而不以为贱。当是之时，天下之人熙熙皞皞，皆相视如一家之亲。其才质之下者，则安其农、工、商、贾之分，各勤其业，以相生相养，而无有乎希高慕外之心。其才能之异，若皋、夔、稷、契者，则出而各效其能。若一家之务，或营其衣食，或通其有无，或备其器用，集谋并力，以求遂其仰事俯育之愿，惟恐当其事者之或怠而重己之累也。故稷勤其稼，而不耻其不知教，视契之善教，即己之善教也；夔司其乐，而不耻于不明礼，视夷之通礼，即己之通礼也。盖其心学纯明，而有以全其万物一体之仁，故其精神流贯，志气通达，而无

1 朱，即丹朱，尧之子。

有乎人己之分、物我之间。譬之一人之身，目视，耳听，手持，足行，以济一身之用，目不耻其无聪，而耳之所涉，目必营焉；足不耻其无执，而手之所探，足必前焉。盖其元气充周，血脉条畅，是以痒疴呼吸，感触神应，有不言而喻之妙。此圣人之学所以至易至简，易知易从，学易能而才易成者，正以大端惟在复心体之同然，而知识技能非所与论也。

此段非独见阳明先生思想家的气质，亦可见大教育家的非凡气质！

【译文】

如果“拔本塞源”的主张不能昌明于天下，那么天下向圣人学习的人，就会日益感到繁杂艰难，以至于有人渐渐沦落为禽兽夷狄，还自以为在修习圣人的学问。不懂“拔本塞源”，即便一时理解我的主张，最终还是解了西边的冻，东边又结了冰；拨开前边的雾，后面又涌起了云。我即使不停唠叨，甘冒生命的危险，最终也丝毫不能拯救天下。

圣人的心与天地万物融为一体，他看天下之人，并无内外远近之别。只要是有血性的，都是他的兄弟儿女，要让他们有安全感，并去教养他们，以成就他的万物一体的心愿。天下人的心，起初与圣人并无什么不同，只是后来掺杂了私心，为物欲所蒙蔽，大公的心变成了私我的心，通达的心变成了淤塞的心。各人有各人的想法，甚至有将自己的父子、兄弟当作了仇人。圣人为此深表忧虑，所以推广视天地万物为一体的仁心来教育天下，使人人都能克制私心，清除蒙蔽，从而恢复原本共有的本心。圣人教化的重要内容，就是尧舜所传授的“道心惟微，惟精惟一，允执厥中”；圣人教化的细节，就是舜命令契的五个方面，所谓“父子有亲，君臣有义，夫妇有别，长幼有序，朋友有信”。尧、舜的时代与夏商周三代，所教、所学的只有这些。那个时候，人们没有不同的看法，家家也没有不同的习惯，能够自然而然做到这些的就是圣人，能够努力做到这些的就是贤人。做不到这些的，即使像丹朱那般聪明，也属于不肖之徒。街巷田野之中，从事农工商的人，都纷纷学习，把完善自己的德行当作要务。为什么呢？因为他们没有杂乱的见闻、繁复的记诵、糜烂的词章以及对功利的追求，而只让他们去孝敬双亲，敬重兄长，诚实待友，借以恢复心体中原本有的良知。这些是人性中原本所固有的，并不是从外面借来的，又有哪个人做不到呢？

学校里所做的，只是为了成就学生的德行。每个人的才能各异，有的擅长礼乐，有的擅长政教，有的擅长治理水利和种植，这就需要依据他们所成就的德行，在学校中进一步培养各自的才能。依据每一个人的德行，让他们担任相应的职务并终生不再更改。用人者只要知道大家同心同德，使天下人民安居乐业，看重他们的才能是否称职，而不以地位的贵贱分重轻，不以职业的繁重安逸分优劣。被任用者也只想着同心同德，使天下安居乐业，如果适合自己的才能，即便终生从事繁重的工作，也不感到辛苦；即使从事琐碎的工作，也不认为卑下。这个时候，全天下的人都高兴快乐，和睦相处，亲如一家。其中资质较差的人，就安守从事农工商的本职，工作勤奋，彼此提供生活必需品，没有好高骛远的念头。才能卓著的人，如皋、夔、后稷、契等，就出任某一职务，以发挥自己的才能。就好比一个家庭的内部事务，有的经营衣食，有的互通有无，有的制造器物，大家团结合作、齐心协力，纷纷献计献策，来实现赡养父母、养育子女的愿望，只怕自己在做某一件事时有所怠慢，因而特别重视自己的职责。所以，后稷勤勉地种庄稼，不为不明教化而感到羞耻，把契擅长教化看成自己擅长教化；夔主掌音乐，不为不懂礼而感到羞耻，把伯夷通晓礼看成自己能通晓礼。他们心地纯洁明亮，具有完备的天地万物为一体的仁的境界。因此，他们的精神贯通万物，心志通达一切，没有彼此的区分和物我的差别。比如人的身体，眼睛看、耳朵听、手拿东西、脚行走，都是为满足自身的需要。眼睛不因没有耳朵灵敏而感到可耻，但在耳朵听时，眼睛一定会辅助耳朵。脚不因没有手持的功能而感到可耻，但在手拿东西的时候，脚也必定向前进。由于人身元气充沛，血液畅通，即使小病和呼吸，感官也能感觉到，并有自然而然的反应，其中有不可

言喻的妙处。圣人的学问之所以至简至易，容易认识，容易实践，容易学会，容易成才，正是因为它把恢复本心所共同的义理当作根本问题，而有关具体的知识技能方面的事情，就不是我所要论述的了。

↗ 143

【原文】

三代之衰，王道熄而霸术焻；孔、孟既没，圣学晦而邪说横。教者不复以此为教，而学者不复以此为学。霸者之徒，窃取先王之近似者，假之于外以内济其私己之欲，天下靡然而宗之，圣人之道遂以芜塞，相仿相效，日求所以富强之说、倾诈之谋、攻伐之计，一切欺天罔人，苟一时之得，以猎取声利之术，若管[1]、商[2]、苏[3]、张[4]之属者，至不可名数。既其久也，斗争劫夺，不胜其祸，斯人沦于禽兽夷狄，而霸术亦有所不能行矣。此信尤长，继续为东桥“拔本塞源”也。

世之儒者慨然悲伤，搜猎先圣王之典章法制，而掇拾修补于煨烬之余。盖其为心，良亦欲以挽回先王之道。圣学既远，霸术之传积渍已深，虽在贤知，皆不免于习染，其所以讲明修饰，以求宣畅光复于世者，仅是以增霸者之藩篱，而圣学之门墙遂不复可睹。于是乎有训诂之学，而传之以为名；有记诵之学，而言之以为博；有词章之学，而侈之以为丽。训诂之学、词章之学，阳明先生亦擅长，然以圣学为本，故能集大成者！若是者纷纷籍籍，群起角立于天下，又不知其几家，万径千蹊，莫知所适。世之学者如入百戏之场，欢谑跳踉、骋奇斗巧、献笑争妍者，

1 管，管仲，名夷吾，字仲，春秋时期齐国政治家。
2 商，商鞅，又称卫鞅、公孙鞅，战国时期秦国政治家。
3 苏，苏秦，字季子，战国时期与张仪齐名的纵横家。
4 张，张仪，战国时期与苏秦齐名的纵横家。

四面而竞出，前瞻后盼，应接不遑，而耳目眩瞀，精神恍惑，日夜遨游淹息其间，如病狂丧心之人，莫自知其家业之所归。五百年来犹如是，万径千蹊胡适之？时君世主亦皆昏迷颠倒于其说，而终身从事于无用之虚文，莫自知其所谓。间有觉其空疏谬妄，支离牵滞，而卓然自奋，欲以见诸行事之实者，极其所抵，亦不过为富强功利、五霸之事业而止。

圣人之学日远日晦，而功利之习愈趋愈下。其间虽尝瞽惑于佛、老，而佛、老之说卒亦未能有以胜其功利之心；虽又尝折衷于群儒，而群儒之论终亦未能有以破其功利之见。盖至于今，功利之毒沦浃于人之心髓，而习以成性也，几千年矣。可谓痛心之语！相矜以知，相轧以势，相争以利，相高以技能，相取以声誉。其出而仕也，理钱谷者则欲兼夫兵刑，典礼乐者又欲与于铨轴，处郡县则思藩臬之高，居台谏则望宰执之要。数语骂尽官场！故不能其事则不得以兼其官，不通其说则不可以要其誉。记诵之广，适以长其敖也；知识之多，适以行其恶也；闻见之博，适以肆其辨也；辞章之富，适以饰其伪也。数语骂尽学界！是以皋、夔、稷、契所不能兼之事，而今之初学小生皆欲通其说，究其术。其称名借号，未尝不曰“吾欲以共成天下之务”，而其诚心实意之所在，以为不如是则无以济其私而满其欲也。

呜呼！以若是之积染，以若是之心志，而又讲之以若是之学术，宜其闻吾圣人之教，而视之以为赘疣、枘凿。则其以良知为未足，而谓圣人之学为无所用，亦其势有所必至矣！呜呼！士生斯世，而尚何以求圣人之学乎！尚何以论圣人之学乎！士生斯世，而欲以为学者，不亦劳苦而繁难乎！不亦拘滞而险艰乎！呜呼，可悲也已！真有《呐喊》《彷徨》之痛切！

所幸天理之在人心，终有所不可泯，而良知之明，万古一日。则其闻吾拔本塞源之论，必有恻然而悲，戚然而痛，愤然而起，沛然若决江河，而有所不可御者矣。非夫豪杰之士，无所待而兴起者，吾谁与望

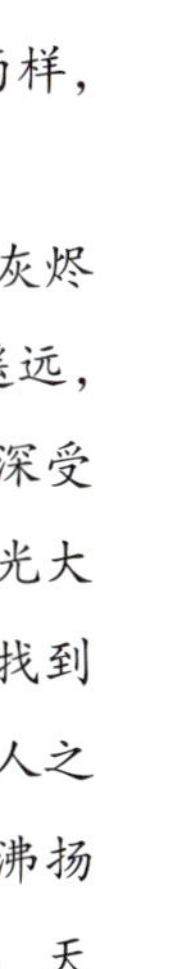

乎？此正范文正公“微斯人，吾谁与归”之浩叹！

【译文】

自夏、商、周三代之后，王道衰落，霸术盛行。孔子、孟子去世后，圣学衰微而邪说横行，教师不肯再教圣学，学生不肯再学圣学。讲霸道的人，窃取与先王相似的东西，借助外在的知识来满足自己的私欲，天下的人全都模仿他们，圣人的大道被丛生的荆棘阻塞了。世人之间彼此效法，天天讨论富国强兵、权谋倾轧和攻城讨伐的战略，以及一切瞒天过海、逞一时之能而获取声名利益的方法，像管仲、商鞅、苏秦、张仪这种人，简直数不胜数。久而久之，人们相互争斗，祸患无穷，人与禽兽、夷狄几乎没有什么两样，甚至连霸术也行不通了。

于是，世上的儒者感慨悲痛，搜寻从前圣王的典章制度，在焚书的灰烬中拾掇修补，意图恢复先王的仁道。然而，距离圣学的时代已经十分遥远，霸术的广泛流传已造成不可磨灭的影响，即便是贤明睿智之人，也不免深受霸术的影响。因此，他们宣传、修饰圣学，以求在现实生活中重新发扬光大的东西，仅仅是增加了霸术的势力范围。至于圣学的痕迹，再也难以找到了。于是，产生了训诂学，传授课程以图虚名；产生了记诵学，满口圣人之言以显示博学；产生了词章学，铺排夸张以追求文采。类似的学说沸沸扬扬，竞相在天下争夺，不知有多少家。面对诸多流派，人们无所适从。天下的学者，如同走进了民间百戏的剧场，只见嬉戏跳跃、竞奇斗巧、争妍献笑之人从四面竞相涌现，令人瞻前顾后，应接不暇，致使耳聋眼昏，神情恍惚，日日夜夜在那里辗转流连，如同精神失常之人，不知道自己的家在哪儿。当时的国君也被这些主张弄得神魂颠倒，终生忙于这些无益的虚文，自己说了什么也一无所知。偶尔有人意识到这些学问荒谬怪诞、零乱呆滞，奋起努力，欲有所作为，但所能达到的，也不过是为争取富强功利的霸业罢了。

圣人的学问越来越晦暗，追逐功利的习气却越来越严重。这中间，虽然也有人推崇佛、道两教，但佛、道两教的观点始终不能破除人们的功利之心。虽然也有人把儒家的主张加以综合，但最终也不能战胜人们的功利之见。时至今日，功利之心的毒害已深入骨髓，积习成性，已持续了几千年之久。人们在知识上互相炫耀，在权势上互相倾轧，在利益上互相争夺，在技能上互相攀比，在名利上互相竞争。那些从政为官的人，主管钱粮的还想兼管军事、司法；主管礼乐的还想参与官员的选拔；身为郡县长官，还想提升到藩司和臬司；身为御史，又觊觎着宰相的位子。原本没有某方面才能，就不能担任某个方面的官；不通晓哪一方面的知识，就不能谋求哪一方面的名誉。记诵的广博，正好滋长了他们的傲慢；知识的增多，正好帮助他们去为非作歹；见闻的广泛，正好使他们恣意狡辩；辞意的华丽，正好掩饰了他们的虚伪做作。因此，皋、夔、后稷、契不能兼作的事情，现在，刚开始学习的年轻人都想通晓他们的主张，探究他们的方法。他们所借助的名义招牌，都是为了什么共同促进天下的事业，而真正的意图则是，不采取这样的手段就无法满足他们的私欲，实现自己的私心。

唉！在如此的积习影响下，以如此的心志，又讲求如此的学术，当他们听到我说圣人的教导时，就把它当成累赘、包袱。因此，他们认为良知并不完美，认为圣人的学问是无用之术，也就是势所必然的了。唉！他们在这样的时代，又岂能求得圣人的学问？岂能讲明圣人的学问？他们的一生，以学为志，不也太劳累、太拘泥、太艰难了吗？唉，真可悲啊！

万幸的是，人们心中的天理始终不会泯灭，良知的光明经历万古永不改变。听了我所讲的正本清源的主张，有识之士一定会恻然而悲，戚然而痛，拍案而起，就像决口的河水一样势不可挡！如果不是豪侠之士不期而至，我还能寄希望于谁呢？

启问道通书

攻吾之短者是吾师

↗ 144

【原文】

吴、曾[1]两生至，备道道通恳切为道之意，殊慰相念。若道通，真可谓笃信好学者矣。忧病中曾不能与两生细论，居丧之谓。另，有版本“曾”字作“会”字。然两生亦自有志向、肯用功者，每见辄觉有进，在区区诚不能无负于两生之远来，在两生则亦庶几无负其远来之意矣。真是好先生！好老师！临别以此册致道通意，请书数语。荒愦无可言者，辄以道通来书中所问数节，略下转语奉酬。草草殊不详细，两生当亦自能口悉也。道通问学，亦请吴、曾两同学转致，与后文“得朋友讲习，才有生意”参照，亦着实有趣。另，有版本“下”字作“于”字。

来书云：“日用工夫只是‘立志’，近来于先生诲言时时体验，愈益明白。然于朋友不能一时相离。若得朋友讲习，则此志才精健阔大，才有生意。若三五日不得朋友相讲，便觉微弱，遇事便会困，亦时会忘。乃今无朋友相讲之日，还只静坐，或看书，或游衍经行，凡寓目、措身，悉取以培养志，颇觉意思和适。然终不如朋友讲聚，精神流动，生意更多也。离群索居之人，当更有何法以处之？”道通名冲，想必是外向型性格。喜热闹，好朋友，独处则或茫然。此“周道通”不由让人想起金庸笔

1 吴、曾二人名不详，王阳明弟子。

下“周伯通”，有趣！

此段足验道通日用工夫所得，工夫大略亦只是如此用，只要无间断，到得纯熟后，意思又自不同矣。大抵吾人为学，紧要大头脑，只是“立志”。所谓“困、忘”之病，亦只是志欠真切。今好色之人，未尝病于困忘，这种反例，举得真是既出人意料，又异常贴切。只是一真切耳。自家痛痒，自家须会知得，自家须会搔摩得。既自知得痛痒，自家须不能不搔摩得。佛家谓之“方便法门”，须是自家调停斟酌，他人总难与力，亦更无别法可设也。道通此病，于阳明先生的高纬层次来看，只是入门级的“痛痒”。然于世人而言，却是极普遍的毛病，不独外向如道通者如是。

【译文】

吴氏、曾氏二位年轻人到我这里来，详细谈了你恳切求道的志向，甚感欣慰，也十分想念你。你真可算得上笃信好学的人了。只是现在我正为父守丧，未曾和他们二人细谈。然而，他们两人也极有志向，肯下苦功。每次相见，我都感到他们有所长进。对我来说，确实不能辜负于他们的远道来访；对他们来说，或许也没有辜负他们远道而来的意愿。他们临走之前，用这封信转达对你的问候，要我说几句话。我此时昏聩，也没什么可讲的，仅就你在信上所问及的几个问题稍作说明。匆匆奉答，很不详尽，想必他们两位也会亲自告诉你。

来信写道：“平常生活仅是立志。最近，我对于先生的这一教诲，时时刻刻都在体悟，也更加明白了这一点。但是，我一刻工夫也离不开朋友的帮助。如果能与朋友探讨，那么这个心志就会精深、广大、开阔，才富有生气。若三五天不能与朋友共讨，就发觉这个心志软弱无力，遇到事情就会感到困顿，有时还会忘记研习的东西。现在，在朋友不能聚首讨论的日子里，我就静坐，或者读读书，或者到外边走走。举手投足之间，都是为了培育这

个志，颇感心舒意适。但是，终不似与朋友相聚、探讨那样精神抖擞，饶有生气。离群独居之人，有什么更佳的办法来帮助立志吗？”

你的这番话足以表明你在日常功夫中的收获。功夫差不多只是如此，只要持续不断，到完全纯熟后，感觉自然就有所不同。一般来说，我们做学问的关键之处就是立志。你所说的困乏、遗忘的缺点，只是因为立志不真切。比如，好色之人，未曾有困乏、遗忘的毛病，就是因为好色的欲望真切得很。身上的痛痒，自己一定知道，自己必定会去搔挠。既然知道了痛痒，自己也就不可能不去搔挠。佛教把这个叫作“方便法门”，自己必须去感受琢磨，别人总是难以给予帮助，也没有别的方法可用。

↗ 145

【原文】

来书云：“上蔡[1]二程居洛，上蔡果然良佐！尝问：‘天下何思何虑。’伊川云：‘有此理，只是发得太早。’在学者工夫，固是‘必有事焉而勿忘’，然亦须识得‘何思何虑’底气象，一并看为是。若不识得这气象，便有正与助长之病；若认得‘何思何虑’，而忘‘必有事焉’工夫，恐又堕于‘无’也。须是不滞于‘有’，不堕于‘无’，然乎否也？”此“正”则矫枉过正也。

所论亦相去不远矣，只是契悟未尽。上蔡之问与伊川之答，亦只是上蔡、伊川之意，与孔子《系辞》原旨稍有不同。正本清源是学问功夫！《系》言“何思何虑”，是言所思所虑只是一个天理，更无别思别虑耳，非谓无思无虑也。故曰：“同归而殊途，一致而百虑，天下何思何

1 上蔡，即谢良佐，字显道，世称上蔡先生。为程颐、程颢弟子。

虑。"云"殊途"，云"百虑"，则岂谓无思无虑邪？"一致而百虑"才是核心！非无思无虑也。心之本体即是天理，天理只是一个，更有何可思虑得？天理原自寂然不动，原自感而遂通，学者用功，虽千思万虑，只是要复他本来体用而已，不是以私意去安排思索出来。故明道云："君子之学，莫若廓然而大公，物来而顺应。"若以私意去安排思索，便是"用智自私"矣。"何思何虑"正是工夫。在圣人分上，便是自然的；在学者分上，便是勉然的。即便一般道理，还要看你所在的层次！伊川却是把作效验看了，所以有"发得太早"之说。既而云"却好用功"，则已自觉其前言之有未尽矣。精察入微，见程颐之非。濂溪主静之论亦是此意。今道通之言虽已不为无见，然亦未免尚有两事也。

【译文】

来信写道："谢良佐曾经问'天下何思何虑'的问题，程颐先生说：'有此理，只是发得太早。'从学者的功夫来说，固然是'必有事焉而勿忘'，但也必须看到，何思何虑的景象并在一起看才正确。如果不认识这种气象，就会滋生期望过高与盲目助长的弊病。如果认识到'何思何虑'，但又忘记了'必有事焉'的功夫，只怕又会堕入虚无的境地。必须既不累于有，也不堕于无，是不是这样呢？"

你所说的虽然相差不多，只是体悟得还不够彻底。谢良佐的提问与程颐的回答，仅仅是他们二人的观点，与孔子《系辞》的本义略有不同。《系辞》上说"何思何虑"，是指所思所虑的只是一个天理，除此之外再没有别的思虑了，但不是说无思无虑。因此说："同归而殊途，一致而百虑。天下何思何虑。"讲"殊途"，说"百虑"，怎么能说是无思无虑呢？心的本体即天理。天理只有一个，还有什么别的可思虑的？天理原本寂然不动，原本是感应而贯通的。学者用功，即使千思万虑，也只是要恢复本来的体用罢了，而不是用个人意愿安排、思考出来的。因此，程颢说："君子之学，莫若廓然而大公，物来而顺应。"如果是用个人意愿去安排、思考，就是把智慧用在了私心上。"何思何虑"正是功夫。对圣人而言，是自然而然能做到的；对学者而言，是需要努力去做到的。程颐则把它当成功夫的效果，所以才认为"发得太早"。紧接着，他又说："却好用功。"就是他自己也觉察到前面的话还不完全。周敦颐所讲的主静也正是这个意思。就你在信中所说而言，你的话有一定见地，但还是把功夫和本体当作两件事来看待了。

↗ 146

【原文】

来书云："凡学者才晓得做工夫，便要识得圣人气象。盖认得圣人气象，把做准的，乃就实地做工夫去，才不会差，才是作圣工夫。未知是否？"

先认圣人气象，昔人尝有是言矣，然亦欠有头脑，圣人气象自是圣人的，我从何处识认？阳明先生如今如是说。观其自幼成长，亦是先认"圣人气象"的！若不就自己良知上真切体认，如以无星之秤而权轻重，未开之镜而照妍媸，真所谓以小人之腹而度君子之心矣。圣人气象何由认得？自己良知原与圣人一般，若体认得自己良知明白，即圣人气象不在圣人而在我矣。程子尝云："觑着尧，学他行事，无他许多聪明睿智，安能如彼之动容周旋中礼？"又云："心通于道，然后能辨是非。"今且说通于道在何处？聪明睿智从何处出来？既能紧扣本源，又能说回"道通"名字上来。妙！

【译文】

来信写道："大凡学者开始明白做功夫，就要认识圣人的气象。一旦认识了圣人的气象，把它当成具体标准，真切实际地做功夫，才不会有多少差错，才是做圣人的功夫，不知是不是这样？"

先要认识到圣人的气象，从前也有人这样认为，但它缺少了一个主旨的东西。圣人的气象自然是圣人的，我们从什么地方可以认识到呢？如果不是在自己的良知上真切体认，仿佛用没有准星的称去度量轻重，用没有打磨的镜子去照美丑一样，真正是以小人之腹度君子之心了。圣人的气象怎么可以认识到？我们自己的良知，本来与圣人没有区别。如果能清楚地体认自己的良知，圣人的气象就不在圣人那里，而在我们身上了。程颐曾经说："看着尧，学他那样行事，没有他那么多的聪明睿智，怎么能像他那样举止行为都符合礼仪呢？"他又说："心与天理相通，然后才能明辨是非。"你能说出与天理相通在哪里吗？聪明睿智又从哪里可以得到呢？

↗ 147

【原文】

来书云："事上磨练。一日之内，不管有事无事，只一意培养本原。“事上练”，心学之不二法门！若遇事来感，或自己有感，心上既有觉，安可谓无事？但因事凝心一会，大段觉得事理当如此，只如无事处之，尽吾心而已。然仍有处得善与未善，何也？又或事来得多，须要次第与处，每因才力不足，辄为所困，虽极力扶起而精神已觉衰弱。遇此未免要十分退省，宁不了事，不可不加培养。如何？"

所说工夫，就道通分上也只是如此用，然未免有出入在。凡人为学，终身只为这一事。自少至老，自朝至暮，不论有事无事，只是做得这一件，所谓“必有事焉”者也。若说“宁不了事，不可不加培养”，却是尚为两事也。“必有事焉而勿忘勿助”，事物之来，但尽吾心之良知以应之，所谓“忠恕违道不远”矣。凡处得有善有未善，及有困顿失次之患者，皆是牵于毁誉得丧，不能实致其良知耳。若能实致其良知，然后见得平日所谓善者未必是善，所谓未善者却恐正是牵于毁誉得丧，自贼其良知者也。人生境界不同，所“有事”则不同。道通还是从下往上看，先生却是自上而下观！

【译文】

来信写道：“先生说‘在事情上磨炼’。就是在一天之内，无论有事无事，只专心致志地培养本心。如果遇到事有所感动，或者自己产生了念头，这样心中就会有想法，怎么能说是无事呢？只要依循着这些事情认真考虑，就会觉着道理应当是这样的。只是把它当作没事一样看待，尽自己的心罢了。然而，还是会有处理得好和不好的情况，这是为什么呢？有时候事情特别多，需要一件一件地处理，往往因为才力不够而被事情困扰，虽竭力挺住，但精神已疲惫不堪。遇到这种情况，难免要静下来反省自己，宁可不把事情处理完，也不可不去培养本心，这种做法正确吗？”

你所说的功夫，对你而言，也只能这样了，但出入有时也在所难免。做学问的人，一生也只是这一件事。自小到老，从早到晚，不论有事无事，也只是做这一件事，正所谓“必有事焉”。如果说，宁可不把事情处理完，也不可不去培养本心，还是把它当成两件事了。“必有事焉而勿忘勿助”，有事情发生，只是尽自己的良知以应对，就是所谓“忠恕违道不远”。处理事情出现有成功，有失败，并伴有困顿、失序的毛病，都是由于被毁誉得失的心所连累，不能切实地推行良知。若能切实地推行良知，就可以看到，平常所谓处理得好的不一定就是好；处理得不好的，恐怕就是因为计较毁誉得失，残害了心中的良知。

↗ 148

【原文】

来书云："'致知'之说，春间再承诲益，已颇知用力，觉得比旧尤为简易。但鄙心则谓与初学言之，还须带'格物'意思，使之知下手处。本来'致知''格物'一并下，但在初学未知下手用功，还说与'格物'，方晓得'致知'"云云。

"格物"是"致知"工夫，知得"致知"便已知得"格物"；若是未知"格物"，则是"致知"工夫亦未尝知也。近有一书与友人论此颇悉，今往一通，细观之，当自见矣。格物致知，是程朱理学入门之法，影响尤大，误亦尤深！

【译文】

来信写道："有关致知的观点，春季再次承蒙先生的教诲，已经深知用功的地方。我感到比从前简易多了。然而，我觉得在和初学的人谈致知时，还是要加上格物，让他们明白从什么地方着手。本来致知、格物是不可分割的，但是，初学的人不知功夫的入手处，还是要先讲格物，然后才能致知"，等等。

格物正是致知的功夫，明白了致知就已经明白了格物。如果不知道格物，那么，致知的功夫也就不会知晓。最近，在写给朋友的一封信中，我详细地谈到了这个问题，现在把它寄给你，你仔细读后就会明白了。

149

【原文】

来书云:“今之为朱[1]、陆[2]之辨者尚未已。每对朋友言,正学不明已久,且不须枉费心力为朱、陆争是非,只依先生‘立志’二字点化人。此等语当遍告今世之“吃瓜群众”。若其人果能辨得此志来,决意要知此学,已是大段明白了。朱、陆虽不辨,彼自能觉得。又尝见朋友中见有人议先生之言者,辄为动气。昔在朱、陆二先生所以遗后世纷纷之议者,亦见二先生工夫有未纯熟,分明亦有动气之病。若明道则无此矣,观其与吴涉礼[3]论介甫[4]之学云:‘为我尽达诸介甫,不有益于他,必有益于我也。’气象何等从容!尝见先生与人书中亦引此言,愿朋友皆如此,如何?”明道气度远胜伊川!

此节议论得极是极是,难得见阳明先生极赞之语!愿道通遍以告于同志,各自且论自己是非,莫论朱、陆是非也。以言语谤人,其谤浅。若自己不能身体实践,而徒入耳出口,呶呶度日,呶呶,喧哗意。先生常用此字。以口为奴,汉字之妙!是以身谤也,其谤深矣。凡今天下之论议我者,苟能取以为善,皆是砥砺切磋我也,则在我无非警惕修省进德之地矣。昔人谓攻吾之短者是吾师,师又可恶乎?“攻吾之短是吾师!”真警言也。

【译文】

来信写道:“如今为朱熹、陆九渊争辩的现象依然存在。我经常与朋友

---

1 朱,即朱熹。

2 陆,即陆九渊。

3 吴涉礼,陈荣捷先生认为“涉”字为“师”之误,字安仲,宋代人,官至右司员外郎。

4 介甫,即王安石,字介甫,号半山,世人又称王荆公,宋代政治家、思想家、文学家。

们说起，天下不见圣道的光明已经很久了，不应该为朱、陆孰是孰非枉费心力。只需要按照先生的‘立志’两字开导、点拨人。如果这个人真能辨明这个志，坚决要求了解圣学，那他已大体明白了。即使不替朱、陆辩解，他也能感觉出是非对错。我曾发现，有些朋友听到别人批评指责先生的言论就十分愤慨。朱熹与陆九渊两位先生之所以招致后世的众多议论，可见他们的功夫还不精练、纯熟，分明也有感情用事的成分。程颢在这上面就表现得比较公正。他与吴师礼谈论王安石的学问时说：‘请把我的观点全部告诉介甫，即使对他没有益处，也一定对我有益。’这是何等从容的气象！我曾看到先生写给别人的信中也引用了这句话。我希望朋友们都能如此。您认为怎样？”

这一番议论精彩极了。希望你能让同道们都知道，各人只需把握自己的对错，不要去讨论朱、陆的是非。用言论诽谤他人，这种诽谤还是浅层的；若自己不能身体力行，只是道听途说，虚度光阴，就是用行动在诽谤自己，这就十分严重了。现在，天下的人都在议论我，如果我能因此变得好了，他们就都是在与我砥砺切磋，对我而言，不过是提高警惕，反省自己，增进品德。荀子曾说，批评我短处的就是我的老师，对自己的老师又怎么讨厌得起来呢？

↗ 150

【原文】

来书云：“有引程子‘人生而静，以上不容说，才说性，便已不是性。’何故不容说？何故不是性？晦庵答云：‘不容说者，未有性之可言；

不是性者，已不能无气质之杂矣。’二先生之言皆未能晓，每看书至此，辄为一惑，请问。”

“生之谓性”，“生”字就是“气”字，犹言“气即是性”也。气即是性，“人生而静，以上不容说”，才说“气即是性”，即已落在一边，不是性之本原矣。孟子性善，是从本原上说。然性善之端，须在气上始见得，若无气亦无可见矣。恻隐、羞恶、辞让、是非即是气。程子谓：“论性不论气，不备；论气不论性，不明。”亦是为学者各认一边，只得如此说。若见得自性明白时，气即是性，性即是气，原无性、气之可分也。

气是什么？是能量场，也是生生不息的生命之源。阳明先生云：“性善之端，须在气上始见得。”正是窥见了生命的能量本质。

【译文】

来信说：“有人借用程子的‘人生而静，以上不容说，才说性便已不是性’，问朱熹为什么不能说，又为什么不是性。朱熹这样回答：‘不容说者，未有性之可言。不是性者，已不能无气质之杂矣。’我始终不能理解二位先生话的内涵，每逢读到这里就有疑惑，特向您请教。”

“生之谓性”，“生”字就是“气”字，就好比说“气”就是“性”。“气”就是“性”，人的生命有动静之前是不能言说的，说“气”是“性”的时候，就已偏向一边了，不再是人性的本原。孟子讲性善，是就本原而言的。然而，人性善的发端只有在气上才能看到，如果没有气也就无法看到性。恻隐、羞恶、辞让、是非，都是气。程颐讲“论性不论气，不备；论气不论性，不明”，也是因为学习的人都是各自看到了一面，所以只能如此说。若清楚地看到自己的本性，那么气就是性，性就是气，原本就没有气与性的区别。

答陆原静书

心之本体，无起无不起

151

【原文】

来书云："下手工夫，觉此心无时宁静，妄心固动也，照心亦动也。心既恒动，则无刻暂停也。"《陆澄录》紧随《徐爱录》后，可见其重要。阳明先生曾言："曰仁殁，吾道益孤，致望原静者不浅！"

是有意于求宁静，是以愈不宁静耳。夫妄心则动也，照心非动也。恒照则恒动恒静，天地之所以恒久而不已也。照心固照也，妄心亦照也。"其为物不贰，则其生物不息"，有刻暂停则息矣，非"至诚无息"之学矣。动静本自然，至诚见本源。暂求则不化，难免失之偏。就宇宙本质而言，不论是宏观尺度还是微观尺度，动都是绝对的，静都是相对的。如此，才有能量的转化。

【译文】

来信写道："着手做功夫时，觉得心没有一刻宁静。妄心固然在动，照心也在动。心既然无时不动，也就没有片刻停息了。"

你这是有意去寻求宁静，所以就越发不能宁静。妄心是动的，照心是不动的。只要心是明亮的，也就永远是活动的，也永远是平静的，这是天地运行不息的原因所在。照心固然使得心体明亮，妄心也能够使得心体澄明。

“其为物不贰，则其生物不息”，有片刻的停息就会死亡，也就不是至诚无息的学问了。

↗ 152

【原文】

来书云“良知亦有起处”，云云。

此或听之未审。良知者，心之本体，即前所谓恒照者也。心之本体，无起无不起。虽妄念之发，而良知未尝不在，但人不知存，则有时而或放耳：虽昏塞之极，而良知未尝不明，但人不知察，则有时而或蔽耳。虽有时而或放，其体实未尝不在也，存之而已耳；虽有时而或蔽，其体实未尝不明也，察之而已耳。若谓良知亦有起处，则是有时而不在也，非其本体之谓矣。本体者，“无起无不起”！此犹如问“宇宙产生之前是什么？”时间本来就是宇宙内的尺度，又怎么能够以此解答超越其维度的问题？这就像爱因斯坦所说的：“一个问题永远不可能从导致它出现的层面来解决。”

【译文】

来信说：“良知也有发端的地方”，等等。

这可能是你听得不够明白。良知，是心的本体，也就是前面说到的恒照。心的本体，无所谓开端不开端。即使妄念产生了，良知也依然存在。然而，人若不知存养，有时就会失去它。就是人糊涂、闭塞到了极致，良知也仍旧光明。但是，人若不知体察，有时就会被蒙蔽。但即使有时被蒙蔽了，良知的本体也并未消失，此时只要存养它就行了。即使有时被蒙蔽，良知的本体也仍旧光明，此时只要体察也就够了。如果说良知也有开端的地方，就是认为良知有时不存在，这样良知就不是心的本体了。

↗ 153

【原文】

来书云："前日'精一'之论，即作圣之功否？"

"精一"之"精"以理言，"精神"之"精"以气言。理者，气之条理；气者，理之运用。无条理则不能运用，无运用则亦无以见其所谓条理者矣。精则精，精则明，精则一，精则神，精则诚；一则精，一则明，一则神，一则诚，原非有二事也。但后世儒者之说与养生之说各滞于一偏，是以不相为用。前日"精一"之论，虽为原静爱养精神而发，然而作圣之功，实亦不外是矣。陆澄体弱，又先天不足，故尤爱养生之法。实则阳明先生年轻时亦如是，然终究由道入儒，可见儒道并释，虽殊途同归，然于华夏之文明底层逻辑而言，儒家终究是根本处。

【译文】

来信写道："先生前些时日说的'精一'，是不是做成圣人的功夫？"

"精一"的"精"是从理上说的，"精神"的"精"是从气上说的。理是气的条理，气是理的运用。没有条理就不能运用，没有运用也就无法看到条理。如果能做到精粹，良知就能精致，就能明净，就能纯一，就能神妙，就能真诚。如果能做到专一，良知就能精致，就能明净，就能神妙，就能真诚。"精"与"一"原本就不是两件事。但是，后世儒生的主张与养生者的学说各执一词，彼此无法取长补短。前段时间我关于"精一"的议论，虽然是因为你喜欢保养精神才说的，但是做成圣人的功夫，也不过就是这样罢了。

↗ 154

【原文】

来书云："元神、元气、元精必各有寄藏发生之处，又有真阴之精、真阳之气"，云云。此正道家说法耳。

夫良知一也，以其妙用而言谓之神，以其流行而言谓之气，以其凝聚而言谓之精，安可以形象方所求哉？真阴之精，即真阳之气之母；真阳之气，即真阴之精之父。阴根阳，阳根阴，亦非有二也。苟吾良知之说明，即凡若此类，皆可以不言而喻。不然，则如来书所云"三关""七返""九还"之属，尚有无穷可疑者也。此皆道家炼精化气、炼气化神、炼神还虚之法。良知近于能量之本体，气则能量的运行与转化。如是观之，阴阳自明。

【译文】

来信写道："元神、元气、元精，各自一定有寄托、藏身之处。又有所谓的真阴之精、真阳之气"，等等。

良知只有一个。从它的妙用来讲，是神；从它的流行来讲，是气；从它的凝聚来讲，是精，怎么可以从形象、方位、场所上求得良知呢？真阴之精，就是真阳之气的母体；真阳之气，就是真阴之精的父体。阴生于阳，阳生于阴，阴阳也不是两个不同的东西。关于我对良知的主张，凡是与此相类似的，都可以不言自明。否则，如同你来信所述的"三关""七返""九还"之类，还会有无穷无尽的疑问。

又

能戒慎恐惧者，是良知也

155

【原文】

来书云："良知，心之本体，即所谓性善也，未发之中也，寂然不动之体也，廓然大公也，何常人皆不能而必待于学邪？中也，寂也，公也，既以属心之体，则良知是矣。今验之于心，知无不良，而中、寂、大公实未有也，岂良知复超然于体用之外乎？"

性无不善，故知无不良。良知即是未发之中，即是廓然大公、寂然不动之本体，人人之所同具者也。但不能不昏蔽于物欲，故须学以去其昏蔽。然于良知之本体，初不能有加损于毫末也。知无不良，而中、寂、大公未能全者，是昏蔽之未尽去，而存之未纯耳。体即良知之体，用即良知之用，宁复有超然于体用之外者乎？良知人人皆有，不能廓然，便是昏蔽；能量人人皆有，不能精纯，便是昏蔽。

【译文】

来信说："良知是心的本体，也就是所说的性善，就是未发之中，就是寂然不动的本体，就是廓然大公。为什么常人都不能做到，而一定要经过学习呢？中和、寂静、公正，既然都是心的本体，那么，也就是良知。如今到心中去省察体验，知是好的，而中和、寂静、公正却未必实际存在。如此一

来，难道说良知是超然于体用之外的？”

性没有不善的，因此知也没有不好的。良知就是未发之中，就是廓然大公，就是寂然不动的本体，是每个人都有的。不过，良知不可能不遭受物欲的蒙蔽。所以就需要通过修习来剔除蒙蔽。但是，对于良知的本体，是不能有一丝一毫损伤的。知没有不好的，而不能做到中和、寂静、公正的，是由于没有完全剔除蒙蔽，存养得还不够纯正。体，就是良知的体；用，就是良知的用，又怎么会有超然于体用之外的良知呢？

↗ 156

【原文】

来书云：“周子曰‘主静’，程子曰‘动亦定，静亦定’，先生曰‘定者，心之本体’。”是静定也，决非不睹不闻、无思无为之谓，必常知、常存、常主于理之谓也。夫常知、常存、常主于理，明是动也，已发也，何以谓之静？何以谓之本体？岂是静定也，又有以贯乎心之动静者邪？”

理无动者也。常知、常存、常主于理，即不睹不闻，无思无为之谓也。不睹不闻，无思无为，非槁木死灰之谓也。睹、闻、思、为一于理，而未尝有所睹、闻、思、为，即是动而未尝动也。所谓“动亦定，静亦定”，体用一原者也。动静不违于理，是规律之把握，是“万变不离其宗”，是“动亦定，静亦定”。

【译文】

来信写道：“周敦颐先生主张‘主静’，程颢先生主张‘动亦定，静亦定'，先生主张'定者，心之本体'。所谓的静定，绝不是指不看不听、不想不做，而应该是经常感知、经常存养、经常遵循天理的意思。但是，"常知、常存、常主于理"，明明是动的，属于已发的状态，又怎么能称为静呢？又怎么能说是本体呢？这个静定难道是贯通于心的动静吗？"

理是静止不动的。"常知、常存、常主于理"，就是不看不听、不想不做。不看不听、不想不做，但并不是说就如同槁木、死灰一般。看、听、思、为全都依循于理，而不曾有其他的看、听、思、为，这也就是动而不动，也就是"动亦定，静亦定"，也就是指本体与作用原本就是一致的。

157

【原文】

来书云："此心未发之体，其在已发之前乎？其在已发之中而为之主乎？其无前后、内外而浑然一体者乎？今谓心之动静者，其主有事无事而言乎？其主寂然、感通而言乎？其主循理、从欲而言乎？若以循理为静，从欲为动，则于所谓'动中有静，静中有动，动极而静，静极而动'者，不可通矣。若以有事而感通为动，无事而寂然为静，则于所谓'动而无动，静而无静'者，不可通矣。若谓未发在已发之先，静而生动，是至诚有息也，圣人有复也，又不可矣。若谓'未发'在'已发'之中，则不知'未发''已发'俱当主静乎？抑'未发'为静而'已发'为动乎？抑'未发''已发'俱无动无静乎？俱有动有静乎？幸教。"

"未发之中"，即良知也，无前后、内外而浑然一体者也。有事、无事可以言动静，而良知无分于有事、无事也；寂然、感通可以言动静，而良知无分于寂然、感通也。动静者，所遇之时。心之本体，固无分于动静也。理无动者也，动即为欲。循理则虽酬酢万变，而未尝动也；从欲则虽槁心一念，而未尝静也。“动中有静，静中有动”，又何疑乎？有事而感通，固可以言动，然而寂然者未尝有增也。无事而寂然，固可以言静，然而感通者未尝有减也。“动而无动，静而无静”，又何疑乎？无前后、内外而浑然一体，则至诚有息之疑不待解矣。未发在已发之中，而已发之中未尝别有未发者在，已发在未发之中，而未发之中未尝别有已发者存。是未尝无动静，而不可以动静分者也。《中庸》之“未发、已发”实为根本之论。然既言“未发之中即良知”，又言其无前后、内外、动静之别，似于言语逻辑甚矛盾也。不独陆澄，世人之惑，多纠结于此。然而，“语言的边界”恐怕真的不能决定“思想的边界”。

凡观古人言语，在以意逆志而得其大旨，若必拘滞于文义，则“靡有孑遗”者，是周果无遗民也。周子“静极而动”之说，苟不善观，亦未免有病。盖其意从“太极动而生阳，静而生阴”说来。太极生生之理，妙用无息，而常体不易。太极之生生，即阴阳之生生。就其生生之中，指其妙用无息者而谓之动，谓之阳之生，非谓动而后生阳也；就其生生之中，指其常体不易者而谓之静，谓之阴之生，非谓静而后生阴也。若果静而后生阴，动而后生阳，则是阴阳、动静截然各自为一物矣。阴阳一气也，一气屈伸而为阴阳；动静一理也，一理隐显而为动静。春夏可以为阳为动，而未尝无阴与静也；秋冬可以为阴、为静，而未尝无阳与动也。春夏此不息，秋冬此不息，皆可谓之阳，谓之动也；春夏此常体，秋冬此常体，皆可谓之阴，谓之静也。自元、会、运、世、岁、月、日、时以至刻、秒、忽、微，莫不皆然。所谓“动静无端，阴阳无始”，在知道者默而识之，非可以言语穷也。若只牵文泥句，比拟仿像，则所谓心从《法华》转，非是转《法华》矣。《六祖坛经》有云：“心迷法华转，心悟转法华。”

【译文】

来信说：“处于未发状态的心的本体，是指在已发之前，还是在已发之中并主宰着已发呢？还是说不分前后、内外，浑然一体的呢？如今我们所说的心的动静，是从有事、无事方面说的，还是针对寂然不动、感应相通方面说的，抑或是从遵循天理、服从人欲方面来说的呢？如果认为遵循天理是静、服从人欲是动，那么，所谓的‘动中有静，静中有动’‘动极无静，静极无动’的说法就讲不通了。如果认为有事时的感应相通是动，无事时的寂然状态是静，那么，所谓的‘动而无动，静而无静’就讲不通了。如果认为‘未发’在‘已发’之前，那么静而生动，至诚就会有停息的时候，圣人便要向德性回复，这也还是讲不通。如果认为‘未发’在‘已发’之中，那么不知道是‘未发’‘已发’都主静呢？还是‘未发’是静，‘已发’是动呢？还是‘未发’‘已发’都没有动与静，或者都有动与静呢？以上疑惑，还望不吝赐教。”

“未发之中”就是良知，没有前后内外之别，而是浑然一体的。就有事、无事而言，可以分动、静，但良知不能分为有事和无事。就寂然、感通而言，可以分动、静，但良知在寂然不动和感应相通的时候却没什么差别。动和静是因时而异的，而心的本体原本没有什么动静之分。理是不动的，若动，就会变为私欲。只要遵循天理，即使千变万化，心也是不曾动的。如果依从人欲，即使死心无念，那也未必是静。“动中有静，静中有动”，这又有什么好疑惑的？遇到事情时的感应相通，固然可以说是动，但寂然不动的心也并未增加什么；没有事情时的寂然固然可以说是静，但是感应相通的心也并未减少什么。“动而无动，静而无静”，这又有什么好疑惑的？既然良知浑然一体，没有前后、内外之分，那么关于至诚也有停息的疑问也就不证自明了。“未发”在“已发”之中，而在“已发”之中，并没有另一个“未发”存在。已发在“未发”之中，而“未发”之中，并没有另一个“已发”存在。这里并非说没有动与静，只是说不能用动与静来区别“未发”“已发”。

大凡读古人的言论，关键是要用心去推敲其中的意思，从而明白其主

旨。如果只停留在文字的表层意义，那么，“靡有孑遗”就是说周朝真的没有遗民了。周敦颐的“静极而动”之说，如果不能作正确理解，有误解也就在所难免。他的意思其实是就太极“动而生阳，静而生阴”来说的。太极生生不息之理，妙用无穷，但它的本体是不变的。太极的生成，也就是阴阳的生成。在它不断的变化中，它的妙用就是动，也就是阳的产生，并不是说在动之后才产生阳；在它不断的变化中，它的本体的不变就是静，也就是阴的产生，并不是说在静之后才产生阴。如果真是静止后才产生阴，运动之后才产生阳，那么，阴阳动静就是迥然不同的事物了。阴阳是同一种气，因为气的屈伸而产生了阴阳。动静同指一个理，因为理的隐藏与显露而产生了动静。春夏可以说是阳和动，但也未尝没有阴和静；秋冬可以说是阴和静，但也未尝没有阳和动。春夏生生不息，秋冬也生生不息，同时可称为阳，也都同时可称为动。春夏有着不变的常体，秋冬也有着不变的常体，同时可称为阴，也都同时可称为静。从元、会、运、世、岁、月、日、时乃至刻、分、秒、忽、微，全都如此。程颐所讲的“动静无端，阴阳无始”，对深谙天道的人来说可以在自己心中体认，而无法完全用语言来表达。如果只局限于文句，去模拟仿效，那么就只能是《法华经》支配着心转，而不是心支配着《法华经》转了。

↗ 158

【原文】

来书云：“尝试于心，喜怒忧惧之感发也，虽动气之极，而吾心良知一觉，即罔然消阻，或遏于初，或制于中，或悔于后。然则良知常若居优闲无事之地而为之主，于喜怒忧惧若不与焉者，何欤？”

知此则知“未发之中”“寂然不动”之体，而有“发而中节”之和，

"感而遂通"之妙矣。然谓"良知常若居于优闲无事之地"，语尚有病。病在犹有偏好，而非廓然大公。盖良知虽不滞于喜怒忧惧，而喜怒忧惧亦不外于良知也。沧溟先生有言："欲望、情绪、习性，人生三困者也！"良知若不能解决情绪之困，则儒学较之佛法，尚不能究竟。

【译文】

来信写道："曾经在心中体验证明，喜怒忧惧的情感产生了，即使愤怒到极点，只要心的良知一觉醒，就能缓解或消失，有时在开始时被遏止，有时在发作中被扼制，有时在发作后才后悔。但是，良知往往似在悠闲无事之处主宰着情感，与喜怒忧惧好像无关，这是怎么回事？"

理解这一点，也就知道在"未发之中""寂然不动"的本体中，能够体会中正平和以及感而遂通之妙。但如果说良知往往在悠闲无事处主宰着情感，这句话还是有毛病。良知虽不停滞在喜怒忧惧的情感上，但喜怒忧惧也不在良知之外。

↗ 159

【原文】

来书云："夫子昨以良知为照心。窃谓：良知，心之本体也；照心，人所用功，乃戒慎恐惧之心也，犹思也。而遂以戒慎恐惧为良知，何欤？"

能戒慎恐惧者，是良知也。能戒慎恐惧，是去私欲。

【译文】

来信写道："先生昨日讲良知就是照心。我以为，良知是心的本体；照心，则是人所用的功夫，也就是戒惧恐惧之心，和思想相类似。而您认为戒慎恐惧就是良知，这是为什么呢？”

能够让人戒慎恐惧的，就是良知。

160

【原文】

来书云：“先生又曰：‘照心非动也。’岂以其循理而谓之静欤？‘妄心亦照也。’岂以其良知未尝不在于其中，未尝不明于其中，而视听言动之不过则者，皆天理欤？此又回到朱子向外求之弊也。且既曰妄心，则在妄心可谓之照，而在照心则谓之妄矣。妄与息何异？今假妄之照以续至诚之无息，窃所未明，幸再启蒙。”

“照心非动”者，以其发于本体明觉之自然，而未尝有所动也，有所动即妄矣。“妄心亦照”者，以其本体明觉之自然者，未尝不在于其中，但有所动耳，无所动即照矣。无妄、无照，非以妄为照，以照为妄也。照心为照，妄心为妄，是犹有妄、有照也。有妄、有照，则犹贰也，贰则息矣。无妄、无照则不贰，不贰则不息矣。在阳明心学，“照”犹明觉，是方法论，其本质是高纬视角。亦如释家之“观自在”也。

【译文】

来信写道：“先生又说‘照心非动也’，这难道是因为遵从天理，照心才是静的吗？‘妄心亦照也’，这难道因为良知未尝不存在于妄心中，未尝不在妄心中明细体察，而人的视听言动不逾越准则，都是天理的作用吗？既然说是妄心，那么，良知从妄心上来讲可称作照，而从照心上来讲则可以称作妄了。妄与息又有什么不同？现在如果把妄心中的照，与用心至诚、没有间断联系起来，我就不理解了，敬请再指教。”

“照心非动”，因为它来自本体固有的明觉自然，所以未尝有所动，有所动就是“妄”了。“妄心亦照”，是因为本体固有的明觉自然未尝不存在于妄心之中，只是有所动而已，不动就是“照”了。无妄无照，并不是把妄看成照，把照看成妄。如果说照心为照，妄心为妄，这还是有妄有照。有妄有照，就依然还是两个心。一心分为二，就会停息。无妄无照，就不是两个心，心为一个整体，也就是至诚而运动不息了。

↗ 161

【原文】

来书云：“养生以清心寡欲为要。夫清心寡欲，作圣之功毕矣。然欲寡则心自清，清心非舍弃人事而独居求静之谓也。盖欲使此心纯乎天理，而无一毫人欲之私耳。今欲为此之功，而随人欲生而克之，则病根常在，未免灭于东而生于西。若欲刊剥洗荡于众欲未萌之先，则又无所用其力，徒使此心之不清。且欲未萌而搜剔以求去之，是犹引犬上堂而逐之也，愈不可矣。”例见《二程遗书》。

必欲此心纯乎天理，而无一毫人欲之私，此作圣之功也。作圣之功，非“寡欲”，乃“去（私）欲”。此差之毫厘失之千里处也。必欲此心纯乎天理，而无一毫人欲之私，非防于未萌之先而克于方萌之际不能也。防于未萌之先而克于方萌之际，此正《中庸》“戒慎恐惧”、《大学》“致知格物”之功，舍此之外，无别功矣。夫谓“灭于东而生于西”“引犬上堂而逐之”者，是自私自利、将迎意必之为累，而非克治洗荡之为患也。今曰“养生以清心寡欲为要”，只“养生”二字，便是自私自利、将迎意必之根。有此病根潜伏于中，宜其有“灭于东而生于西”“引犬上堂而逐

之”之患也。如此观之，程子举“引犬上堂”之例，已见未究竟也。

【译文】

来信写道：“养生的要诀是清心寡欲。做到了清心寡欲，做圣人的功夫也就完成了。然而，欲望少了，心也自然就会清明了。清心并不是要离群独居以追求宁静，而是要使自己的心纯为天理，没有一丝一毫的私欲杂念。如今想要做到这一点，如果任由私欲产生后再去加以克制，那么病根就会依旧存在，难免发生这里清除了那里又出现了的情形。如果想在私欲还未萌芽之前就消除干净，却又没有什么地方可以用力，反而使心不清明。而且，想在私欲未萌生时就去搜寻，并力求铲除它，就好比把狗带到室内而又驱赶它，如此更讲不通了。”

一定要使心中纯乎天理，没有丝毫的私欲，这是做圣人的功夫。要想此心纯是天理，没有丝毫的私欲，就要在私欲还未萌生前加以防范，在私欲萌生之初加以扼制。这也正是《中庸》所讲“戒慎恐惧”、《大学》所讲“致知格物”的功夫。除此之外，再没有其他的功夫。你所说的私欲这里消退那里又长出来、把狗带到室内再驱赶的现象，是被自私自利、往返徒劳与刻意安排牵累的结果，而并非克制私欲的问题。现在说养生最关键的是清心寡欲，这“养生”二字，就是自私自利、往返徒劳与刻意安排的本源。有这个病根隐藏在心中，如你所说的私欲这里消退那里又长出来、把狗带到室内再驱赶的弊病，也就在所难免了。

↗ 162

【原文】

来书云：“佛氏于‘不思善、不思恶时认本来面目’，于吾儒‘随物而格'之功不同。吾若于不思善、不思恶时用致知之功，则已涉于思善矣。欲善恶不思，而心之良知清静自在，惟有寐而方醒之时耳。斯正孟子'夜气'之说。但于斯光景不能久，倏忽之际，思虑已生。不知用功久者，其常寐初醒而思未起之时否乎？今澄欲求宁静，愈不宁静，欲念无生，则念愈生，如之何而能使此心前念易灭，后念不生，良知独显，而与造物者游乎？"澄之所惑，世之所惑！澄之所问，真发自肺腑也！且看阳明先生如何作答。

"不思善、不思恶时认本来面目。"此佛氏为未识本来面目者设此方便。本来面目即吾圣门所谓良知。今既认得良知明白，即已不消如此说矣。此即未发之中，故不消说。

"随物而格"，是致知之功，即佛氏之"常惺惺"，亦是常存他本来面目耳。朱子云："惺惺乃心不昏昧之谓。"体段工夫大略相似，但佛氏有个自私自利之心，所以便有不同耳。佛氏恁多方便法门，是求捷径，过犹不及。今"欲善恶不思，而心之良知清静自在"，此便有自私自利、将迎意必之心，所以有"不思善、不思恶时用致知之功，则已涉于思善"之患。孟子说"夜气"，亦只是为失其良心之人指出个良心萌动处，使他从此培养将去。今已知得良知明白，常用致知之功，即已不消说"夜气"。却是得兔后不知守兔而仍去守株，兔将复失之矣。得兔守株而失兔，譬喻甚妙！欲求宁静，欲念无生，此正是自私自利、将迎意必之病，是以念愈生而愈不宁静。良知只是一个良知，而善恶自辨，更有何善何恶可思？良知之体本自宁静，今却又添一个求宁静，本自生生，今却又添一个欲无生。一语点中窍要！非独圣门致知之功不如此，虽佛氏之学亦未如此将迎意必也。只是一念良知，彻头彻尾，无始无终，即是前念不灭，后念不生。六祖云："前念不生即心，后念不灭即佛。"今却欲前念易灭，而后念不生，是佛氏所谓"断灭种性"，入于槁木死灰之谓矣。阳明先生此段辨析精微，可谓透彻、澄澈！

【译文】

来信说："佛教主张'不思善、不思恶时，认本来面目'，这与儒家所说的'随物而格'的功夫是不同的。我们如果在不思善、不思恶的时候用致知的功夫，那么就已经涉及思考善了。如果想让心没有善恶的趋向，使心的良知清静自在，只有在睡后刚刚醒来的时候。这就是孟子所谓的'夜气'。但这样的现象不能持续很久，转眼之间思虑就会产生。不知道那些用功很久的人，能常常像刚睡醒、思虑还未产生时那样吗？如今，我想求得宁静，却越发不能宁静；想没有杂念，却反而杂念丛生。怎么做，才能使已经产生的杂念尽快消退，没有产生的杂念不要发生，只有良知独自显露，达到与大道相符的境界呢？"

在不思善、不思恶时认识本来面目，这是佛教针对那些还没有认识人心本来面目的人讲的简便方法。本来面目也就是我们所讲的良知。现在，既然已经清楚地理解良知，就不必这样说了。

"随物而格"，是致知的功夫，也就是佛教所说的"常惺惺"，是佛教要求常存本来面目而已。由此可知，佛、儒的格物与功夫大致相同，但佛教有个自私自利的心，因此就有了不同之处。如今，想做到没有善恶的取向，而能使心中的良知清净自在，这就是有自私自利、刻意安排的心思，就有了"不思善、不思恶时，用致知之功，则已涉于思善"的缺点。孟子讲"夜气"，也只是为那些丧失了良心的人指出一个良心萌动的地方，使他们能够在这里培育自己的良心。现在，既然已经清楚地理解了良知，经常用致知的功夫，就不用谈"夜气"了。得到了兔子却不知道守着兔子，反而死守着那棵树，如此，兔子就会再次失去。想求得宁静，想没有私念，这正是患了自私自利、刻意安排的毛病，所以，杂念越来越多，心也愈加不能宁静。良知只有一个，善恶自然明辨，还有什么善恶要去想呢？良知的本体原本就是宁静的，现在却又添加一个去求宁静；良知的本体原本就是充满生机的，现在却又添加一个欲念不生。不仅儒学致知的功夫不是这样，即便是佛教也不是达到这样刻意的地步。只要一心在良知上，彻首彻尾，无始无终，就是心中前念不灭、后念不生。如今，你却要让前念断灭，后念不生，这是佛教所谓的"断灭种性"，同槁木、死灰差不多了。

↗ 163

【原文】

来书云："佛氏又有常提念头之说，其犹孟子所谓'必有事'，夫子所谓'致良知'之说乎？其即'常惺惺，常记得，常知得，常存得'者乎？于此念头提在之时，而事至物来，应之必有其道。但恐此念头提起时少，放下时多，则工夫间断耳。且念头放失，多因私欲客气之动而始，忽然惊醒而后提，其放而未提之间，心之昏杂多不自觉。今欲日精日明，常提不放，以何道乎？只此常提不放，即全功乎？抑于常提不放之中，更宜加省克之功乎？虽曰常提不放，而不加戒惧克治之功，恐私欲不去。若加戒惧克治之功焉，又为'思善'之事，而于'本来面目'又未达一间也。如之何则可？"学问学问，始于问学！原静之可谓善问者也！

"戒惧克治"即是"常提不放"之功，即是"必有事焉"，岂有两事邪？此节所问，前一段已自说得分晓，末后却是自生迷惑，说得支离，反有"'本来面目'未达一间"之疑，都是自私自利、将迎意必之为病，去此病，自无此疑矣。原静固然善思善问，阳明先生所答则更言简意赅，直中要害。原静之惑、之病，根本还在自我的小圈子里不得超越。

【译文】

来信写道："佛教还有'常提念头'的观点，这与孟子讲的'必有事'、先生说的致良知是一回事吗？也就是'常惺惺'、常记得、常知得、常存得吗？当这个念头提起时，应付诸多事物自然会有正确的办法。但只怕这念头提起的时候少，而放下的时候多，那么功夫就有间断了。况且，念头的放失大多是因为私欲和外气的萌动造成的，只有猛然惊醒之后才会自觉。在放失而未自觉之时，大多无法感到心的昏暗与杂乱。今天，要让念头日益精进光明，经常保持自觉，能使用什么方法呢？只要常提不放，就是全部功夫了吗？还是在常提不放的过程中，应该有省察克治的功夫呢？虽然有了常提不放，但如果不具戒惧克治的功夫，私欲恐怕还是不能剔除。但如果加上戒惧克治的功夫，又会出现有善恶趋向的事情，这和本来面目又不相符，到底怎样做才算正确呢？”

戒惧克治就是“常提不放”的功夫，就是“必有事焉”，这岂能当两件事看待？关于你这一段问的问题，前面我已说得十分清楚，可是你又把自己弄糊涂，言语说得支离破碎，凌乱不堪。至于与本来面目不相符的疑问，都是自私自利、刻意安排造成的毛病引起的。去掉这个毛病，这个疑问也就迎刃而解了。

↗ 164

【原文】

来书云：“‘质美者明得尽，渣滓便浑化。’如何谓‘明得尽’？如何而能‘便浑化’？”语出朱子《论语集注》。

良知本来自明。气质不美者，渣滓多，障蔽厚，不易开明。质美者，渣滓原少，无多障蔽，略加致知之功，此良知便自莹彻。人本来就有“天赋”之别，非独智商，秉性尤然。些少渣滓，如汤中浮雪，如何能作障蔽？此本不甚难晓，原静所以致疑于此，想是因一“明”字欠明白，亦是稍有欲速之心。欲速者，求捷径也。孟子云：“道若大路然，岂难知哉！”道、路、街、巷、径，每下愈仄，故知“捷径”之非！向曾面论“明善”之义，“明则诚矣”，非若后儒所谓“明善”之浅也。原静所问“术”也，先生所答“道”也。

【译文】

来信写道：“程颢先生说‘质美者明得尽，渣滓便浑化’。什么叫作‘明得尽’？怎样才能‘浑化’？”

良知原本就是自然光明的。气质差的人，不但瑕疵多，遮蔽也厚，良知就不能显现明白。气质好的人，本来瑕疵少，遮蔽也薄，稍加致知的功夫，良知就能晶莹透彻。一点点毛病就好比沸水中的浮雪，怎么能遮蔽良知呢？这本来不怎么难懂，你之所以存在疑问，大概是因为对“明”字不理解，其中也有性急的心思。从前，我曾当面和你探讨过“明善”的问题，“明则诚矣”，而不像后世儒者所讲的“明善”那样浅显。

↗ 165

【原文】

来书云：“聪明睿知，果质乎？仁义礼智，果性乎？喜怒哀乐，果情乎？私欲客气，果一物乎？二物乎？古之英才，若子房[1]、仲舒[2]、叔度[3]、孔明、文中、韩[4]、范[5]诸公，德业表著，皆良知中所发也，而不得谓之

1 子房，即张良，字子房，汉初三杰之一。
2 仲舒，即董仲舒，西汉思想家、政治家。
3 叔度，即黄宪，字叔度，东汉贤士。
4 韩，即韩琦，字稚圭，自号赣叟，北宋政治家、文学家。
5 范，即范仲淹，字希文，北宋政治家、军事家、文学家。

闻道者，果何在乎？苟曰此特生质之美耳，则生知安行者，不愈于学知、困勉者乎？愚意窃云谓诸公见道偏则可，谓全无闻则恐后儒崇尚记诵训诂之过也。然乎？否乎？”原静于圣、贤处寻区别，足见其聪明。然，见区别者聪明，见“性一”者智慧。

性一而已。仁、义、礼、智，性之性也。聪、明、睿、知，性之质也，喜、怒、哀、乐，性之情也。私欲、客气，性之蔽也。质有清、浊，故情有过、不及，而蔽有浅、深也。私欲、客气，一病两痛，非二物也。张[1]、黄[2]、诸葛及韩、范诸公，皆天质之美，自多暗合道妙，虽未可尽谓之知学，尽谓之闻道，然亦自其有学，违道不远者也。使其闻学知道，即伊、傅、周、召矣。若文中子则又不可谓之不知学者，其书虽多出于其徒，亦多有未是处，然其大略则亦居然可见，但今相去辽远，无有的然凭证，不可悬断其所至矣。如上卷中所言，阳明先生对文中子评价甚高。

夫良知即是道。良知之在人心，不但圣贤，虽常人亦无不如此。若无有物欲牵蔽，但循着良知发用流行将去，即无不是道。但在常人多为物欲牵蔽，不能循得良知。如数公者，天质既自清明，自少物欲为之牵蔽，则其良知之发用流行处，自然是多，自然违道不远。学者学循此良知而已，谓之知学，只是知得专在学循良知。数公虽未知专在良知上用功，而或泛滥于多岐，疑迷于影响，是以或离或合而未纯。可见“精纯”标准更在“博约”之上。若知得时，便是圣人矣。后儒尝以数子者尚皆是气质用事，未免于行不著，习不察，此亦未为过论。但后儒之所谓著、察者，亦是狃于闻见之狭，蔽于沿习之非，而依拟仿像于影响形迹之间，尚非圣门之所谓著、察者也。“狃于闻见，蔽于沿习”者，程朱之学也。则

1 张，即张良。
2 黄，即黄宪。

亦安得以己之昏昏，而求人之昭昭也乎？

所谓生知安行，“知、行”二字亦是就用功上说。若是知行本体，即是良知、良能，虽在困勉之人，亦皆可谓之生知、安行矣。“知、行”二字更宜精察。

【译文】

来信写道：“聪明睿智，真的是人的禀赋吗？仁义礼智，真的是人的本性吗？喜怒哀乐，真的是人的情感吗？私欲与外气，究竟是一回事还是两码事呢？古代许多伟大的人物，诸如张良、董仲舒、黄宪、诸葛亮、王通、韩愈、范仲淹等，他们功德卓著，都是从他们的良知中生发来的。然而，又不能讲他们是通晓大道的人，这是怎么回事？如果说这是他们的天资好，那么，生知安行的人岂不是比学知利行、困知勉行的人更好吗？我以为，说他们所认识的道不全面还可以，但说他们完全不通晓道，恐怕是后世儒生推崇记诵训诂，对他们产生了错误的看法，这种理解是否正确呢？”

天性只有一个。仁义礼智是性的本质，聪明睿智是性的资质，喜怒哀乐是性的情感，私欲外气是性的障蔽。资质有清浊之分，因此，情感有过分与不足，而蒙蔽也就有了深浅之别。私欲和外气是一种病引起的两种痛苦，并非两回事。古代的张良、黄宪、诸葛亮以及韩愈、范仲淹等人，都是天资极佳的人，自然与神妙的道多有符合。虽不能说他们是完全知学、闻道的人，但是，他们也各有所学，而且与天道相隔不远。如果他们能够完全知学、闻道，那就可以成为伊尹、傅说、周公、召公那样的人。像文中子王通，则又不能认为他是不知学的人，他的书虽大部分出自于门人弟子之手，也有很多不对的地方，但他的学问大体上还是看得出的。只是时代相隔久远，今天没有确实的凭证，也就不能妄断他的学问距离道到底有多远。

良知，就是道。良知存在于人的心中，不仅圣贤，平常人也都是如此。如果没有物欲的牵累、蒙蔽，全凭良知去发挥作用，那就没有什么不是道了。然而，平常人大多被物欲牵累、蒙蔽，无法遵从良知。像上面所讲的那些人物，资质十分清明，自然很少有物欲的牵累、蒙蔽，那么，他们的良知发生作用的时候自然多一些，离天道也就不远了。学习者就是要学会遵从良知。所谓知学，就是懂得专门学习遵从良知。上述的人物虽然不懂得专门在良知上下功夫，有时爱好广泛，受到其他事物的影响和迷惑，因此，对于道就时偏时合，没有达到纯正的境界。如果他们明白了要在良知上下功夫，也就是圣人了。后世儒生曾认为上述诸位都是凭天生的资质行事，不免会“行不著”“习不察”，这种评价也并不过分。但是，后世儒生所说的“著”和“察”，也只拘泥于狭小的见闻，受到旧有风气的蒙蔽，只是模仿圣人的影响和事迹，并不是圣人所讲的“著”和“察”。那么，又怎么能自己糊里糊涂，而使他人明白呢？

所谓生知安行，这“知、行”二字也是就用功而言的。如果是知与行的本体，也就是良知良能，即便是困知勉行的人，也都能说是生知安行的。“知、行”两个字就更应该细心体察了。

↗ 166

【原文】

来书云：“昔周茂叔每令伯淳[1]程颢与弟程颐拜师周敦颐。寻仲尼、颜子乐处。敢问是乐也，与七情之乐同乎？否乎？原静此问甚妙！若同，则常人之一遂所欲，皆能乐矣，何必圣贤？若别有真乐，则圣贤之遇大忧、大怒、大惊、大惧之事，此乐亦在否乎？且君子之心常存戒惧，是盖终身之忧也，恶得乐？澄平生多闷，未尝见真乐之趣，今切愿寻之。”

1 伯淳，即程颐之兄程颢，字伯淳，世称明道先生，北宋理学家。

乐是心之本体，虽不同于七情之乐，而亦不外于七情之乐。未发之中，乐亦在其中，故曰“不同”。此气廓然，发而有所谓七情也，故曰“不外”。虽则圣贤别有真乐，而亦常人之所同有，但常人有之而不自知，反自求许多忧苦，自加迷弃。虽在忧苦迷弃之中，而此乐又未尝不存，但一念开明，反身而诚，则即此而在矣。每与原静论，无非此意，而原静尚有“何道可得”之问，是犹未免于骑驴觅驴之蔽也。原静所问尤多，所困尤深！骑驴觅驴，使人叹息！

【译文】

来信写道：“从前周敦颐经常要求程颢寻找孔子与颜回快乐的原因。请问这种乐趣是否与七情之乐相同？如若相同，普通人只要满足了欲望就能快乐，又何须做圣贤呢？如果还有一个真正的快乐，那么圣贤遇到大忧、大怒、大惊、大惧的事情，这个真正的快乐还存在吗？更何况君子的心是常怀戒惧的，这是他们终身的忧虑，又何尝能快乐？我平素有很多烦恼，还未曾体会到真正的乐趣，现在，我急切地希望能找到这种乐趣。”

孔子与颜回的乐是心的本体，虽与七情的乐有所不同，但也不在七情的快乐之外。圣贤虽然有真正的乐，但也是普通人同样拥有的，只是普通人有了这种乐，自己却不知道，反而又给自己增加烦恼忧苦，糊里糊涂地舍弃了这种快乐。即便在忧虑烦恼之中，这种快乐也未曾消失。只要想明白这一点，回到内心，实现与本体的统一，就能体会到这种快乐。每次和你谈论的都是这个意思，而你仍要询问用什么方法可以得到这种快乐，就不免是骑驴找驴了。

↗ 167

【原文】

来书云："《大学》以'心有好乐、忿懥、忧患，恐惧'为'不得其正'，而程子亦谓'圣人情顺万事而无情'。所谓有者，《传习录》中以病疟譬之，极精切矣。若程子之言，则是圣人之情不生于心而生于物也，何谓耶？且事感而情应，则是是非非可以就格。事或未感时，谓之有则未形也，谓之无则病根在有无之间，何以致吾知乎？学务无情，累虽轻，而出儒入佛矣，可乎？"

圣人致知之功，至诚无息。其良知之体，皦如明镜，略无纤翳，妍媸之来，随物见形，而明镜曾无留染，所谓"情顺万事而无情"也。"无所住而生其心"，佛氏曾有是言，未为非也。明镜之应物，妍者妍，媸者媸，一照而皆真，即是"生其心"处。妍者妍，媸者媸，一过而不留，即是"无所住"处。病疟之喻，既已见其精切，则此节所问可以释然。病虐之人，疟虽未发，而病根自在，此言喜怒哀乐未发，贪嗔好恶犹在。则亦安可以其疟之未发，而遂忘其服药调理之功乎？若必待疟发而后服药调理，则既晚矣。致知之功，无间于有事、无事，而岂论于病之已发、未发邪？大抵原静所疑，前后虽若不一，然皆起于自私自利，将迎意必之为祟。阳明先生实在太善于透过表象看本质了！此根一去，则前后所疑，自将冰消雾释，有不待于问辨者矣。

【译文】

来信写道："《大学》中认为心有好乐、愤懑、忧患、恐惧等情感，心就不能平静，程颢也说过：'圣人的情感顺应万物而生发，却常常表现为无情。'这里所说的有情，《传习录》中用病疟来比喻，非常恰当。如果按照程颢的说法，圣人的情感不产生于心中，而产生于事物之中。为什么这样说呢？如果说有事情发生，就可以产生相应的情感，那么其中的是非对错就可以去格了。没有事情发生时，说有情感存在，但它并未显露；说没有情感存在，可它又像病根一样似有似无地存在着，怎么来致知呢？学习要致力做到心中无情，这样烦恼虽然少了，但又是出儒而入佛了。没有感情能行吗？”

圣人致知的功夫是至为诚挚而无一丝停息的。圣人的良知本体，像镜子一样明亮，没有一丝灰尘。在镜子前面，美丑的原貌毕露，镜子上也并未沾染什么。这就是情感随着事物产生，心中没有特殊的情感。“无所住而生其心”，佛教的这句话说得并不错。明镜照物，美的呈现为美，丑的呈现为丑，一照就是它的真实面目，也就是“生其心”。美就是美，丑就是丑，照过之后一切都不留下，这就是“无所住”的意思。有关病疟的比喻，既然你认为贴切精当，那么这里的问题就可以解决了。患疟疾的人，病虽未发作，可病根仍在，怎么能因为病没有发作就忘记服药调治呢？如果一定要等到疟疾发作之后才服药调治，就已经晚了。致知的功夫，不论有事与否都不能间断，又怎能管病发作还是没有发作呢？你的主要疑虑，前后虽不相同，但都是自私自利、刻意安排在作怪。这个弊端一旦去除，诸多疑问自然会冰消水释、雾气飘散，再也无须去问辨了。

钱德洪跋

【原文】

答原静书出，读者皆喜澄善问，师善答，皆得闻所未闻。确实善问！诚然善答！师曰：“原静所问只是知解上转，不得已与之逐节分疏。若信得良知，只在良知上用工，虽千经万典无不吻合，异端曲学一勘尽破矣，何必如此节节分解！可见“知解”与“良知”的层次差别。可见低层次的善思“善问”，终究不如提升层次与维度的精察明觉！佛家有‘扑人逐块'之喻，见块扑人，则得人矣，见块逐块，于块奚得哉？"在座诸友闻之，惕然皆有惺悟。此学贵反求，非知解可入也。

【译文】

答陆澄的信公开于世后，读到的人都很高兴，认为陆澄问得漂亮，先生答得精彩，均是他们没有听说过的内容。先生说："陆澄的问题只是在认知、理解的问题上打转，无奈之下只得给他逐段讲解。若真的相信良知，仅在良知上下功夫，即使面对成千上万的经典，也都可以与之相符合；至于异端邪说，将会不攻自破，又何必如此逐段解释呢？佛教有'扑人逐块'的比喻，狗看见石块而扑向扔石块的人，这样才能咬住人；若是看到石块去追赶石块，从石块那里又能得到什么呢？"在座的各位同学听了这番话心感警觉，各有所悟。致良知的学问贵在返身自求，并不是从认知、理解上下功夫就能够随便获得的。

答欧阳崇一

良知之在人心，
亘万古、塞宇宙而不同

168

【原文】

崇一来书云："师云：'德性之良知，非由于闻见，若曰多闻，择其善者而从之，多见而识之，则是专求之见闻之末，而已落在第二义。'窃意良知虽不由见闻而有，然学者之知，未尝不由见闻而发；滞于见闻固非，而见闻亦良知之用也。今曰'落在第二义'，恐为专以见闻为学者而言，若致其良知而求之见闻，似亦知行合一之功矣。如何？"崇一乃江右王门之代表。阳明先生身后尤善讲学者，从学者逾五千人，世称"南野门人半天下"也。

良知不由见闻而有，而见闻莫非良知之用。故良知不滞于见闻，而亦不离于见闻。孔子云："吾有知乎哉？无知也。"良知之外，别无知矣。故"致良知"是学问大头脑，是圣人教人第一义。今云专求之见闻之末，则是失却头脑，而已落在第二义矣。近时同志中，盖已莫不知有"致良知"之说，然其功夫尚多鹘突者，正是欠此一问。阳明先生初倡"致良知"之学，世多疑之，乃或有讥为禅学者，惟崇一奋起护卫，呼为"正学"，并一生着力宣讲之。故于"良知"，崇一能过鹘突者远矣！

大抵学问功夫，只要主意头脑是当。若主意头脑专以"致良知"为事，则凡多闻、多见，莫非"致良知"之功。盖日用之间，见闻酬酢，

虽千头万绪，莫非良知之发用流行，除却见闻酬酢，亦无良知可致矣，故只是一事。若曰致其良知而求之见闻，则语意之间未免为二。此与专求之见闻之末者虽稍不同，其为未得精一之旨，则一而已。“合一”之功，“精一”之旨。“多闻，择其善者而从之，多见而识之。”既云“择”，又云“识”，其良知亦未尝不行于其间，但其用意乃专在多闻多见上去择、识，则已失却头脑矣。崇一于此等处见得当已分晓，今日之问，正为发明此学，于同志中极有益，但语意未莹，则毫厘千里，亦不容不精察之也。

【译文】

崇一在来信中写道：“先生说‘人的德性良知并非由见闻产生。如果要从多听中选择好的并依从它，从多见中来识别它，那就是专门追求见闻的细枝末节，这样的见闻就成为次要的了’。我以为，良知虽不来自于见闻，然而，人的见识也不能说不是由见闻所引发的。局限于见闻固然不对，但见闻也应该属于良知的作用。如今说见闻是次要的，大概专门是针对那些只注重以见闻为学问的人来说的，如果能够致良知，并能够在见闻上寻求，似乎也是知行合一的功夫。是这样吗？”

良知并非从见闻上产生，但见闻都是良知的作用。因此，良知不局限于见闻，但也离不开见闻。孔子说：“吾有知乎哉？无知也。”良知以外，再没有其他的知。所以，致良知是做学问的关键，是圣人教人诲人的头等大事。如今说，只在见闻的细枝末节上探求，就是没有把握住关键，寻求的也就是次要的问题了。近来，同学们没有不知道致良知的学问，但他们的功夫仍有许多糊涂之处，正是因为缺少你的这一疑问。

一般来说，做学问的功夫最关键是要把握核心问题。如果把致良知看成最关键的事情，那么，只要多闻多见，就都是致良知的功夫。在日常生活中，见闻何其繁多，即使是千头万绪，也无不是良知发挥作用的结果。离开了这些见闻，也就无法致良知了。因此，良知与见闻就是一件事。如果说致良知要从见闻上探求，那么，在语义上就已经把良知见闻看成两件事了。这与只在见闻的细枝末节上寻求良知的人稍有不同，但在没有理解惟精惟一的宗旨方面，都是类似的。“多闻，择其善者而从之，多见而识之”，这一句既说了选择，也说了认识，可见良知在其中起了很大作用，只是其用意还是在多闻多见上选择、认识，失去了最关键的东西。你对这些问题认识得应该非常清楚了，今天的问题正是为了阐明良知的学问，相信对同学们有很大的裨益。只是意思表达得还不够清楚，为了防止出现差之毫厘、失之千里的情况，也不能不作审慎的体察。

↗ 169

【原文】

来书云:“师云:《系》言‘何思何虑’，是言所思所虑只是天理，更无别思别虑耳，非谓无思无虑也。心之本体即是天理，有何可思虑得?学者用功，虽千思万虑，只是要复他本体，不是以私意去安排思索出来。若安排思索，便是自私用智矣。学者之蔽，大率非沉空守寂，则安排思索。德辛壬之岁着前一病，近又着后一病。但思索亦是良知发用，其与私意安排者何所取别?恐认贼作子，惑而不知也。”

“思曰睿，睿作圣。”“心之官则思，思则得之。”思其可少乎?沉空守寂，与安排思索，正是自私用智，其为丧失良知，一也。良知是天理之昭明灵觉处。故良知即是天理，思是良知之发用。若是良知发用之思，则所思莫非天理矣。良知发用之思，自然明白简易，良知亦自能知得。若是私意安排之思，自是纷纭劳扰，良知亦自会分别得。盖思之是非邪正，良知无有不自知者。所以认贼作子，正为致知之学不明，不知在良知上体认之耳。良知发用之思，思想也，故明白简易；私意安排之思，思虑也，故纷纭劳扰。

【译文】

来信写道："先生认为'《易传 · 系辞》中讲的'何思何虑'，是指所思虑的仅是天理，除此之外没有别的东西要思虑，而不是说完全没有思虑。心的本体就是天理，有什么可思虑的？学习者用功，即使千思万虑，也只是要恢复他的本体，而不是靠刻意安排、思考出来的。如果安排思索，也就是自私弄智了。'学习者的弊病，多数不是死守空寂，就是去刻意思考。我在辛巳到壬午期间（1521—1522 年）犯有前一种毛病，最近又犯有后一种毛病。但是，思考也是良知的作用，它与刻意安排的情况有什么区分呢？我担心自己认贼作子，受到迷惑还不知道其间的区别。"

"思曰睿，睿作圣"，"心之官则思，思则得之。"思虑怎么会少呢？死守空寂与刻意思考，都是自私弄智，也同样都丢弃了良知。良知是天理清明灵觉所在，所以良知就是天理，思虑就是良知的运用。如果思虑是从良知上产生的，那么所思的没有不是天理的。从良知上产生的思虑，自然简易明了，良知自然就能够知道。如果是私意安排的思虑，自然是纷纭繁扰，良知也自然能够分辨出来。思虑的是非、正邪，良知都能够分辨出来，之所以会认贼作子，正是由于还不理解致良知的学问，不知道从良知上去体察、认知。

↗ 170

【原文】

来书又云："师云：'为学终身只是一事，不论有事无事，只是这一件。若说宁不了事，不可不加培养，却是分为两事也。'此是答周道通书所云。窃意觉精力衰弱，不足以终事者，良知也。宁不了事，且加修养，致知也。如何却为两事？若事变之来，有事势不容不了，而精力虽衰，稍鼓舞亦能支持，则持志以帅气可矣。然言动终无气力，毕事则困惫已甚，不几于暴其气已乎？此其轻重缓急，良知固未尝不知，然或迫于事势，安能顾精力？或困于精力，安能顾事势？如之何则可？”原静体弱，尚无此问。

“宁不了事，不可不加培养”之意，且与初学如此说，亦不为无益。道通性格外向，且初学典型，如此则效佛氏之方便法门也。但作两事看了，便有病痛在。根本处，不容马虎。孟子言“必有事焉”，则君子之学终身只是“集义”一事。义者，宜也，心得其宜之谓义。能致良知则心得其宜矣，故“集义”亦只是致良知。君子之酬酢万变，当行则行，当止则止，当生则生，当死则死，斟酌调停，无非是致其良知，以求自慊而已。故“君子素其位而行”“思不出其位”。凡谋其力之所不及，而强其知之所不能者，皆不得为致良知。而凡“劳其筋骨，饿其体肤，空乏其身，行拂乱其所为，动心忍性以增益其所不能”者，皆所以致其良知也。若锤炼以至纯粹也！若云“宁不了事，不可不加培养”者，亦是先有功利之心，计较成败利钝而爱憎取舍于其间，是以将了事自作一事，而培养又别作一事，此便有是内、非外之意，便是自私用智，便是“义外”，便有“不得于心，勿求于气”之病，便不是致良知以求自慊之功矣。

所云“鼓舞支持，毕事则困惫已甚”，又云“迫于事势，困于精力”，皆是把作两事做了，所以有此。凡学问之功，一则诚，二则伪。警语！凡此皆是致良知之意，欠诚一真切之故。《大学》言：“诚其意者，如恶恶臭，如好好色，此之谓自慊。”曾见有恶恶臭，好好色，而须鼓舞支持者乎？曾见毕事则困惫已甚者乎？曾有迫于事势，困于精力者乎？此可以知其受病之所从来矣。

【译文】

来信又说："先生曾说：'为学终身只是一件事，不论有事无事，也只是一件事。若说宁可不处理事情，也不可不培养本源，这就分开成为两件事了。'我以为，感到全身精疲力竭，不能将事情处理完的，是良知。宁可不处理事情，也要去培养本源，这是致知。为什么又成了两件事呢？如果事情发生变化，不能不去处理，即便精疲力竭，略加勉励也能坚持下去，如此意志还是能够统领气力的。但是，此时的言行举止毕竟软弱无力，一旦处理完事情就会过度衰竭困乏，这不等于滥用气力吗？此间的重轻急缓，良知并不是不知道。然而，有时被形势所逼，岂能顾及精力？有时精力疲惫不堪，又岂能顾及形势？这到底该怎么办呢？"

宁可不去处理事情，也不可不去培养本源，这句话对初学者来说，也不是没有好处。然而，把它们看成是两件事就有了问题。孟子说："必有事焉。"君子做学问，就是终身只有"集义"这一件事。义就是宜，心做到了它应做的就叫作义。能够致良知，心就做到了它该做的事。所以，"集义"就是致良知。君子待人接物，处理万变，应该做的就去做，应该停的就停下，应该生的就生，应该牺牲的就牺牲，这些调停斟酌，都是致良知，以让自己感到心安理得。因此，"君子素其位而行""思不出其位"。大凡谋求做自己力所不及的事，勉强学会自己智力达不到的学问，都不是致良知。而凡是"劳其筋骨，饿其体肤，空乏其身，行拂乱其所为，动心忍性以增益其所不能"，都是为了要致良知。如果说宁可不去处理事情，也不可不去培养本源的人，是先有了一个功利心，才会计较其中的利弊成败，尔后再作出爱恶取舍的选择。因此，把处理事情当成一件事，又把培养本源当成一件事。这就有了看重培养本源而蔑视处理事情的心态，这就是自私弄智，就会把义看成外在的，便有了"不得于心，不求于气"的弊病，就不是通过致良知以求得心安理得的功夫了。

你说的略加勉励也能坚持下去，处理完事情后就会极度困乏疲惫，以及为事势所迫，受精力的限制，这些都是因为把处理事情和培养本源当成两件事看了，因此才会这样说。一切做学问的功夫，始终如一就是真诚，三心二意就是虚伪。你谈的这些都是由于致良知的心意不够真诚、专一、实在的缘故。《大学》中认为“诚其意者，如恶恶臭，如好好色，此之谓自慊”。你何尝见过讨厌恶臭、迷恋美色，还要勉励才能坚持下去的人？你何尝见过做完这些事情而感到极度困乏疲惫的情况？你又何尝见过被事势所逼、筋疲力尽做这些事的人？由此你就能够知道病根到底在哪儿了。

171

【原文】

来书又有云：“人情机诈百出，御之以不疑，往往为所欺，觉则自入于逆亿。今之社会人亦当有此问。夫逆诈，即诈也；亿不信，即非信也；为人欺，又非觉也。不逆不亿而常先觉，其惟良知莹彻乎？然而出入毫忽之间，背觉合诈者多矣。”

不逆、不亿而先觉，此孔子因当时人专以逆诈、亿不信为心，而自陷于诈与不信，又有不逆、不亿者，然不知致良知之功，而往往又为人所欺诈，故有是言。子曰：“不逆诈，不亿不信，抑亦先觉者，是贤乎。”非教人以是存心，而专欲先觉人之诈与不信也。以是存心，即是后世猜忌险薄者之事。而只此一念，已不可与入尧、舜之道矣。不逆不亿而为人所欺者，尚亦不失为善，但不如能致其良知，而自然先觉者之尤为贤耳。崇一谓“其惟良知莹彻”者，盖已得其旨矣。良知莹彻，自可高纬超越，无需逆、亿。然亦颖悟所及，恐未实际也。

盖良知之在人心，亘万古，塞宇宙，而无不同。“不虑而知，恒易以知险”“不学而能，恒简以知阻”“先天而天不违，天且不违，而况于人乎？况于鬼神乎？”夫谓背觉合诈者，是虽不逆人，而或未能无自欺也；虽不亿人，而或未能果自信也。是或常有求先觉之心，而未能常自觉也。常有求先觉之心，即已流于逆亿而足以自蔽其良知矣，此背觉合诈之所以未免也。

君子学以为己，未尝虞人之欺己也，恒不自欺其良知而已；未尝虞人之不信己也，恒自信其良知而已；未尝求先觉人之诈与不信也，恒务自觉其良知而已。不虞人欺，而虞自欺！余皆如是。是故不欺则良知无所伪而诚，诚则明矣；自信则良知无所惑而明，明则诚矣。明、诚相生，是故良知常觉、常照；常觉、常照则如明镜之悬，而物之来者自不能遁其妍媸矣。何者？不欺而诚，则无所容其欺，苟有欺焉而觉矣；自信而明，则无所容其不信，苟不信焉而觉矣。是谓“易以知险，简以知阻”，子思所谓“至诚如神，可以前知”者也。然子思谓“如神”，谓“可以前知”，犹二而言之，是盖推言思诚者之功效，是犹为不能先觉者说也。若就至诚而言，则至诚之妙用即谓之“神”，不必言“如神”；至诚则“无知而无不知”，不必言“可以前知”矣。阳明先生以大儒带军，百战成神，可知良知觉照，无须逆、亿之功！

【译文】

来信又说：“人情的诡诈层出不穷，如果毫不怀疑地对待它，往往受到它的欺骗；而觉察人情的诡诈，就会事先猜度别人是否欺诈自己。事先怀疑别人，就是欺诈别人；随意揣测别人，不能算是诚信。被别人欺骗了，则是没有觉察能力。能够不事先怀疑别人欺诈，不随意臆想别人的诚信，而又常常能预先觉知一切的，是因为他光明纯洁的良知吗？但是，这中间的差别十分微妙，常常是背离觉察而暗合欺诈的比较多。”

不事先怀疑、不随意揣测，而能做到事先察觉，这是孔子因为当时有许多人一门心思想着去事先怀疑，去随意揣测，反而使自己陷于欺诈和不诚信的状态而说的；也有人不事先怀疑，不随意揣测，但不懂得致良知的功夫，往往又受人欺骗，因此孔子说了这番话。这并不是教人存此心，一味去发现别人的欺诈和不诚信。如果说有这个意思，也只是后世猜忌、阴险、薄情之人所做的事。只要存有这个念头，就不能达到尧、舜的大道。不事先怀疑，不随意揣测，却被人欺骗的人，也还不失为善，但比不上那些能致良知，自然也就能预先觉知的人更为贤明。你认为只有良知光明纯洁的人才能这样，可知你已领悟了孔子的宗旨了。但是，这也只是你的聪颖所领悟的，恐怕还不能落实到实践之中去。

良知在人的心中，亘古不变，充盈宇宙。这就是古人所谓的“不虑而知”“恒易以知险”“不学无能”“恒简以知阻”“先天而天不违，天且不违，而况人乎？况于鬼神乎？”那些不能觉悟而暗合欺诈的人，即使不事先怀疑别人，但不一定就不自欺；即使不随意揣测别人，有时也未必有自觉。常常希望能够先觉，这样就已陷入了事先怀疑、随意揣测的心态，这样就足以蒙蔽他们的良知。这是不能觉悟而暗合欺诈的人无法避免的。

君子学习是为了提高自己，从不忧虑被别人欺骗，只是永远不欺骗自己的良知罢了。君子也不会去考虑别人是否相信自己，只要始终相信自己的良知便可。君子不会要求自己能够事先觉察别人的欺诈与不诚实，始终能做到的就是觉察自己的良知这件事。不欺诈，良知就真诚而不虚伪，所以说诚实就能够清明。君子自信，良知就不受蒙蔽而能清明，所以说清明就能诚实。明和诚彼此促进，因此良知能常觉、常照。常觉、常照就仿佛明镜高悬，任何来到镜前的事物都不能隐藏美丑。为什么呢？因为良知不欺骗就是诚信的，所以不会容忍别人的欺骗，即使遇到欺诈也能觉察。良知也是自信而光明的，也就不能容忍不诚信，如果遇到不诚信也能觉察到。这就是“易以知险，简以知阻”，也就是子思“至诚如神，可以前知”所讲的意思。但是，子思说“如神”“可以前知”，还是当两件事看待了。他大概是从思、诚的功效上论断的，仍然是给不能事先觉知的人讲的。如果是从至诚上来说，那么至诚的妙用就是“神”，而不必说“如神”了；至诚就是无知但又无所不知，也就不必说“可以前知”了。

答罗整庵少宰书

道必体而后见，道必学而后明

172

【原文】

某顿首启：昨承教及《大学》，当指旧本《大学》，阳明先生作有《〈大学〉古本序》。发舟匆匆，未能奉答。晓来江行稍暇，复取手教而读之。恐至赣后人事复纷沓，先具其略以请。

来教云："见道固难，而体道尤难。道诚未易明，而学诚不可不讲。恐未可安于所见而遂以为极则也。"

幸甚幸甚！何以得闻斯言乎？其敢自以为极则而安之乎？正思就天下之道以讲明之耳。而数年以来，闻其说而非笑之者有矣，诟訾之者有矣，置之不是较量辨议之者有矣，其肯遂以教我乎？当时"键盘侠"亦不稍逊于今日！其肯遂以教我，而反复晓谕，恻然惟恐不及救正之乎？然则天下之爱我者，固莫有如执事之心深且至矣，感激当何如哉！见阳明先生胸怀！夫"德之不修，学之不讲"，孔子以为忧。而世之学者稍能传习训诂，即皆自以为知学，不复有所谓讲学之求，可悲矣！训诂、音韵之小学，本为工具，而非旨归。阳明先生训诂工夫自深，见世之浅薄者如过江之鲫，故有此说。夫道必体而后见，非已见道而后加体道之功也；道必学而后明，非外讲学而复有所谓明道之事也。然世之讲学者有二，有讲之以身心者，有讲之以口耳者。讲之以口耳，揣摸测度，求之影响者也；

讲之以身心，行著习察，实有诸己者也。今世尤然！知此，则知孔门之学矣。

【译文】

鄙人顿首谨启：昨天幸蒙无倦教诲《大学》，因乘船匆匆，未能作答。清早在船上稍有空闲，把您的信取出又拜读一遍。担心到江西后事务纷繁，先在此略作答复，请您指正。

来信赐教说："认识大道固然困难，但要体认大道就更困难。道的确不容易理解，学也确实不能不讲。恐怕不能停留在自己的见识上，把它看成学问的最高标准。"

真是十分荣幸！我怎么能听到这样的教诲？我岂敢自以为达到最高标准而心安理得？我所考虑的就是向天下有道的人求教。然而数年以来，天下之人听到我的学说，有的嘲笑，有的讥讽，有的辱骂，有的不屑一顾，他们怎么肯指导我、教诲我？他们怎么肯教导我，反复开导我，唯恐无法挽救我到正道？在天下钟爱我的人中，没有谁像您这样悉心指教，我该如何感激您啊？对"德之不修，学之不讲"的情况，孔子深感忧虑。但今天的学者只要略懂一点训诂，就自以为能够懂得学问，不再去讲究探求了，真是可悲！道必须体察后，才能有所认识，而不是先认识道，然后才下体察道的功夫；道必须通过学习，然后才能理解，而不是在讲学之外还有明道之事。然而，现在讲学的人有两种，一种用身心来讲学，一种用口耳来讲学。用口耳讲学的，揣测估摸，讲的尽是捕风捉影、似是而非的内容。用身心讲学的，能够把握事物的本质，都是自己具备的东西。明白了这一点，也就通晓孔子的学说了。

173

【原文】

来教谓某:"《大学》古本之复,以人之为学但当求之于内,而程、朱'格物'之说不免求之于外,遂去朱子之分章,而削其所补之传。"古本《大学》之争与朱子晚年定论之争,是心学与当时理学交锋之前沿也。

非敢然也。学岂有内外乎?《大学》古本乃孔门相传旧本耳。朱子疑其有所脱误,而改正补缉之,在某则谓其本无脱误,悉从其旧而已矣。失在于过信孔子则有之,非故去朱子之分章而削其传也。夫学贵得之心,求之于心而非也,虽其言之出于孔子,不敢以为是也,而况其未及孔子者乎?求之于心而是也,虽其言之出于庸常,不敢以为非也,而况其出于孔子者乎?且旧本之传数千载矣,今读其文词,即明白而可通,论其工夫,又易简而可入;亦何所按据而断其此段之必在于彼,彼段之必在于此,与此之如何而缺,彼之如何而补?而遂改正补缉之,无乃重于背朱而轻于叛孔已乎?此语甚妙!"背朱"与"叛孔",当世儒生当如何选?其理不言自明!然心学与理学之矛盾,也就自此不可调和了。

【译文】

您在来信中认为我"之所以要恢复《大学》的旧本,是由于我认为人们做学问应该在内心探求,而程、朱格物的观点不免要到心外去探求,于是否定了朱熹所分的章节,并删除了他所增补的传"。

我并不敢这样做。学问难道还有内外之分吗?《大学》的旧本也是孔子相传的旧本,朱熹怀疑它有遗漏错误之处,所以重新加以改正补充,我则认为《大学》旧本并未有遗漏错误之处,应该全部根据旧本罢了。我可能有过分信任孔子的过失,但并非刻意否定朱熹重分章节的做法,并删削他增补的传。学问最贵在心中有所获得,我心中认为是错误的,即便是孔子的言论,

我也不敢说它是正确的，何况那些还比不上孔子的人？我在心里认为是正确的，即便是平常人的言论，我也不敢认为是错误的，何况还是孔子说的呢？再者，旧本已继承流传了几千年，今天读它的文词，既明白又讲得通；就功夫而言，既简易又可行，又凭借什么来断定这段必须在那里，那段必须在这里呢，这个地方缺少了什么，那个地方又需要补充什么，并且随即加以改正并适当补充呢？这岂不是把背离朱熹看得过重，而把违逆孔子看得过轻呢？

↗ 174

【原文】

来教谓："如必以学不资于外求，但当反观内省以为务，则'正心诚意'四字亦何不尽之有？何必于入门之际，便困以'格物一段工夫也？"

诚然诚然！若语其要，则"修身"二字亦足矣，何必又言"正心"？"正心"二字亦足矣，何必又言"诚意"？"诚意"二字亦足矣，何必又言"致知"，又言"格物"？依其逻辑，而至归谬！惟其工夫之详密，而要之只是一事，此所以为"精一"之学，此正不可不思者也。夫理无内外，性无内外，故学无内外。整庵所分内外，其实是树藩篱。讲习讨论，未尝非内也；反观内省，未尝遗外也。夫谓学必资于外求，是以己性为有外也，是"义外"也，用智者也；谓反观内省为求之于内，是以己性为有内也，是"有我"也，"自私"者也，是皆不知性之无内外也。故曰："精义入神，以致用也；利用安身，以崇德也"；"性之德也，合内外之道也"。此可以知"格物"之学矣。

"格物"者，《大学》之实下手处，彻首彻尾，自始学至圣人，只此工夫而已。非但入门之际有此一段也。夫"正心""诚意""致知""格物"，皆所以"修身"；而"格物"者，其所用力，日可见之地。故"格物”者，格其心之物也，格其意之物也，格其知之物也；“正心”者，正其物之心也；“诚意”者，诚其物之意也；“致知”者，致其物之知也。此岂有内外彼此之分哉？理一而已。以其理之凝聚而言则谓之“性”，以其凝聚之主宰而言则谓之“心”，以其主宰之发动而言则谓之“意”，以其发动之明觉而言则谓之“知”，以其明觉之感应而言则谓之“物”；故就物而言谓之“格”，就知而言谓之“致”，就意而言谓之“诚”，就心而言谓之“正”。正者，正此也；诚者，诚此也；致者，致此也；格者，格此也。皆所谓穷理以尽性也。天下无性外之理，无性外之物。学之不明，皆由世之儒者认理为外，认物为外，而不知“义外”之说，孟子盖尝辟之，乃至袭陷其内而不觉，岂非亦有似是而难明者欤？不可以不察也！理、气、心、性，格、致、诚、正，一言而明！

【译文】

来信说：“若认为学问不必到心外寻求，只要专心返身自省就可以了，那么，‘正心诚意’四个字还有什么没有包括的吗？又何必在学问的着手处，用‘格物’这一功夫让人迷惑不解呢？”

正是，正是！如果说到做学问的关键，“修身”二字已经足够，又为什么非要讲“正心”呢？“正心”二字已经足够，又为什么要讲“诚意”呢？“诚意”二字已经足够，又为什么要讲“致知”呢？就是因为学问的功夫详尽周密，但简而言之却只是一件事。如此才是“精一”的学问，这也正是不得不深思的。理是没有内外之分的，性也没有内外之分，所以学也没有内外之分。讲习讨论，未尝就不是内；反观内省，未尝就抛开了外。如果以为学问一定要到心外寻求，那就是认为自己的本性是外在的，这就是“义外”，就是“用智”。如果说反观内省是在心内寻求，那就是认为自己的本性是内在的，这就是“有我”，就是“自私”。这两种说法都是不明白性无内外之分。所以说：“精义入神，以致用也；利用安身，以崇德也”；“性之德也，

合内外之道也”。由此就可以知道“格物”的主张了。

“格物”是《大学》切实的着手处，从头到尾，从初学到学成圣人，只有这一个功夫而已。并非只在入门时有这一功夫。正心、诚意、致知、格物，都是为了修身。格物，能够使人每天看见所下的功夫之处，所以格物是清除心中的物欲，清除意念中的物欲，清除认知中的物欲。正心，就是纠正物欲的心；诚意，就是使关于物的念头诚挚；致知，就是去除物欲，恢复良知。这哪里有内外、彼此的区别？理只有一个。从理的凝聚来说称为性，从凝聚的主宰处来说称为心，从主宰的发动来说称为意，从发动的清明觉察来说称为知，从清明觉察的感应来说称为物。所以，从物来说叫作格，从知来说叫作致，从意来说叫作诚，从心来说叫作正。正，就是正心；诚，就是诚理；致，就是致知；格，就是格物，都是为了穷尽天理而充分发挥本性。天下没有存在于本性之外的理，没有存在于本性之外的物。学习者之所以有不明白的地方，主要是因为世上的儒生主张理和物是外在的，而不知道以义为外的观点正是孟子曾反驳过的，以至于陷入错误之中而不自觉。这难道不是也有似是而非、难以说明的地方吗？不能不体察呀！

175

【原文】

凡执事所以致疑于“格物”之说者，必谓其是内而非外也，必谓其专事于反观内省之为，而遗弃其讲习讨论之功也，必谓其一意于纲领、本原之约，而脱略于支条、节目之详也，必谓其沈溺于枯槁、虚寂之偏，而不尽于物理、人事之变也。事实上，阳明先生最长于讲习、讨论之功，兼擅于支条、节目之详，尤尽于物理、人事之变！审如是，岂但获罪于圣门，获罪于朱子？是邪说诬民，叛道乱正，人得而诛之也，而况于执事之正直哉？审如是，世之稍明训诂，闻先哲之绪论者，皆知其非也，而况执事之高明哉？可以想见整庵来书指摘之严苛。凡某之所谓“格物”，其于朱子九条之说，皆包罗统括于其中。但为之有要，作用不同，正所谓毫厘之差耳。毫厘之差，便在有无良知以为原点与旨归。无毫厘之差，而千里之缪，实起于此，不可不辨。

【译文】

您之所以对我的格物观点心存疑虑，是因为您认为我只讲向内，而非向外；认为我只肯定反观内省，而摒除了讲学探讨的功夫；认为我只注重简约的纲领本源，而忽视了详细的细节条目；认为我深陷于枯槁虚寂之中，而不能穷尽物理人事的变化。若真是如此，我哪里只是圣学的罪人、朱子的罪人？这是用异端邪说欺骗百姓，扰乱正道，人人都可以讨伐诛灭。更何况您这样正直的人？若真是如此，世上略懂一些训诂，知晓一点先哲言论的人，也都能明白我是错误的，更何况您这样贤明的人？我所讲的格物，把朱熹所谓的九条全囊括进去了，但要领和作用与朱熹的不同，这正是人们说的有毫厘之差。但差之毫厘，可以产生失之千里的错误，所以不得不辨明。

↗ 176

【原文】

孟子辟杨、墨，至于“无父、无君”。二子亦当时之贤者，使与孟子并世而生，未必不以之为贤。墨子兼爱，行仁而过耳；杨子为我，行义而过耳。过，犹不及。此其为说，亦岂灭理乱常之甚，而足以眩天下哉？而其流之弊，孟子至比于禽兽夷狄，所谓“以学术杀天下后世”也。

今世学术之弊，其谓之学仁而过者乎？谓之学义而过者乎？抑谓之

学不仁、不义而过者乎？吾不知其于洪水、猛兽何如也。程朱理学之害，远甚洪水猛兽！孟子云："予岂好辩哉？予不得已也。"杨、墨之道塞天下。孟子之时，天下之尊信杨、墨，当不下于今日之崇尚朱说。而孟子独以一人呶呶于其间。噫，可哀矣！韩氏云："佛、老之害甚于杨、墨。"韩愈之贤不及孟子，孟子不能救之于未坏之先，而韩愈乃欲全之于已坏之后，其亦不量其力，且见其身之危，莫之救以死也。呜呼！若某者，其尤不量其力，果见其身之危，莫之救以死也矣！自孟子、昌黎而阳明先生，此皆"道济天下之溺"也！夫众方嘻嘻之中，而独出涕嗟若，语出离卦六五爻辞，泪如雨下貌。然居安思危，爻、象皆曰"吉"。故知阳明先生用语之深也！举世恬然以趋，而独疾首蹙额以为忧，此其非病狂丧心，殆必诚有大苦者隐于其中，而非天下之至仁，其孰能察之？

其为《朱子晚年定论》，盖亦不得已而然。整庵前则直指古本《大学》，此当有斥《朱子晚年定论》无疑。可见当时理学，纠葛所在。中间年岁早晚，诚有所未考，虽不必尽出于晚年，固多出于晚年者矣。然大意在委曲调停，阳明先生一片苦心！以明此学为重。平生于朱子之说，如神明蓍龟，一旦与之背驰，心诚有所未忍，故不得已而为此。"知我者谓我心忧，不知我者谓我何求。"盖不忍抵牾朱子者，其本心也，不得已而与之抵牾者，道固如是，"不直则道不见也"。吾爱吾师，吾更爱真理！执事所谓"决与朱子异"者，仆敢自欺其心哉？夫道，天下之公道也；学，天下之公学也。非朱子可得而私也，非孔子可得而私也。天下之公也，公言之而已矣。故言之而是，虽异于己，乃益于己也。言之而非，虽同于己，适损于己也。益于己者，己必喜之；损于己者，己必恶之。然则某今日之论，虽或于朱子异，未必非其所喜也。"君子之过，如日月之食，其更也，人皆仰之"；而"小人之过也必文"。某虽不肖，固不敢以小人之心事朱子也。可谓袒露心怀！可谓廓然大公！

【译文】

孟子严厉指责杨朱、墨子是“无父无君”的人。其实，杨朱、墨子也是当时的贤士。假若他们与孟子同处一个时代，也未必不被称为贤者。墨子主张“兼爱”，是行仁过了头；杨朱主张“为我”，是行义过了头。他们的学说难道是要毁灭天理、扰乱纲常，迷惑天下人吗？然而，他们的学说流行后所产生的弊端，被孟子比为禽兽、夷狄，认为是用学术来灭杀后世之人。

当今学术的弊端，是学仁太过分了？还是学义太过分了？还是学不仁、不义太过分了？我不知道他们与洪水猛兽相比有什么不同。孟子说：“予岂好辨哉？予不得已也。”因为杨朱和墨子的学说已被天下人信仰崇尚。孟子的时代，天下人对杨墨之学的推崇，不亚于今天的人推崇朱熹的观点，但只有孟子一人与他们争辩。唉，真可悲！韩愈说：“佛道的危害，远比杨朱、墨子还严重。”韩愈的贤明远不及孟子，孟子不能在世道人心败坏之前挽救这种学术弊端，韩愈却想在世道人心败坏之后加以拯救，他这也是不自量力。而且我们看到，他身陷危境也没有人救他。唉！像我这样的人，更是不自量力，知道自身面临的危险，却不知道救自己于死地。当众人欣喜欢悦时，我却流泪叹息；当世人怡然自得地同流合污时，我则独自忧心忡忡、愁眉不展。如果我不是精神错乱、丧失理智，就一定是有极大的痛苦潜藏心中，如果没有达到天下至仁的人，有谁能够体察呢？

我写《朱子晚年定论》，也是不得已而为之。其中一些年代的早晚，的确有些未经考证。虽然不一定都出自朱熹晚年，但大部分是写于晚年的。我的本意在于婉转调解朱、陆的论争，以阐明圣学为重点。我生平对于朱熹的学说奉若神明，一旦发现与它背道而驰，心里的确也很难受，因此是不得已而为之。“知我者谓我心忧，不知我者谓我何求。”不忍心与朱熹的学说相抵触，是我的本心；无奈之下与它抵触，是因为道原本如此，不直接论说，道就不能显现啊！您认为我是执意要与朱熹不同，我岂敢自我欺骗？道，原本是天下普遍的道；学，原本是天下共有的学。这些并不是朱熹私有的，也

不是孔子私有的。既然是天下之公，只能秉公而论。所以，如果说的对，即使与自己的观点不同，也对自己有益；如果说的不对，即使与自己的观点相同，也对自己有损害。对自己有益的，一定会喜欢它；对自己有害的，一定会厌恶它。那么，我今天所讲的即使与朱熹不同，未必不是他所喜欢的。君子的过失，如同日食、月食，更改的时候，必为万众瞻仰。然而，小人对自己的过失，则一定会加以掩饰。我虽然不贤，但怎么敢用小人的心态来对待朱熹呢？

177

【原文】

执事所以教，反复数百言，皆以未悉鄙人“格物”之说。朱熹亦尤重格物，然耽于字义，过犹不及。整庵后有理、气合一之说，说明亦见朱子之非也。若鄙说一明，则此数百言皆可以不待辨说而释然无滞。故今不敢缕缕，以滋琐屑之渎。然鄙说非面陈口析，断亦未能了了于纸笔间也。嗟乎！执事所以开导启迪于我者，可谓恳到详切矣。人之爱我，宁有如执事者乎？仆虽甚愚下，宁不知所感刻佩服？然而不敢遽舍其中心之诚然而姑以听受云者，正不敢有负于深爱，亦思有以报之耳。秋尽东还，必求一面，以卒所请，千万终教！道心坚定如是！文辞谦逊如是！先生折节如是！

【译文】

您的谆谆教诲，反复数百言，都是因为不理解我的格物主张。如果了解了我的主张，那么，您所讲的即使不用辩论，也不会有什么疑惑了。所以，我不敢再细细述说，以免累赘。不过，我的主张如果不当面陈述，用纸笔一下子是很难说清楚的。唉！您对我的开导启示，真是诚恳而又周详。钟爱我的人，谁又能像您这样呢？我虽然愚钝，又怎能不感激、敬佩您呢？但是，我不敢骤然舍弃心中真切的想法而听从您的教诲，正是因为不敢辜负您的厚爱，也想以此来报答您。秋后返家时，一定去拜见您，以便当面向您请教，到时万望不吝赐教。

答聂文蔚

与其尽信于天下，不若真信于一人

↗ 178

【原文】

春间远劳迂途枉顾，问证惓惓，此情何可当也！事在嘉靖五年（1526）春，聂豹因公赴闽，经杭城闻阳明先生讲学于绍兴，豹遂不顾同行劝阻，专赴绍兴向阳明先生请教。已期二三同志，更处静地，扳留旬日，少效其鄙见，以求切劘之益。劘者磨也，切磋琢磨也。而公期俗绊，势有不能，别去极怏怏，如有所失。阳明先生爱讲学、论学，一至如斯！忽承笺惠，反复千余言，读之无甚浣慰。中间推许太过，盖亦奖掖之盛心，而规砺真切，思欲纳之于贤圣之域。又托诸崇一以致其勤勤恳恳之怀，此非深交笃爱，何以及是？知感知愧，且惧其无以堪之也。虽然，仆亦何敢不自鞭勉，而徒以感愧辞让为乎哉！

其谓"思、孟、周、程无意相遭于千载之下，与其尽信于天下，不若真信于一人。所言子思、孟子、濂溪、明道而下，而不言伊川、晦庵者，是识儒学正宗一脉也。道固自在，学亦自在，天下信之不为多，一人信之不为少"者，斯固君子"不见是而无闷"之心，岂世之谫谫屑屑者知足以及之乎？乃仆之情，则有大不得已者存乎其间，而非以计人之信与不信也。聂豹，有明一代廉吏，与崇一俱为江右王门之佼佼者。另，豹授业徐阶，徐阶授业张居正，两代名相，足见所出！

【译文】

春季，有劳您自远方绕道光临寒舍，又不知疲倦地问辩求证，此等情分，我岂敢担当？本来，我与几位朋友相约，找一个安静的地方，住上十天半月，探讨一下我的观点，以便在彼此切磋中有所进益。然而，您因公务在身，不能久留，分别后，我郁郁寡欢，若有所失。忽然收到您的来信，前后数千言，读了之后甚感欣慰。信中对我的过奖之处，不过是您对我的鼓励提携之情。其中的规劝砥砺十分真切，是想促进我入圣贤之列。另外，您又拜托崇一，让他转达您的殷切关怀，若不是交往亲密，爱心深厚，又怎能如此？我既感激又愧疚，担心辜负您对我的一片心意。既然如此，我又怎敢不鞭策、勉励自己，而只在那里感愧、谦让呢？

您说，“子思、孟子、周敦颐和程颢，他们无意于在千年之后遇到知音，与其让天下人都相信，倒不如让一个人真相信。道依然存在，学问也依然存在，全天下人都去信奉它不为多，只有一个人笃信也不为少”。这固然是君子“不见是而无闷”的心态，但世上浅薄鄙陋之人又怎能明白这一点呢？而对我来说，其中有许多不得已而为之的现象，并不是斤斤计较于别人信与不信。

↗ 179

【原文】

夫人者，天地之心。天地万物，本吾一体者也。故言：“为天地立心！”生民之困苦荼毒，孰非疾痛之切于吾身者乎？故言：“为生民立命！”不知吾身之疾痛，无是非之心者也。是非之心，不虑而知，不学而能，所谓“良知”也。良知之在人心，无间于圣愚，天下古今之所同也。世之君子惟务致其良知，则自能公是非，同好恶，视人犹己，视国犹家，而以天地万物为一体，求天下无治，不可得矣。古之人所以能见善不啻若己出，见恶不啻若己入，视民之饥溺犹己之饥溺，而一夫不获，若己推而纳诸沟中者，非故为是而以蕲天下之信己也，务致其良知求自慊而已矣。非求天下之信己，而求自慊为天下！尧、舜、三王之圣，言而民莫不信者，致其良知而言之也；行而民莫不说者，致其良知而行之也。是以其民熙熙皞皞，杀之不怨，利之不庸。施及蛮貊，而凡有血气者莫不尊亲，为其良知之同也。呜呼！圣人之治天下，何其简且易哉！大道本来简易！

【译文】

人就是天地的心。天地万物与我原本为一体。平民百姓遭受的困苦荼毒，哪一件不是自己的切肤之痛？不知道自身的疼痛，是没有是非之心的人。人的是非之心，无须考虑就能知道，无须学习就能具备，这就是所谓的良知。良知存在于人心之内，不论圣贤还是愚笨之人都没有什么区别，从古至今都是一样的。世上的君子，只要一心致其良知，就自然能辨别是非，具备共同的好善厌恶之心，待他人如同待己，爱国如同爱家，把天地万物视为一体，求得国家的大治。古人之所以看到善就像自己做了好事，看到恶就像自己做了坏事，把百姓的饥饿困苦看作自己的饥饿困苦，一个人没有安顿好，就像是自己把他推进了阴沟，这样做并不是想以此获得天下人的信任，而是一心致良知求得自己心安罢了。尧、舜、禹、汤等圣人，他们说的话百姓们没有不信任的，这是因为他们的话都是致良知之后才说的；他们做的事百姓们没有不喜欢的，这是因为他们所做的都是致良知之后才做的。因此，他们的百姓和乐安居，即便被处死也没有怨恨之心；百姓们即使获得利益，圣人也不引以为功。把这些推广到蛮夷地区，凡是有血气的人无不孝敬自己的父母，因为他们的良知是相同的。哎！圣人治理天下，是多么简单易行啊！

↗ 180

【原文】

后世良知之学不明，天下之人用其私智以相比轧，是以人各有心，而偏琐僻陋之见，狡伪阴邪之术，至于不可胜说。外假仁义之名，而内以行其自私自利之实；诡辞以阿俗，矫行以干誉；掩人之善而袭以为己长，讦人之私而窃以为己直；忿以相胜而犹谓之徇义，险以相倾而犹谓之疾恶；妒贤忌能而犹自以为公是非，恣情纵欲而犹自以为同好恶。相陵相贼，自其一家骨肉之亲，已不能无尔我胜负之意、彼此藩篱之形；而况于天下之大、民物之众，又何能一体而视之？则无怪于纷纷籍籍而祸乱相寻于无穷矣。阳明先生之致良知说，非独一身、一心之论，更在家国、天下、族群、文明之思，故为华夏之福祉也！

【译文】

后世关于良知的学问不再显露，天下的人各用自己的私心巧智彼此倾轧。所以，人们各有各的打算，偏僻浅陋的见解、阴险诡诈的手段不可胜数。他们假借仁义的名号，暗自干着自私自利的事；用诡辩的言辞迎合世俗，用虚伪的行动沽名钓誉；掠他人之美当作自己的长处，攻击别人的隐私还以为自己正直；因为怨恨而压倒别人，还要说成是追求正义；阴谋陷害他人，还要说成是疾恶如仇；妒忌贤能，还说自己是主持公道；恣纵情欲，还自认为是爱憎分明。人与人之间彼此蹂躏，互相迫害，即使是骨肉至亲，也不能不存个争强好胜的心思，彼此之间有着很深的隔膜；更何况天下之大，百姓众多，事物纷繁，又怎么能把他们看作是与自己一体的呢？因此，天下动荡不安、战乱频频，也就见怪不怪了。

↗ 181

【原文】

仆诚赖天之灵，偶有见于良知之学，以为必由此而后天下可得而治。是以每念斯民之陷溺，则为之戚然痛心，忘其身之不肖，而思以此救之，亦不自知其量者。天下之人见其若是，遂相与非笑而诋斥之，以为是病狂丧心之人耳。

呜呼！是奚足恤哉？吾方疾痛之切体，而暇计人之非笑乎？人固有见其父子兄弟之坠溺于深渊者，呼号匍匐，裸跣颠顿，扳悬崖壁而下拯之。士之见者，方相与揖让谈笑于其旁，以为是弃其礼貌衣冠而呼号颠顿若此，是病狂丧心者也。故夫揖让谈笑于溺人之旁而不知救，此惟行路之人，无亲戚骨肉之情者能之。然已谓之无恻隐之心，非人矣。若夫在父子兄弟之爱者，则固未有不痛心疾首，狂奔尽气，匍匐而拯之。彼将陷溺之祸有不顾，而况于病狂丧心之讥乎？而又况于蕲人信与不信乎？

呜呼！今之人虽谓仆为病狂丧心之人，亦无不可矣。天下之人心皆吾之心也，天下之人犹有病狂者矣，吾安得而非病狂乎？犹有丧心者矣，吾安得而非丧心乎？先生此言，痛切淋漓，亦是一种别样“狂人日记”语！读之，尤为感怀！思之，尤为感佩！

【译文】

有赖于上天的庇护，我偶然间发现了良知学说，认为只有致良知，天下才能得到治理。所以，每当想到百姓的困苦，我就十分沉痛，不顾自己不肖无才，希望用良知来挽救百姓，拯治天下，也是不自量力。天下人看到我这样，都来讥讽我，诽谤我，说我是丧心病狂的人。

唉！这又有什么可以顾虑的？我正经受着切肤的疼痛，哪有空闲在意别人的讥讽？如果有人看到自己的父子兄弟坠入深渊，一定会大喊大叫，不顾弃鞋丢帽，奋不顾身地下去解救。士人们看到这种情况，却在一旁作揖打恭，谈笑风生，认为这个人丢弃衣帽、大喊大叫，是个精神失常的人。看到有人落水，依然在那里揖让谈笑而不去救落水之人，是那些没有骨肉之情的人才做得出的事。然而，孟子说过："无恻隐之心，非人矣。"如果是有亲情的人看见了，一定会痛心疾首，奔走呼号，竭尽全力去解救他们。此时，他们置自己生命的安危于不顾，哪里还有精力去在乎被讥笑为心智失常呢？又怎么会在意别人的信或不信呢？

唉！如今即使有人认为我是个精神失常的人，也无关紧要了。天下人的心，都是我的心。天下的人中有精神失常的，我又怎么不能精神失常呢？天下的人中有心智疯狂的人，我又怎么不能心智疯狂呢？

↗ 182

【原文】

昔者孔子之在当时，有议其为谄者，有讥其为佞者，有毁其未贤，诋其为不知礼，而侮之以为东家丘者，有嫉而沮之者，有恶而欲杀之者。议、讥、毁、诋、侮、嫉、沮，小人何毒！夫子何难！千年而下，世况尤然！晨门[1]、荷蒉[2]之徒，皆当时之贤士，且曰"是知其不可而为之者欤""鄙哉，硁硁乎！莫己知也，斯已而已矣"。虽子路在升堂之列，尚不能无疑于其所见，不悦于其所欲往，而且以之为迂。则当时之不信夫子者，岂特十之二三而已乎？然而夫子汲汲遑遑，若求亡子于道路，而不暇于暖席者，宁以蕲人之知我、信我而已哉？盖其天地万物一体之仁，疾痛迫切，虽欲已之而自有所不容已。故其言曰："吾非斯人之徒与而谁

1 晨门，古代隐士。

2 荷蒉，古代隐士。

与？”“欲洁其身而乱大伦。”“果哉，末之难矣！”

鸣呼！此非诚以天地万物为一体者，孰能以知夫子之心乎？若其“遁世无闷”“乐天知命”者，则固“无入而不自得”“道并行而不相悖”也。

【译文】

从前孔子在世的时候，有的人议论他是阿谀奉承之人，有的讥讽他是花言巧语的小人，有的诽谤他不够贤明，有的诋毁他不懂礼节，有的蔑称他就是隔壁家的丘儿，有的因妒忌而败坏他的名声，有的因为憎恨甚至想要他的命。即使当时像晨门、荷蒉这样的贤明之士，也说他是“知其不可而为之者”“鄙哉，硁硁乎！莫己知也，斯已而已矣”。虽然子路是孔子的门徒，也不能对孔子完全理解，对孔子想去见南子表示极大的不满，并且认为孔子迂腐。当时不相信孔子的人何止十分之二三呢？但是，孔子依然奔忙不已，就像在路上寻找失踪的儿子，四处奔波，坐不暖席，难道是为了别人能理解、相信自己吗？究其原因，是因为他有天地万物一体的仁爱之心，深感切肤之痛，即使想停下来也身不由己。因此他说：“吾非斯人之徒与而谁与？”“欲洁其身而乱大伦”“果哉！末之难矣！”

唉！如果不是真诚地与天地万物为一体的人，又有谁能理解孔子的心情呢？至于那些“遁世无闷”“乐天知命”的人，自然可以做到“无入而不自得”和“道并行而不相悖”了！

↗ 183

【原文】

仆之不肖，何敢以夫子之道为己任？幸得先生之肖，终以夫子之道为己任！顾其心亦已稍知疾痛之在身，是以彷徨四顾，将求其有助于我者，相与讲去其病耳。今诚得豪杰同志之士，扶持匡翼，共明良知之学于天下，使天下之人皆知自致其良知，以相安相养，去其自私自利之蔽，一洗谗妒胜忿之习，以济于大同，则仆之狂病固将脱然以愈，而终免于丧心之患矣，岂不快哉？

嗟乎！今诚欲求豪杰同志之士于天下，非如吾文蔚者，而谁望之乎？如吾文蔚之才与志，诚足以援天下之溺者。期许如是！今又既知其具之在我，而无假于外求矣，循是而充，若决河注海，孰得而御哉？文蔚所谓一人信之不为少，其又能逊以委之何人乎？文蔚则此“一人”乎！斯世当以同怀视之也！

【译文】

鄙人无才，怎么敢以孔圣人的道作为己任。我心中也已经知晓身上的疾痛，所以才徘徊不前，四处彷徨，希望寻找到一个能帮助我的人，相互讲习，设法去除我身上的毛病。如今，能得到志同道合的杰出人才来扶持我，匡正我，共同使良知之学光大于天下，让全天下的人都能够致良知，彼此帮助，互相启发，剔除自私自利的毛病，洗去诋毁、嫉妒、好胜、忿恨等恶习，以实现天下大同，我的狂放之病自然就会即刻痊愈，最终免于心智疯狂的忧患。这岂不是痛快？

唉！现在真的想要寻觅天下志同道合的人才，除了你，我又寄希望于谁呢？你的才能和志向，足以能够拯救天下受难的劳苦大众。如今既然明白一切就在自己心中，不必向外索求，那么遵循这个并加以发展，就如同江河决口入注大海，还有什么能抵御呢？正如你所言，即使一个人真的笃信也不少，又怎么能谦虚地让给其他人呢？

↗ 184

【原文】

会稽素号山水之区。深林长谷，信步皆是，寒暑晦明，无时不宜。安居饱食，尘嚣无扰，良朋四集，道义日新。优哉游哉！天地之间宁复有乐于是者？山阴道上，非止山川景物，思想灿烂，亦使人应接不暇！孔子云：“不怨天，不尤人，下学而上达。”仆与二三同志方将请事斯语，奚暇外慕？独其切肤之痛，切肤之痛，正在民胞物与！乃有未能恝然者，辄复云云尔。

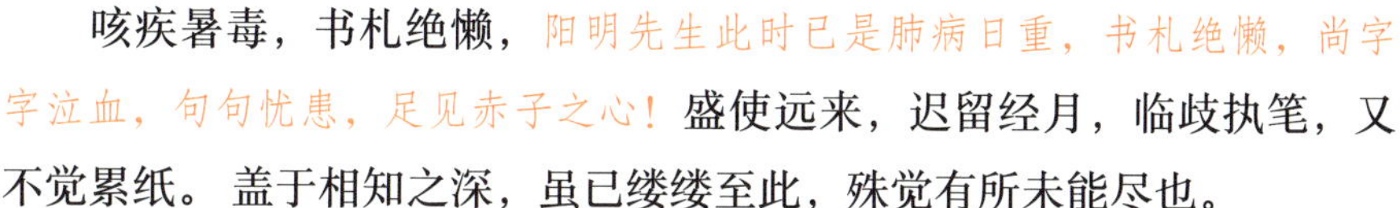

咳疾暑毒，书札绝懒，阳明先生此时已是肺病日重，书札绝懒，尚字字泣血，句句忧患，足见赤子之心！盛使远来，迟留经月，临歧执笔，又不觉累纸。盖于相知之深，虽已缕缕至此，殊觉有所未能尽也。

【译文】

会稽素被称作山清水秀的地区。茂密的树林、悠长的山谷随处都能看到，春夏秋冬的气候适宜。安居无忧，远离尘俗，好朋友从四处聚集于此，切磋道义，每日都有新的见解。如此逍遥自在，天地之间还有又如这般的快乐吗？孔子说：“不怨天，不尤人，下学而上达。”我和数位志同道合的朋友，正要按照孔子的话去做，哪里还有空余时间去恋慕心外之物？只有这切肤之痛，却不能无动于衷，所以写了上面的一番话。

我因咳嗽又加上暑热，懒于写信。你盛意拳拳，派人远来，逗留月余，临行前拿起笔，不知不觉间又写了这些。我们相知甚深，虽然已经谈了这么多，还是觉得许多话没说完。

二

良知之妙用，语大天下莫能载，语小天下莫能破

185

【原文】

得书，见近来所学之骤进，喜慰不可言。谛视数过，其间虽亦有一二未莹彻处，却是致良知之功尚未纯熟，到纯熟时自无此矣。譬之驱车，既已由于康庄大道之中，或时横斜迂曲者，乃马性未调，衔勒不齐之故。然已只在康庄大道中，决不赚入旁蹊曲径矣。得名师，方得入康庄大道也！近时海内同志，到此地位者曾未多见，喜慰不可言，斯道之幸也！

贱躯旧有咳嗽畏热之病，近入炎方，辄复大作。主上圣明洞察，责付甚重，不敢遽辞。地力军务冗沓，皆舆疾从事。今却幸已平定，已具本乞回养病，得在林下稍就清凉，或可瘳耳。人还，伏枕草草，不尽倾企。读至"伏枕草草"，不觉泪下潸然！阳明先生此书作于嘉靖七年（1528）冬十月，不过月余，至十一月廿九日，阳明先生即病逝于归乡途中。此书当是先生平生绝笔信矣。当时先生既平广西匪患，又肺疾发作良久，更被朝中桂萼掣肘，以致病重归乡之请亦被朝廷搁置不理。然先生病痛困顿中，却能为学生伏枕作书，洋洋洒洒，析理辨学，一至如斯！真万世之师表，一代之先生也！外惟浚[1]一简，幸达致之。

1 惟浚，即陈九川，字惟浚，号明水，王阳明弟子。

【译文】

来信已收到，看到你最近在学问上大有进步，欣慰之情难以言表。你的信我认真看读了几遍，其中虽有一两处不太透彻，那只是因为致良知的功夫还不够纯熟，等功夫纯熟时，这种现象自然会不复存在。这好比是驾车，已经行走在康庄大道上，有时出现的迂回曲折，是由于马性还未调养好，或者是缰绳还没有勒紧。但是，既然已经在康庄大道之上，就绝对不会误入旁门小道。最近，海内诸多朋友中达到这一步的尚不多见，我甚感欣慰。这真是圣道的一大幸事。

我原本就有咳嗽怕热的疾病，到了炎热的地方，动不动就复发得厉害。皇上英明洞察，托付给我的责任重大，我不敢立刻推辞。地方上的军务繁杂，都是带病处理的，好在如今动乱已经平定，已并奏请皇上允准回家养病，若能在家乡避暑，也许还能够痊愈。来人即将返回，我伏在枕上写信，草草几句不能表达我的倾慕和企盼。另外，有一封给陈九川的信，要请你代为转交了。

↗ 186

【原文】

来书所询，草草奉复一二。

近岁来山中讲学者，往往多说“勿忘勿助”工夫甚难。问之，则云“才着意便是助，才不着意便是忘”，所以甚难。区区因问之云“忘是忘个甚么？助是助个甚么？”此种追问之法甚佳！其人默然无对，始请问。区区因与说，我此间讲学，却只说个“必有事焉”，不说“勿忘勿助。”“必有事焉”者只是时时去“集义”。若时时去用“必有事”的工夫，而或有时间断，此便是忘了，即须“勿忘”；时时去用“必有事”的工夫，而或有时欲速求效，此便是助了，即须“勿助”。其工夫全在“必有事焉”上用，“勿忘勿助”，只就其间提撕警觉而已。“必有事焉”为本，为主。“勿忘勿助”为末，为辅。若是工夫原不间断，即不须更说“勿忘”；原不欲速求效，即不须更说“勿助”。此其工夫何等明白简易！何等洒脱自在！今却不去“必有事”上用工，而乃悬空守着一个“勿忘勿助”，此正如烧锅煮饭，锅内不曾渍水下米，而乃专去添柴放火，不知毕竟煮出个甚么物来？吾恐火候未及调停，而锅已先破裂矣。此例形象生动，言语更活有趣！近日一种专在“勿忘勿助”上用工者，其病正是如此。终日悬空去做个“勿忘”，又悬空去做个“勿助”，漭漭荡荡，全无实落下手处，究竟工夫只做得个沉空守寂，学成一个痴呆汉，才遇些子事来，即便牵滞纷扰，不复能经纶宰制。竟有雪芹先生红楼之文风！此皆有志之士，而乃使之劳苦缠缚，担搁一生，皆由学术误人之故，甚可悯矣！

【译文】

你来信所问的问题，我简单做些答复。

近年来到山上讲学的人，常常说“勿忘勿助”的功夫很难。向他们询问其中的理由，他们便说，稍略在意就是助，稍不用心就是忘，所以很难掌握。我于是问他们：“忘是忘了什么？助是助了什么？”他们都不能作答，便向我请教。我因此对他们说，我在这里讲学，只说一个“必有事焉”，从不说“勿忘勿助”。“必有事焉”，就是要时刻“集义”，时刻都在用“必有事”的功夫，如果有时出现间断，那就是忘，那就必须做到“勿忘”。时刻在用“必有事”的功夫，有时想要快速见效，这就是助，这就必须做到“勿助”。所以，功夫都用在“必有事焉”上；“勿忘勿助”只在其中起到提醒、警觉的作用。如果功夫本来就没有间断，就不需要说什么“勿忘”；如果下功夫本来就不想求速效，也就不用说“勿助”了。这是多么明白易懂，多么洒脱自在！如今不在“必有事”上用功，只空守着一个“勿忘勿助”，就好比烧火煮饭，锅里不添水下米，却去添柴加火，不知能烧出什么来？只恐怕火还没来得及调好，灶上的锅就先破裂了。近来专在“勿忘勿助”上用功的人，犯的错误就在这里。成天空谈“勿忘勿助”的功夫，四处奔波，却完全没有切实下手的地方。到头来做的只是个死守空寂的功夫，变成一个痴汉，遇到一点难题，就被牵滞得心烦意乱，无法有条有理地处理。这些都是有志之士，然而忧劳困苦，耽误一生，这都是被错误的学术所误，真是可惜啊！

↗ 187

【原文】

夫“必有事焉”只是“集义”，“集义”只是“致良知”。说“集义”则一时未见头脑，说“致良知”即当下便有实地步可用功。故区区专说“致良知”。故说法之选择，也很重要！随时就事上致其良知，便是“格物”；着实去致良知，便是“诚意”；着实致其良知，而无一毫“意必固我”，便是“正心”；着实致良知，则自无忘之病；无一毫“意必固我”，则自“无助”之病。故说“格、致、诚、正”，则不必更说个“忘”“助”。孟子说“忘”“助”，亦就告子得病处立方。告子强制其心，是“助”的病痛，故孟子专说助长之害。告子助长，亦是他以义为外，不知就自心上“集义”，在“必有事焉”上用功，是以如此。若时时刻刻就自心上“集义”，则良知之体洞然明白，自然是是非非纤毫莫遁，又焉有“不得于言，勿求于心；不得于心，勿求于气”之弊乎？孟子“集义”“养气”之说，固大有功于后学，然亦是因病立方，说得大段，不若《大学》“格、致、诚、正”之功，尤极精一简易，为彻上彻下，万世无弊者也。原委道出，方见学问精察之功。

【译文】

"必有事焉"只是"集义","集义"只是"致良知"。说到"集义",或许一时还把握不住关键所在。说到"致良知",第一时间就可以切实用功了。所以,我只说"致良知",随时在事上致良知,就是"格物";实实在在地去致良知,就是"诚意";实实在在地致良知,没有丝毫的私心妄意,就是"正心"。实实在在地致良知,自然不会有"忘"的毛病;没有主观臆断、片面绝对、固执己见、我行我素,也自然不会有"助"的毛病。因此,说到"格物、致知、诚意、正心"的时候,也就不用再说"勿忘勿助"了。孟子主张"勿忘勿助",也是就告子的毛病而言的。告子主张强制人心,这是犯了"助"的毛病,所以孟子专门谈助长的危害。告子助长,是因为他以为义是外在的,不懂得在自己的心中"集义",在"必有事焉"上用功,所以才会犯错误。如果时时从自己的心中去"集义",那以,良知的本体便会豁然开朗,是是非非也就自然明辨,丝毫不能逃脱,又怎么会有"不得于言,勿求于心。不得于心,勿求于气"的毛病呢?孟子"集义""养气"的主张,对后来的学问固然有很大贡献,但他也是因病施药,只是说个大概,不比《大学》中"格物、致知、诚意、正心"的功夫,非常精一,特别简易,是上下贯通,没有任何弊病的功夫。

↗ 188

【原文】

圣贤论学,多是随时就事,虽言若人殊,而要其工夫头脑,若合符节。缘天地之间,原只有此性,只有此理,只有此良知,只有此一件事耳。必有事焉!只一事焉!故凡就古人论学处说工夫,更不必搀和兼搭而说,自然无不吻合贯通者;才须搀和兼搭而说,即是自己工夫未明彻也。

明彻，必不搀和兼搭！

近时有谓“集义”之功，必须兼搭个“致良知”而后备者，则是“集义”之功尚未了彻也。“集义”之功尚未了彻，适足以为“致良知”之累而已矣。谓“致良知”之功，必须兼搭一个“勿忘勿助”而后明者，则是“致良知”之功尚未了彻也；“致良知”之功尚未了彻也，适足以为“勿忘勿助”之累而已矣。若此者，皆是就文义上解释牵附，以求混融凑泊，而不曾就自己实工夫上体验，是以论之愈精，而去之愈远。

文蔚之论，其于“大本、达道”既已沛然无疑，至于“致知”“穷理”及“忘助”等说，时亦有搀和兼搭处，却是区区所谓康庄大道之中，或时横斜迂曲者，到得工夫熟后，自将释然矣。点拨批评，引导鼓励，可谓谆谆善诱！

【译文】

圣贤讲学，常常是因时事而发。他们所说的好像各不相同，但其中功夫的根本却是一致的。在天地之间，原本只有一个性，只有一个理，只有一个良知，只有一件事情。因此，只要是就古人论学上说功夫，根本不用掺杂搭配地讲解，自然能够融会贯通。如果需要掺杂搭配地讲解，那是因为自己的功夫还不够纯熟。

近来，有人认为“集义”的功夫必须搭配良知才算完备，这是对“集义”功夫的理解还不透彻。“集义”的功夫不透彻，便正好成了致良知的负担。认为致良知这一功夫必须与勿忘勿助搭配起来才能明白，是因为致良知的功夫还不纯熟；致良知的功夫不纯熟，又正好成了勿忘勿助的负担。这些都是在文义上勉强地解释，以求融会贯通，还未曾就自己实在的功夫上体悟，所以说得越细致，偏离得就越远。

你的观点，在“大本达道”方面不存在问题，至于“致知”“穷理”“勿忘勿助”等观点，有时也有掺杂搭配之处，这也就是我前面讲的，在康庄大道上出现的迂回曲折的情况。等到功夫纯熟后，这种情况就会消失得无影无踪。

189

【原文】

文蔚谓“致知之说，求之事亲、从兄之间，便觉有所持循”者，此段最见近来真切笃实之功。但以此自为不妨，自有得力处，以此遂为定说教人，却未免又有因药发病之患，亦不可不一讲也。易本末倒置也。

盖良知只是一个天理。自然明觉发见处，只是一个真诚恻怛，便是他本体。故致此良知之真诚恻怛，以事亲便是孝；致此良知之真诚恻怛，以从兄便是弟；致此良知之真诚恻怛，以事君便是忠。只是一个良知，一个真诚恻怛。若是从兄的良知不能致其真诚恻怛，即是事亲的良知不能致其真诚恻怛矣；事君的良知不能致其真诚恻怛，即是从兄的良知不能致其真诚恻怛矣。故致得事君的良知，便是致却从兄的良知，便是致得从兄的良知，便是致却事亲的良知。不是事君的良知不能致，却须又从事亲的良知上去扩充将来。如此，又是脱却本原，着在支节上求了。良知只是一个，随他发见流行处，当下具足，更无去来，不须假借。然其发见流行处，却自有轻重厚薄，毫发不容增减者，所谓天然自有之中也。虽则轻重厚薄，毫发不容增减，而原又只是一个。虽则只是一个，而其间轻重厚薄，又毫发不容增减。若可得增减，若须假借，即已非其真诚恻怛之本体矣；此良知之妙用，所以无方体，无穷尽，“语大天下莫能载，语小天下莫能破”者也。古希腊“原子”一词，最早翻译成汉语便译作“莫破”。参照阳明先生此语，细思亦极有趣！

【译文】

你认为“致知的主张，从孝亲敬兄中寻求，就感觉到有所依循”。从这里可看出你近来真切笃实的功夫。不过，从此处下功夫自然无妨，要一个着力之处。但如果认为这是可以用来教导别人的定论，难免又会出现用药不当而生病的情况，在这里不得不讲一讲。

良知只是一个天理。它是自然明觉显现出来的，只是真诚恳切，也就是良知的本体。所以，用致良知的真诚恳切去侍奉父母，就是孝；用致良知的真诚恳切去尊敬兄长，就是悌；用致良知的真诚恳切去辅佐君主，就是忠。只有一个良知，只有一个真诚恳切。如果尊敬兄长的良知，不能达到真诚恳切，也就是侍奉父母的良知不能达到真诚恳切。如果辅佐君主的良知不能达到真诚恳切，也就是尊敬兄长的良知不能达到真诚恳切。因此，能致辅佐君主的良知，就是能致尊敬兄长的良知。能致尊敬兄长的良知，就是能致侍奉父母的良知。但这并不是说，如果辅佐君主的良知不能致，却要从侍奉父母的良知上去扩展出来。这样理解，就又脱离了根本，而局限于细枝末节上了。良知只是一个，随着良知的显现和作用，它本身就是完善的，不用再去寻求，也不用假借于外。然而，良知的显现与作用处，自然有重轻厚薄的区别，不容丝毫的增减。这正是程颐所谓的“天然自有之中”。虽然重轻厚薄不容增减分毫，但良知本体只是一个。虽然本体只是一个，但其中的重轻厚薄又不容增减分毫。如果能增减，能向外求借，也就不是真诚恳切的本体了。良知的妙用之所以无方位、无形体，无穷无尽，就是因为说它大，天下任何东西都载不下它；说它小，天下任何东西都没法破开它。

↗ 190

【原文】

孟氏“尧、舜之道，孝弟而已”者，使就人之良知发见得最真切笃厚、不容蔽昧处提省人。使人于事君、处友、仁民、爱物，与凡动静语默间，皆只是致他那一念事亲、从兄真诚恻怛的良知，即自然无不是道。动静语默，但致良知，无不是道！盖天下之事虽千变万化，至于不可穷诘，而但惟致此事亲、从兄一念真诚恻怛之良知以应之，则更无有遗缺渗漏者，正谓其只有此一个良知故也。事亲、从兄一念良知之外，更无有良知可致得者。故曰：“尧、舜之道，孝弟而已矣。”此所以为“惟精惟一”之学，放之四海而皆准，“施诸后世而无朝夕”者也。“施诸”之言，语出《礼记》曾子论孝。

文蔚云：“欲于事亲、从兄之间，而求所谓良知之学。”就自己用功得力处如此说，亦无不可。若曰“致其良知之真诚恻怛，以求尽夫事亲、从兄之道焉”，亦无不可也。明道[1]云：“行仁自孝、弟始。孝、弟是仁之一事，谓之行仁之本则可，谓是仁之本则不可。”其说是矣。或为伊川所言。

【译文】

孟子认为“尧舜之道，孝悌而已”，这是从人的良知最真切笃实、不容隐藏的地方提醒人，使人在辅佐君主、结交朋友、仁爱百姓、关爱万物和动静语默中，都一心地去推致那孝亲、敬兄的真诚恳切的良知，如果真是这样就无处不是道了。天下之事虽然千变万化，乃至无穷无尽，但只要推致这孝亲、敬兄的真诚恳切的良知，应付千变万化就不存在疏漏的问题，这正是

1 明道，即程颢。但此语出自《河南程氏遗书》，应为程颐语。

只有一个良知的原因。除了一心孝亲、敬兄的良知外，再别无其他的良知可致。因此，孟子才说“尧舜之道，孝悌而已”。这正是“惟精惟一”的学问，放之四海而皆准，在后世施行也无一例外。

你说：“想在孝亲、敬兄之间，寻求良知的学问。”就自己用功的着手处而言，没有什么不可。如果说要从致其良知的真诚恳切中，求得尽到孝亲、敬兄之道，也未尝不可。程氏说：“行仁自孝弟始，孝弟是仁之一事，谓之行仁之本则少，谓是仁之本则不可。”这句话说得十分正确。

↗ 191

【原文】

“亿”“逆”“先觉”之说，文蔚谓“诚则旁行曲防，皆良知之用”，甚善甚善！阳明先生一生百战不殆，旁行曲防固多矣！间有搀搭处，则前已言之矣。惟浚之言，亦未为不是。在文蔚须有取于惟浚之言而后尽，在惟浚又须有取于文蔚之言而后明。非独教学相长，亦有同学相长！不然，则亦未免各有倚着之病也。“舜察迩言，而询刍荛”，非是以迩言当察、刍荛当询，而后如此，乃良知之发见流行，光明圆莹，更无挂碍遮隔处，此所以谓之大知。才有执着意必，其知便小矣。讲学中自有去取分辨，然就心地上着实用工夫，却须如此方是。

【译文】

关于不臆不信、不逆诈、预先察觉等论说，你认为只要能诚，即便是羊肠小道、迂曲防御，也都是致良知的作用。这种观点很正确。对于其中掺杂搭配的问题，我在前面已经作了解释。陈九川所言，也不能说是错误的。对你来说，应该汲取他的主张才完备，而对九川来说，又必须汲取你的主张才能更明白。否则的话，难免有各执一词的偏执毛病。舜对浅近的话也要加以思考，并且向樵夫请教。这并不是说浅近的话应当去思考，而是舜认为当向樵夫请教，所以才这样做。这正是舜的良知显现作用，他的良知光明圆净，没有一点障碍和遮蔽，这就是所谓的“大知”。只要舜沾了一点执着和私意，他的知就变小了。在讲学中，自然会有取舍和分辨，但在心地上切实用功，却必须这样才可以。

↗ 192

【原文】

“尽心”三节，区区曾有“生知、学知、困知”之说，颇已明白，无可疑者。盖尽心、知性、知天者，不必说存心、养性，事天，不必说“夭寿不贰、修身以俟”，而存心、养性与“修身以俟”之功已在其中矣：存心、养性、事天者，虽未到得尽心、知天的地位，然已是在那里做个求到尽心、知天的工夫，更不必说“夭寿不贰，修身以俟”，而“夭寿不贰，修身已俟”之功已在其中矣。

譬之行路，尽心、知天者，如年力壮健之人，既能奔走往来于数千里之间者也；存心、事天者，如童稚之年，使之学习步趋于庭除之间者也。“夭寿不贰、修身以俟”者，如襁褓之孩，方使之扶墙傍壁，而渐学起立移步者也。既已能奔走往来于数千里之间者，则不必更使之于庭除之间而学步趋，而步趋于庭除之间自无弗能矣。既已能步趋于庭除之间，则不必更使之扶墙傍壁而学起立移步，而起立移步自无弗能矣。然学起立移步，便是学步趋庭除之始；学步趋庭除，便是学奔走往来于数千里之基。学力亦如脚力。三种境界，譬喻形象之至！固非有二事，但其工夫之难易则相去悬绝矣。

心也，性也，天也，一也。故及其知之成功则一。然而三者人品力量，自有阶级，不可躐等而能也。细观文蔚之论，其意似恐尽心、知天者废却存心、修身之功，而反为尽心、知天之病。是盖为圣人忧工夫之或间断，而不知为自己忧工夫之未真切也。吾侪用工，却须专心致志，在“夭寿不贰、修身以俟”上做，只此便是做尽心、知天工夫之始。我辈当从“困知勉行”始！正如学起立移步，便是学奔走千里之始。吾方自虑其不能起立移步，而岂遽其不能奔走千里？又况为奔走千里者而虑其或遗忘于起立移步之习哉？

文蔚识见本自超绝迈往，而所论云然者，亦是未能脱去旧时解说文义之习，是为此三段书分疏比合，以求融会贯通，而自添许多意见缠绕，反使用工不专一也。一语破执！近时悬空去做勿忘勿助者，其意见正有此病，最能耽误人，不可不涤除耳。一语中的！

【译文】

关于“尽心”三段，我曾经用生而知之、学而知之、困而知之的观点来说明，已经十分清楚，没有什么可怀疑的。对于尽心、知性、知天的人，不需再讲存心、养性、事天，也不需再讲“夭寿不贰，修身以俟”。因为，存心、养性和“修身以俟”的功夫都已经包含在尽心、知性、知天中间了。存心、养性、事天的人，即使没有达到尽心、知天的程度，但已是在用尽心、知天的功夫，也就不用说“夭寿不贰，修身以俟”了。因为“夭寿不贰，修身以俟”的功夫，也已在存心、养性、事天之中了。

比如行路这件事，尽心、知天的人，就好比年轻力壮的人，能够在几千里的路程中来回奔跑。存心、事天的人，就好比年少的儿童，只能在庭院中学习走路。“夭寿不贰，修身以俟”的人，就好比襁褓中的婴孩，只可以扶着墙壁慢慢学习站立移步。既然已经能在数千里的路上来回奔跑，就没必要再让他在院中学习走路，因为在院中走路已不成问题。既然已经能在院中走路，就没必要再让他扶着墙壁学习站立移步，因为站立移步已不成问题。然而，学习站立移步是在庭院中学习走路的开始；在庭院中学习走路，是数千里来回奔跑的基础。两者之间原本并不是两回事，但其间功夫的难易程度却相差甚远。

心、性、天的本质是相同的，所以它们的效果也相同。然而，这三种人的人品与才力有高低之分，不能超越等级而行动。我认真思考了你的观点，你是担心尽心、知天的人，废弃了存心、修身的功夫，反过来会对尽心、知天有所损害。这是忧虑圣人的功夫会有间断，而不懂得应该为自己的功夫不够真切而忧虑。我们的功夫，必须一心一意地在“夭寿不贰，修身以俟”上做，这就是尽心、知天功夫的开端。正如学习站立移步，是学习奔走千里的开始。如今，我忧虑的是不能站立移步，又怎会去忧虑不能奔走千里呢？又怎会替那些已能奔走千里的人忧虑，担心他们会忘掉站立移步的本领呢？

你的见识本来超然出众，但就你所言，还是不能摆脱从前解读文义的习惯，因此才把知天、事天、夭寿不贰看成三个层次，并加以分析、比较、综合，以求融会贯通，而又增加了许多模棱两可的意见，反而使功夫不能专一。近来，凭空去做勿忘勿助功夫的人，也是犯了同样的毛病，这毛病误人不浅，不能不彻底清除干净。

↗ 193

【原文】

所谓“尊德性而道问学”一节，至当归一，更无可疑。此便是文蔚曾着实用功，然后能为此言。此本不是险僻难见的道理，人或意见不同者，还是良知尚有纤翳潜伏，有纤翳潜伏，故不能“致广大而尽精微”。若除去此纤翳，即自无不洞然矣。

【译文】

所谓“尊德性”和“道问学”，二者应该恰当统一，再无可疑之处。因为你曾切实用功，所以才能如此说。这原本不是艰涩难懂的道理，有的人持不同意见，主要是因为他们的良知中还隐藏着纤细的尘埃。如果除去这些尘埃，良知自然就会豁然洞见了。

↗ 194

【原文】

已作书后，移卧檐间，偶遇无事，遂复答此。文蔚之学既已得其大者，此等处久当释然自解，本不必屑屑如此分疏。但承相爱之厚，千里差人远及，谆谆下问，而竟虚来意，又自不能已于言也。然直戆烦缕已甚，恃在信爱，当不为罪，惟浚处及谦之[1]、崇一处，各得转录一通，寄视之，尤承一体之好也。此绝笔之书尤长。想阳明先生乃病中伏枕所书，且书尽又添数笔，谆谆之意不尽，且不忘惟浚、谦之、崇一诸生，爱生之情，感天动地！

右南大吉录。

【译文】

信写完后，我在屋檐下躺着，正好没有别的事，就又添了几句。你的学问已将关键问题抓住了，这些问题时间长久后自会理解，原本无须我作如此琐细的讲解。然而，承蒙你的厚爱，不远千里派人赶来虚心请教，为了不辜负一片心意，当然不可不说。但是，我又说得过于直率、琐碎了。凭着你

1 谦之，即邹守益，字谦之，王阳明弟子，后开创王学泰州学派。

对我的信任与厚爱，我想你是不会怪罪于我的。这一封信还请转录几份，分别寄给九川、谦之、崇一等人阅览，让他们共同分享你情同手足的好意。

以上为南大吉录。

训蒙大意示教读刘伯颂等

古之教者，教以人伦

↗ 195

【原文】

古之教者，教以人伦。刘伯颂为社学的讲师。此文乃阳明先生正德十三年（1518）平南赣匪患后为兴立学社、教化民风作。然尤见阳明先生之儿童教育思想。后世记诵词章之习起，而先王之教亡。言本末倒置。今教童子，惟当以孝、弟、忠、信、礼、义、廉、耻为专务。其栽培涵养之方，则宜诱之歌诗以发其志意，导之习礼以肃其威仪，讽之读书以开其知觉。今人往往以歌诗、习礼为不切时务，此皆末俗庸鄙之见，乌足以知古人立教之意哉？良知、人伦为本，歌诗、习礼为方。

大抵童子之情，乐嬉游而惮拘检，如草木之始萌芽，舒畅之则条达，摧挠之则衰痿。今教童子，必使其趋向鼓舞，中心喜悦，则其进自不能已；譬之时雨春风，沾被卉木，莫不萌动发越，自然日长月化；若冰霜剥落，则生意萧索，日就枯槁矣。故凡诱之歌诗者，非但发其志意而已，亦所以泄其跳号呼啸于咏歌，宣其幽抑结滞于音节也；导之习礼者，非但肃其威仪而已，亦所以周旋揖让而动荡其血脉，拜起屈伸而固束其筋骸也；讽之读书者，非但开其知觉而已，亦所以沉潜反复而存其心，抑扬讽诵以宣其志也。凡此皆所以顺导其志意，调理其性情，潜消其鄙吝，默化其粗顽，日使之渐于礼义而不苦其难，入于中和而不知其故，是盖先王立教之微意也。对教育之对象、方法、手段、进程、目标等认识之透彻，真可谓大智慧也！

若近世之训蒙稚者，日惟督以句读课仿，责其检束而不知导之以礼，求其聪明而不知养之以善，鞭挞绳缚，若待拘囚。彼视学舍如囹狱而不肯入，视师长如寇仇而不欲见，窥避掩覆以遂其嬉游，设诈饰诡以肆其顽鄙，偷薄庸劣，日趋下流。是盖驱之于恶而求其为善也，何可得乎？深刻！深刻！以阳明先生此等语映照今日之中小学教育现状，简直一针见血，鞭辟入里，可谓深刻之至！

凡吾所以教，其意实在于此。恐时俗不察，视以为迂，且吾亦将去，故特叮咛以告。尔诸教读，其务体吾意，永以为训，毋辄因时俗之言，改废其绳墨，庶成“蒙以养正”之功矣。念之念之！蒙以养正！呜呼，今之教育者，谁人念之？

【译文】

古时候的教育，教授的是人伦道德。后来，兴起了记诵词章的风气，因而先王的教育之义也就不存在了。现在教育学生，应该把孝悌忠信、礼义廉耻作为核心的内容。具体教育的方法，最好通过咏诗唱歌，来激发他们的志趣；引导他们学习礼仪，来使他们的仪容庄重；教导他们读书，借以开发他们的智力。如今，人们常常认为咏诗习礼不合时宜，这种观点极其庸俗鄙陋，他们怎么能够明白古人推行教育的本意？

一般而言，少年儿童的性情是喜好嬉戏、玩耍而害怕约束，好比草木刚刚萌芽，让它舒畅地生长，就能迅速枝繁叶茂；若是摧残压抑，就会衰弱枯竭。今天，对少年儿童实施教育，千万要使他们顺着自己的兴趣，多加鼓励，使他们的内心愉悦，进步就不会停止。就像春天的和风细雨，滋润了花草树木，花木抽枝发芽，自会茁壮生长。如果经过冰霜的侵袭冻结，生命力受到挫伤，便会逐渐枯萎。所以，让他们咏诗唱歌，不仅可以激发他们的志趣，也能够使他们在咏唱中消耗上蹿下跳的精力，在抑扬顿挫的音节中抒发忧愁抑郁的感情。引导他们学习礼仪，不仅让他们的仪容严肃，也是为了使他们在揖让叩拜中活动血脉，强筋健骨。教导他们读书，不仅是为了开发他们的智力，也是为了使他们在反复的钻研中存养本心，在抑扬的诵读中弘扬志向。这一切都是为了在志向上因势利导，在性情中调理保养，通过潜移默化的影响，消除他们的鄙陋和小气，纠正他们的粗疏和愚顽，使他们的行为逐渐符合礼仪标准，而不感到难受，性情在不知不觉中达到合宜适中的程度。这就是先王推行教育的深刻含义。

近代那些教育儿童的人，每天只是督促学生的句读和课业，要求他们约束自己，却不知道以礼仪来指导他们；只希望他们聪明灵巧，却不知道用善来培养他们；只知道鞭打绳捆，把犯错的学生当囚犯看待。如此，少年儿童把学校当成监狱而不肯上学，把老师当成仇人而不想遇见，于是想尽办法逃学去嬉戏耍闹，为了能肆意顽皮而撒谎捣蛋，日渐趋向轻薄下流。这无疑是一方面驱使他们作恶，另一方面又希望他们为善，二者只会抵触，怎么能行得通？

所有我提出的观点，用意正在此处。我担心世人不理解，把我当成迂腐，况且我即将离开此地，所以特地再三叮嘱，希望你们这些教育者，一定要理解我的用意，并永远遵守，不要因为世俗的言论而更改了我制订的规矩，这一切也许能起到“蒙以养正”的功效。切记切记！

教约

凡授书不在徒多，但贵精熟

↗ 196

【原文】

每日清晨，诸生参揖毕，教读以次，遍询诸生：在家所以爱亲敬长之心，得无懈忽，未能真切否？温清定省之仪，得无亏缺，未能实践否？往来街衢，步趋礼节，得无放荡，未能谨饬否？一应言行心术，得无欺妄非僻，未能忠信笃敬否？诸童子务要各以实对，有则改之，无则加勉。教读复随时就事，曲加诲谕开发，然后各退，就席肄业。此是直面灵魂之法！有如宗教洗心，甚有效。

【译文】

每天清早，学生拜见行礼后，老师要依序向每位学生提问：在家里热爱亲人、尊敬长者方面，是松懈疏忽还是情真意切？在温清定省的礼节方面，有没有欠缺、遗漏的？在街上走路的礼仪方面，是否谨慎注意而无任何放荡之处？一切言行心思，有没有欺妄怪僻、不忠信笃实的地方？每位学生一定要如实回答，有则改之，无则加勉。老师要随时随地对学生进行委婉的教导和启发，然后，让学生各自回到座位上学习。

197

【原文】

凡歌诗，须要整容定气，清朗其声音，均审其节调，毋躁而急，毋荡而嚣，毋馁而慑。久则精神宣畅，心气和平矣。每学量童生多寡，分为四班。每日轮一班歌诗，其余皆就席敛容肃听。每五日则总四班递歌于本学。每朔望，集各学会歌于书院。今之古诗词教学，尤可借鉴！

【译文】

唱歌咏诗时，必须仪容整洁，心气安定。声音明朗，节奏匀称，不急不躁，不狂不闹，不畏难，不气馁。久而久之，就会精神饱满，心平气和。每所学校依据学生的多少分成四班，每天安排一个班唱歌咏诗，其余的在座位上神情严肃地聆听。每五天让四个班在学校里一个班接一个班地唱咏。农历的每月初一、十五，把各学堂召集起来在书院里唱。

198

【原文】

凡习礼，须要澄心肃虑，审其仪节，度其容止，毋忽而惰，毋沮而怍，毋径而野，从容而不失之迂缓，修谨而不失之拘局。久则礼貌习熟，德性坚定矣。童生班次，皆如歌诗，每间一日，则轮一班习礼，其余皆就席，敛容肃观。习礼之日，免其课仿。每十日则总四班递习于本学。每朔望，则集各学会习于书院。今世之学生，仪式感缺失，尤为严重！

【译文】

凡是练习礼仪，必须做到排除杂念、神情庄重。老师要认真观察学生的礼仪细节，审查学生的容貌举止，不疏忽不懈怠，不沮丧不害羞，不随便不粗野，从容不迫而不迂腐迟缓，修身谨慎而不拘束紧张。时间一长，礼貌就能纯熟，德性就能坚定。学生的班次和歌咏一样，每隔一天轮到一个班练习礼仪，其余的都在座位上神情严肃地静静观看。练习礼仪的那一天，可以免去其他的课业。每十天就让四个班在学校依次练习礼仪，农历的每月初一、十五，召集各学堂在书院一起练习礼仪。

↗ 199

【原文】

凡授书不在徒多，但贵精熟。量其资禀，能二百字者，止可授以一百字，常使精神力量有余，则无厌苦之患，而有自得之美。讽诵之际，务令专心一志，口诵心惟，字字句句细绎反复，抑扬其音节，宽虚其心意，久则义礼浃洽，聪明日开矣。儒家精读为本，今之阅读教学，尤当反思！

【译文】

凡是老师讲授功课，不在数量多少，贵在是否精熟。依据学生的资质，能认识两百字的，只教他认一百字。让学生的精神力量常有富足，他们就不会产生辛苦厌学的情绪，相反会有收获的喜悦。诵读时，一定要让学生专心致志，嘴里读着，心里想着，一字一句，反复体会。音节要抑扬顿挫，思想要宽广虚静。久而久之，学生就会礼貌待人，日益聪慧了。

↗ 200

【原文】

每日工夫，先考德，次背书诵书，次习礼，或作课仿，次复诵书讲书，次歌诗。凡习礼歌诗之数，皆所以常存童子之心，使其乐习不倦，而无暇及于邪僻。教者如此，则知所施矣。虽然，此其大略也，“神而明之，则存乎其人”。考校、勉励之法，亦足见阳明先生教育之大智慧！

【译文】

每日的功课，首先是考察其德性，其次是背书、朗诵，再次是练习礼仪或做课业练习，最后再读书、讲书以及唱歌、咏诗。练习礼仪、唱歌咏诗，都是为了经常保持学生的童心，使他们乐于学习而不感到厌倦，没有时间去干歪门邪道的事。老师们认识到了这一点，也就知道该怎样教育学生了。即便如此，此处也只说了个大概，“要真正弄明白某一事物的奥妙，就在于各人的领会了”。

卷下

陈九川录

身、心、意、知、物是一件

↗ 201

【原文】

正德乙亥，九川初见先生于龙江。先生与甘泉[1]先生论“格物”之说。甘泉先生与阳明先生道不同却能互为人生知己。甘泉持旧说。先生曰：“是求之于外了。”甘泉曰：“若以格物理为外，是自小其心也。”甘泉曾谓：“阳明与吾言心不同。阳明所谓心，指方寸而言。吾之所谓心者，体万物而不遗者也。”其说绚烂浩渺，然空廓无当，弊久自见。九川甚喜旧说之是。先生又论《尽心》一章，九川一闻却遂无疑。

后家居，复以“格物”遗质。先生答云：“但能实地用功，久当自释。”学问之道真如是，但能实地用功，久当自释耳。山间乃自录《大学》旧本读之，觉朱子“格物”之说非是，然亦疑先生以意之所在为物，“物”字未明。

己卯，归自京师，再见先生于洪都。先生兵务倥偬，乘隙讲授，首问：“近年用功何如？”

九川曰：“近年体验得‘明明德’功夫只是‘诚意’。自‘明明德于天下’，步步推入根源，到‘诚意’上再去不得，如何以前又有‘格致’

1 甘泉，即湛若水，字元明，号甘泉。师从陈白沙，以“随处体认天理”为宗。

工夫？后又体验，觉得意之诚伪必先知觉乃可，以颜子‘有不善未尝知之，知之未尝复行’为证，豁然若无疑，却又多了‘格物’功夫。又思来吾心之灵何有不知意之善恶？只是物欲蔽了，须格去物欲，始能如颜子未尝不知耳。又自疑功夫颠倒，与‘诚意’不成片段。后问希颜[1]。希颜曰：‘先生谓格物致知是诚意功夫，极好。’九川曰：如何是诚意功夫？希颜令再思体看。九川终不悟，请问。”

先生曰：“惜哉！此可一言而悟，惟浚所举颜子事便是了。只要知身心意知物是一件。”

九川疑曰：“物在外，如何与身心意知是一件？”

先生曰：“耳目口鼻四肢，身也，非心安能视听言动？心欲视听言动，无耳目口鼻四肢亦不能。故无心则无身，无身则无心。但指其充塞处言之谓之身，指其主宰处言之谓之心，指心之发动处谓之意，指意之灵明处谓之知，指意之涉着处谓之物，只是一件。意未有悬空的，必着事物，故欲诚意，则随意所在某事而格之，去其人欲而归于理，则良知之在此事者，无蔽而得致矣。此便是诚意的功夫。”取消对立性，取消藩篱。

九川乃释然破数年之疑。又问：“甘泉近亦信用《大学》古本，谓‘格物’犹言‘造道’，又谓穷理如穷其巢穴之穷，以身至之也，故格物亦只是随处体认天理，似与先生之说渐同。”亦是“久而自释”。

先生曰：“甘泉用功，所以转得来。当时与说‘亲民’字不须改，他亦不信。今论‘格物’亦近，但不须换‘物’字作‘理’字，只还他一‘物’字便是。”

后有人问九川曰：“今何不疑‘物’字？”

曰：《中庸》曰：‘不诚无物。’程子曰：‘物来顺应。’又如‘物各付物’‘胸中无物’之类，皆古人常用字也。”

---

1 关于希颜，陈荣捷先生认为是希渊之误，即应指蔡宗兖。

他日，先生亦云然。心外无物也。

【译文】

明正德十年（1515），九川在龙江首次与先生见面。那时，先生正与甘泉先生探讨格物学说。甘泉先生一再坚持朱熹的见解。先生说道：“这样就是在心外寻求了。”甘泉先生说：“若认为寻求物理是外，那就是把心看小了。”九川对朱熹的见解持赞同态度。先生接着谈到了《孟子·尽心》的第一章。听了之后，对先生关于格物的阐释再也没有疑问了。

后来，九川闲居家中，就格物问题又一次请教于先生。先生回答道：“只要能实实在在地用功，时间久了，自然就会清楚明白。”九川小住山中，自己抄录了《大学》古本来读，觉得朱熹的格物学说不太正确。但是，也怀疑先生把意的所在当作物，对“物”字的理解也还不太明白。

明正德十四年（1519），自京都归来，在洪都再次见到先生。先生军务缠身，抽空给九川讲授。首先询问：“近年来用功如何？”

九川说：“近年来领悟到‘明明德’的功夫仅是‘诚意’。从‘明明德于天下’一步步追根溯源，到了‘诚意’就再也无法前进了，为何‘诚意’之前又有格物致知的功夫呢？后来经过体会，我认为意的真诚与否，必须先有知觉才可以。在颜回‘有不善未尝知之，知之未尝复行’的话语中，可以得到说明，所以，我豁然开朗，确信不疑。但是，其中又怎么多了一个格物致知的功夫。我又想到，我的心怎能不知道意的善恶？只是因为被物欲蒙蔽了。只有去除物欲，才能像颜回那样一有不善就会即刻知道。于是，我怀疑我的功夫是否做反了，以至与诚意没有直接联系。后来问希颜，希颜说：‘先生主张格物致知是诚意的功夫，十分正确。’我说：‘诚意的功夫到底指什么呢？’希颜让我去作深入的思考。但我还是不能领悟，特请教于先生。”

先生说：“真可惜啊！一句话就能说明这个问题，你列举的颜回的事就是。只要理解身、心、意、知、物都是一回事就可以了。”

九川仍疑惑地问："物在心外，与身、心、意、知怎会是一回事？"

先生说："耳目口鼻和四肢，是人的身体，如果没有心，怎么能视听言动？心想要视听言动，如果没有耳目口鼻和四肢也不行。因此，没有心就没有身，没有身也就没有心。从它充塞空间来说，是身；从它的主宰来说，是心；从心的发动来说，是意；从意的灵明来说，是知；从意的涉及来说，是物，都是一回事。意不能凭空存在，必须牵涉到事物。所以，要想诚意，就跟随意所在的事物去'格'，剔除私欲而回归到天理，那么，良知在这件事上，就不会被蒙蔽，就能够致'知'了。这就是诚意的功夫。"

听了先生这番话，九川积存在心中的疑惑终于消除了。九川又问："甘泉先生最近深信《大学》的古本，认为'格物'犹如'造道'，又认为穷理的'穷'就好比穷其巢穴的'穷'，要亲自到巢穴中去。因此，格物也就是随处体察天理。这好像与您的主张逐渐一致了。"

先生说："甘泉肯用功，所以脑筋能够转弯。从前我对他说'亲民'无须改为'新民'，他也不相信。如今，他说的'格物'也基本上正确了。但不用把'物'改成'理'，仍然用'物'字就行了。"

后来有人问九川："如今为什么不对'物'疑虑了？"

九川说："《中庸》上说'不诚无物'。程颐也说'物来顺应''物各付物''胸中无物'，等等。可知'物'字是古人常用字。"

后来，先生也这样说。

↗ 202

【原文】

九川问："近年因厌泛滥之学，每要静坐，求屏息念虑，非惟不能，愈觉扰扰，如何？"

先生曰："念如何可息？只是要正。"念如何可息？除非身如槁木，心如死灰。故有生机，则需有正念。

曰："当自有无念时否？"

先生曰："实无无念时。"

曰："如此却如何言静？"

曰："静未尝不动，动未尝不静。宇宙的真相！戒谨恐惧即是念，何分动静。"

曰："周子何以言'定之以中正仁义而主静？'"

曰："无欲故静，是"静亦定，动亦定'的'定'字，主其本体也。戒惧之念，是活泼泼地，此是天机不息处，所谓'维天之命，于穆不已'。"能戒慎恐惧，是良知也。"故廓然大公，故"活泼泼地"。一息便是死。非本体之念，即是私念。"

【译文】

九川问："这几年因为讨厌浅薄流行的学问，常常想独自静坐，以求摒弃思虑念头。可是，不仅不能达到目的，反而更觉得心神不宁，这是什么原因呢？"

先生说："念头怎么能打消？只能让它归于正统。"

九川问："是否也应该存在没有念头的时候？"

先生说："确实没有。"

九川又问："既然如此，如何说静呢？"

先生说："静并非不动，动也并非不静。戒慎恐惧就是念头，为何要区分动和静？"

九川说："周敦颐为什么又要说'定之以中正仁义而主静'呢？"

先生说："'无欲故静'，周敦颐说的'定'也就是'静亦定，动亦定'中的'定'，'主'就是指主体。戒慎恐惧的念头是活泼的，正体现了天机的

流动不息，这也就是所谓的‘维天之命，于穆不已’。一旦有停息，也就是死亡。不是从本体发出的念，就是私心杂念。”

203

【原文】

又问：“用功收心时，有声色在前，如常闻见，恐不是专一。”

曰：“如何欲不闻见？除是槁木死灰，耳聋、目盲则可。只是虽闻、见，而不流去便是。”“流去”便失却本体与主体。

曰：“昔有人静坐，其子隔壁读书，不知其勤惰。程子称其甚敬。何如？”

曰：“伊川恐亦是讥他。”伊川恐非讥他。观伊川生平多意气用事，恐或未入此“活泼泼”境。

【译文】

九川又问：“当用功收心的时候，若有声色出现在眼前，还如同平常那样去听去看，恐怕就不是专一了。”

先生说：“怎么能够不听、不看呢？除非是死灰槁木、耳聋眼瞎之人。只不过虽然听见、看见了，心不去跟随声色也就行了。”

九川说：“从前有人静坐，他儿子在隔壁读书，他却不知道儿子是否在读书。程颐先生赞扬他很能持静。这是怎么回事？”

先生说：“程颐大概是在讽刺他。”

↗ 204

【原文】

又问：“静坐用功，颇觉此心收敛，遇事又断了。旋起个念头，去事上省察，事过又寻旧功，还觉有内外，打不作一片。”不能打作一片，便不能收纯粹之功。

先生曰：“此‘格物’之说未透。心何尝有内外？即如惟浚，今在此讲论，又岂有一心在内照管？这听讲说时专敬，即是那静坐时心。功夫一贯，何须更起念头？人须在事上磨练，做功夫乃有益。心上学，事上练！真不二法门也！若只好静，遇事便乱，终无长进。那静时功夫亦差似收敛，而实放溺也。”

后在洪都，复与于中[1]、国裳[2]论内外之说，渠皆云“物自有内外，但要内外并着功夫，不可有间耳”，以质先生。

曰：“功夫不离本体，本体原无内外；只为后来做功夫的分了内外，先其本体了。如今正要讲明功夫不要有内外，乃是本体功夫。”分内外，是进阶。无内外，是终究。

是日俱有省。

【译文】

九川又问：“静坐用功时，特别感觉到此心正在收敛，可是一旦有事情发生，就会中断，马上起个念头，到所遇的事上去省察；待事情过去后，回头寻找原来的功夫，依然觉得有内外之分，始终不能打成一片。”

先生说：“这是因为对格物的理解还不够深刻。心怎么会有内外？正如你现在在这里讨论，怎么还会有一个心在里边起作用？在这里一心听讲的

1 陈荣捷认为于中系“子中”之误。子中，即夏良胜，王阳明弟子。

2 国裳，即舒芬，字国裳，世称梓溪先生，王阳明弟子，正德十二年（1517）状元。

心，就是静坐时的心。功夫是一以贯之的，哪里需要又起一个念头？人必须在事上磨炼，在事上用功才会有帮助。若只是喜欢静，遇事就会慌乱，始终不会有进步。那静的功夫，表面看是收敛，实际上却是放纵沉沦。”

后来在洪都时，九川又和于中、国裳探讨内外的问题。于中、国裳二人都说身体本身有内有外，但内外都要兼顾，功夫没有内外之分。就这个问题，三人向先生请教。

先生说：“功夫离不开本体，本体原本没有内外之分。只是因为后来做功夫的人将它分成内外，失去了本体。现在正是要讲明功夫不要分内外，这个才是本体的功夫。”

这一天，大家都有所领悟。

↗ 205

【原文】

又问：“陆子之学何如？”

先生曰；“濂溪、明道之后，还是象山，只是粗些。”濂溪，明道，象山，阳明，终究一脉！

九川曰：“看他论学，篇篇说出骨髓，句句似针膏肓，却不见他粗。”

先生曰：“然。心上用过功夫，与揣摹依仿、求之文义自不同，但细看有粗处。用功久，当见之。”陆王心学，毕竟王学后来居上。

【译文】

九川又问：“陆九渊的主张该作如何评价？”

先生说：“周敦颐、程颢之后，也就只有陆九渊了，只是稍显粗犷了些。”

九川说：“我看他讲学，每篇好像都说到了骨髓上，句句如刺入膏肓，却

看不出他到底粗在何处。”

先生说：“是的。他在心体上下过功夫，与只在文义上揣摸、仿效的学问当然不同，但只要仔细看，就有粗的地方。这一点，用功久了就能认识到。”

↗ 206

【原文】

庚辰往虔州再见先生。

问：“近来功夫虽若稍知头脑，然难寻个稳当快乐处。”

先生曰：“尔却去心上寻个天理，此正所谓理障。此间有个诀窍。”

曰：“请问如何？”

曰：“只是致知。”

曰：“如何致知？”

曰：“尔那一点良知，是尔自家底准则。尔意念着处，他是便知是，非便知非，更瞒他一些不得。尔只不要欺他，实实落落依着他做去，善便存，恶便去，他这里何等稳当快乐。此便是‘格物’的真诀，‘致知’的实功。若不靠着这些真机，如何去格物？我亦近年体贴出来如此分明，初犹疑只依他恐有不足，精细看，无些小欠阙。”正是“此心光明”之境！

【译文】

正德十五年（1520），九川去虔州再次见到先生。

九川问：“最近，我的功夫虽略微知道些要领，但却很难找到一个安心愉悦的地方。”

先生说：“你要到心上去寻找一个天理，这就是所谓的‘理障’。这当中有一个诀窍。”

九川问："请问诀窍是什么？"

先生说："就是致知。"

九川问："要如何致知？"

先生说："你那一点良知，就是你自己的行为准则。你的意念所到之处，对的就是对的，错的就是错的，不能有丝毫的隐瞒。你只要不去欺骗良知，真切地依循着良知去做，如此就能存善去恶。这样的功夫是何等安心愉悦！这就是'格物'的真正秘诀，就是'致知'的实在功夫。如果不凭借这些真正的诀窍，要如何去格物？关于这点，我也是近年才领悟得如此清楚明白的。一开始，还怀疑仅靠良知还会有什么不足，但经过仔细体会，才感觉到没有一丝缺陷。"

↗ 207

【原文】

在虔，与于中、谦之同侍。

先生曰："人胸中各有个圣人，只自信不及，都自埋倒了。"因顾于中曰："尔胸中原是圣人。"

于中起不敢当。

先生曰："此是尔自家有的，如何要推？"

于中又曰："不敢。"

先生曰："众人皆有之，况在于中，却何故谦起来？谦亦不得。"

于中乃笑受。"笑受"恐亦未明。

又论："良知在人，随你如何不能泯灭，虽盗贼亦自知不当为盗，唤他作贼，他还忸怩。"

于中曰："只是物欲遮蔽，良心在内，自不会失，如云自蔽日，日何

尝失了。”

先生曰：“于中如此聪明，他人见不及此。”先生时时处处勉励如是！然于中性谦逊异常，理虽明了，若得洒然融一，犹需过“我执”一关。此处尤可与王艮“满街人都是圣人”共参看。

【译文】

在虔州的时候，九川和于中、邹守益一起陪同先生。

先生说：“每个人的胸中自有一个圣人，只是因为自信不足，把心中的圣人给埋没了。”于是，先生看着于中说：“你的胸中原本有个圣人。”

于中连忙站起来说：“不敢当，不敢当。”

先生说：“这是你自己所有的，为何要推辞呢？”

于中还说：“不敢。”

先生说：“每个人都有，更何况你呢？你为什么要谦让？这是谦让不得的。”

于中于是笑着接受了。

先生又说：“良知在人心中，无论你怎么做，都无法泯灭它。即使是盗贼，他也明白不应该去偷窃；说他是贼，他也会羞愧而不好意思。”

于中说：“那只是被物欲给蒙蔽了。良知在人的心中，不会自己消失。就像乌云遮住太阳，而太阳又何尝消失了呢？”

先生说：“于中这么聪明，别人的见识还达不到这一境界。”

↗ 208

【原文】

先生曰：“这些子看得透彻，随他千言万语，是非诚伪，到前便明。

合得的便是，合不得的便非，如佛家说‘心印’相似，真是个试金石、指南针。”先生到此境界，故通透、洒然若是！

【译文】

先生说：“把这些道理都理解透了，无论千言万语，是非真假，一看就会明白。符合的就对，不相符的就错。这与佛教所谓的‘心印’差不多，的确是个试金石、指南针。”

209

【原文】

先生曰：“人若知这良知诀窍，随他多少邪思枉念，这里一觉，都自消融。真个是灵丹一粒，点铁成金。”闻其言，想见其境！

【译文】

先生又说：“人如果深知良知这个诀窍，无论他有多少歪思邪念，只要良知一发觉，自然会消融。真像是一粒灵丹，可以点铁成金。”

210

【原文】

崇一曰：“先生‘致知’之旨发尽精蕴，看来这里再去不得。”

先生曰：“何言之易也。再用功半年看如何，又用功一年看如何。功夫愈久，愈觉不同，此难口说。”只要方向对，请做时间的朋友！

【译文】

崇一说："先生把致良知这一宗旨阐发得淋漓尽致，看来此处已经没有可讲的了。"

先生说："怎么能说得如此容易？你再用功半年，看看会怎样？再用一年功夫，看看会怎样？功夫越久，越觉得不同，这很难用语言来表达的。"

↗ 211

【原文】

先生问九川："于'致知'之说体验如何？"

九川曰："自觉不同。往时操持常不得个恰好处，此乃是恰好处。"

先生曰："可知是体来与听讲不同。我初与讲时，知尔只是忽易，未有滋味；只这个要妙，再体到深处，日见不同，是无穷尽的。"

又曰："此'致知'二字，真是个千古圣传之秘，见到这里，'百世以俟圣人而不惑'。"所谓"不本于致知，而徒以格物、诚意者，谓之妄"。

【译文】

先生问九川："你对致知的观点有什么体会？"

九川说："我自我感觉还是不同的。从前在操持时，经常找不到一个恰当的地方。现在，感觉到致知就是恰到好处的地方。"

先生说："由此可见，体会与听讲确实不同。当初我给你讲时，知道你是马马虎虎的，没有体会到个中滋味。只要从这个绝妙处，再作更深的体会，每天都有新的认识，这是没有止境的。"

先生又说："'致知'二字，的确是千古圣贤相传的秘诀。理解了'致知'，百世之后待到圣人来验证，也没有什么可疑惑的。"

↗ 212

【原文】

九川问曰："伊川说到'体用一原、显微无间'处，门人已说是泄天机。先生'致知'之说，莫亦泄天机太甚否？"

先生曰："圣人已指以示人，只为后人掩匿，我发明耳，何故说泄？此是"千古圣圣相传的一点真骨血"，故曰"为往圣继绝学"！此是人人自有的，觉来甚不打紧一般。然与不用实功人说，亦甚轻忽，可惜彼此无益；与实用功而不得其要者提撕之，甚沛然得力。"

【译文】

九川问："当程颐说到'体用一原，显微无间'的时候，门人都说他泄露了天机。先生的'致知'学说，是不是也过多泄露天机了呢？"

先生说："圣人早就把致良知告诉了世人，只是后人把它隐匿了，我只是使它重新显露而已，怎能说是泄露天机？良知是每个人生来就有的，只是有时觉察到也没有引起重视。对那些没有切实用功的人说致知，他们根本不屑一顾，互相都无益处；向切实用功但把握不住要领的人讲明白，对他们就大有裨益了。"

↗ 213

【原文】

又曰："知来本无知，觉来本无觉。然不知则遂沦埋。"充满了辩证法！

【译文】

先生接着说："知道了，才明白本来无所谓可知；感觉了，才明白本来无所谓可觉。然而，如果不知道，自己的良知就会沉沦埋没。"

↗ 214

【原文】

先生曰："大凡朋友，须箴规指摘处少，诱掖奖劝意多，方是。"

后又戒九川云："与朋友论学，须委曲谦下，宽以居之。"论学之道，阳明先生以身垂范久矣！

【译文】

先生又说："但凡与朋友相处，彼此间应当少一点规劝指责，多一点开导鼓励，如此才是正确的。"

后来又告诫九川说："和朋友一起探讨学问，应该委婉谦虚，宽厚待人。"

↗ 215

【原文】

九川卧病虔州。

先生云："病物亦难格，觉得如何？"

对曰："功夫甚难。"

先生曰："常快活便是功夫。"“常快活便是功夫。”阳明先生此言甚有名，传播亦甚广，然脱却“病物难格”之背景，便又下一层矣。

【译文】

九川在虔州病倒了。

先生说："病这个东西很难格除，你感觉如何？"

九川说："功夫的确很难。"

先生说："经常保持心情愉快，就是功夫。"

↗ 216

【原文】

九川问："自省念虑，或涉邪妄，或预料理天下事，思到极处，井井有味，便缱绻难屏。觉得早则易，觉迟则难，用力克治，愈觉扞格，惟稍迁念他事，则随两忘。如此廓清，亦似无害。"

先生曰："何须如此，只要在良知上着功夫。"

九川曰："正谓那一时不知。"

先生曰："我这里自有功夫，何缘得他来？只为尔功夫断了，便蔽其知。既断了，则继续旧功便是，何必如此？"

九川曰："直是难鏖，虽知丢他不去。"

先生曰："须是勇。用功久，自有勇。故曰：'是集义所生者。'胜得容易，便是大贤。"圣贤之"勇"，原来"集义所生"！

【译文】

九川问："我反省自己的念头思虑，有时涉及邪思妄念，有时又想去治理天下大事，思考到极致时，也很有味道，流连忘返而难以摒弃。这种情况发觉得早还容易去掉，发觉迟了就难以排除。用力抑制，更加觉得格格不入。唯有将念头转移，才能把所有的都忘掉。如此清净思虑，似乎也无妨害。"

先生说:“何必如此,只要在良知上下功夫就够了。”

九川说:“正是说那一刻还不知良知的情况。”

先生说:“我这里自有功夫,怎么会有不知的现象?只因你的功夫间断了,就把你的良知蒙蔽了。既然间断了,继续用功就行了,为何要像你说的那样?”

九川说:“几乎是一场恶战,虽然明白,却仍不能扔掉。”

先生说:“必须有勇气,用功久了,自会有勇。因此孟子说‘是集义所生者’。轻易战胜思虑,就是大贤人了。”

217

【原文】

九川问:“此功夫却于心上体验明白,只解书不通。”

先生曰:“只要解心。心明白,书自然融会。若心上不通,只要书上文义通,却自生意见。”沧溟先生有读书三境论:一则读懂书中的人,二则读懂写书的人,三则读懂看书的人!看书人心上不通,书上文义,如何得通?

【译文】

九川问:“这功夫只能在心上体会明白,只是用它去解释书却不通。”

先生说:“只要在心中理解就行。心中明白了,书上的文义自然融会贯通。若心中不理解,只去解释书上的文义,反而会生出其他的解释。”

↗218

【原文】

有一属官，因久听讲先生之学，曰："此学甚好，只是簿书讼狱繁难，不得为学。"

先生闻之，曰："我何尝教尔离了簿书讼狱悬空去讲学？尔既有官司之事，便从官司的事上为学，才是真格物。如问一词讼，不可因其应对无状，起个怒心；不可因他言语圆转，生个喜心；不可恶其嘱托，加意治之；不可因其请求，屈意从之；不可因自己事务烦冗，随意苟且断之；不可因旁人谮毁罗织，随人意思处之。这许多意思皆私，只尔自知，须精细省察克治，惟恐此心有一毫偏倚，杜人是非。这便是格物致知。簿书讼狱之间，无非实学。若离了事物为学，却是着空。"稻盛和夫之"工作即修行"，即源于此。

【译文】

有一位下属官员，长期听先生的讲学，他说："先生说的确实精彩，只是我手头文书、案件极其繁重，没有时间去做学问。"

先生听后，对他说："我何尝教你放弃文书、案件而凭空去做学问？你既然需要断案，就从断案的事上学习，如此才是真正的格物。比如，当你问询讼词时，不能因为对方的无礼而恼怒；不能因为对方言语婉转而高兴；不能因为讨厌对方说情而存心整治他；不能因为对方的哀求而屈意宽容；不能因为自己的事务烦冗而随意糊弄；不能因为别人的诽谤、陷害就一味屈从。这里所讲的许多情况都是私意，只有你自己清楚。你必须仔细省察克治，唯恐心中有一丝一毫偏离而错判是非，这就是格物致知。处理文书与诉讼，都是切实的学问。如果抛开事物去学，反而会落空。"

↗ 219

【原文】

虔州将归，有诗别先生云："良知何事系多闻，妙合当时已种根。好恶从之为圣学，将迎无处是乾元。"

先生曰："若未来讲此学，不知说'好恶从之'从个甚么？"先生出语赞之，随时再点拨一下关键、窍要处！真是好老师！

敷英[1]在座，曰："诚然。尝读先生《大学古本序》，不知所说何事。及来听讲许时，乃稍知大意。"

【译文】

九川即将离开虔州，向先生写了一首告别诗："良知何事系多闻，妙合当时已种根。好恶从之为圣学，将迎无处是乾元。"

先生说："你若没来此处讲论良知学说，肯定不理解'好恶从之'到底从的是什么。"

敷英也在座，说："正是这样。我曾研读过先生著的《大学古本序》，但不明白说的是什么。在这里经过一段时日的听讲，才稍微懂得了其中的大意。"

↗ 220

【原文】

于中、国裳辈同侍食，先生曰："凡饮食只是要养我身，食了要消化。若徒蓄积在肚里，便成痞了，如何长得肌肤？后世学者博闻多识，留滞

1 敷英，字号不详，王阳明弟子。

胸中，皆伤食之病也。”“食古不化”者，比比皆是！

【译文】

于中、国裳等人与先生共桌就餐。

先生说：“饮食只是为了补充身体的营养，吃了就要消化。如果把吃的食物都存积在肚子里，就会郁结成病，怎么能促进身体的生长发育？孔孟之后的学者博闻多记，却把知识滞留在胸中，都是患了消化不良的毛病。”

221

【原文】

先生曰：“圣人亦是‘学知’，众人亦是‘生知。’”此处忽然将境界颠倒来说，出人意料，又发人深省！

问曰：“何如？”

曰：“这良知人人皆有，圣人只是保全，无些障蔽，兢兢业业，亹亹翼翼，自然不息，便也是学。只是生的分数多，所以谓之‘生知安行’。众人自孩提之童，莫不完具此知，只是障蔽多，然本体之知自难泯息，虽问学克治，也只凭他。只是学的分数多，所以谓之‘学知利行’。”故人人亦有“困知勉行”处。

【译文】

先生说：“圣人也是‘学而知之’，众人也是‘生而知之’。”

九川问：“为何这样说？”

先生说：“良知人人都有。圣人只是保全它，不让它遭受任何蒙蔽，兢兢业业，勤勤恳恳，良知自然常存不息，这也是学。只是生就的成分多，所以才叫‘生知安行’。普通人在孩提时都具备良知，只是障碍、遮蔽太多。然而，本体的知是难以泯灭的，虽然求学克治，也只是依循天生的良知进行的。只是后天学的成分多，所以称之为‘学知利行’。”

黄直录

圣人之学，只是一诚而已

222

【原文】

黄以方[1]问："先生格致之说，随时格物以致其知，则知是一节之知，非全体之知也。何以到得'溥博如天，渊泉如渊'地位？"黄以方，抚州金溪人。故秉象山之学（陆象山乃金溪先贤），而师从阳明先生。可谓陆王心学之正宗传人。

先生曰："人心是天渊。心之本体无所不该，原是一个天，只为私欲障碍，则天之本体失了；心之理无穷尽，原是一个渊，只为私欲窒塞，则渊之本体失了。如今念念致良知，将此障碍窒塞一齐去尽，则本体已复，便是天渊了。"

乃指天以示之。随时、随事、随物为教！曰："比如面前见天，是昭昭之天，四外见天，也只是昭昭之天，只为许多房子墙壁遮蔽，便不见天之全体。若撤去房子墙壁，总是一个天矣。不可道跟前天是昭昭之天，外面又不是昭昭之天也。于此便见一节之知，即全体之知；全体之知，即一节之知，总是一个本体。"为学之初，因探究，易见现象之区别，如以方"一节"之问。为道日久，因透彻，易见本质之统一，如先生"全体"之答。

1 黄以方，即黄直，字以方，王阳明弟子。

【译文】

黄直问："先生格物致知的主张，是随时格物以致自己的良知。那么，这个知就是部分的知，而非全体的知，又怎么能达到《中庸》所说'溥博如天，渊泉如渊'的境界呢？"

先生说："人心就是天，就是渊。心的本体无所不容，本来就是一个天，只是被私欲蒙蔽，才失去了天的本体；心中的理没有止境，本来就是一个渊，只是被私欲窒塞，才失去了渊的本体。如今，一念不忘致良知，把蒙蔽和窒塞统统涤荡干净，心的本体就能恢复，心就又是天，又是渊了。"

先生于是指着天，说："比如，现在所见的天是明朗的，在四下所见的天也仍是明朗的，只因为有许多房子墙壁阻挡了，就看不到天的全貌。若将房子墙壁全部拆除，就总是一个天了。不能以为眼前的天是明朗的，而外面的天就不是明朗的。从此处可以看出，部分的知也是全体的知，全体的知也是部分的知。知的本体始终是一个。"

↗ 223

【原文】

先生曰："圣贤非无功业气节，但其循着这天理，则便是道。不可以事功气节名矣。"事功气节之声名，固可为世俗之标准，未可为圣道之标准也。

【译文】

先生说："圣贤不是没有功业和气节，只是他们能遵循这天理，这就是道。圣贤不是因为功业和气节而闻名天下。"

224

【原文】

"'发愤忘食'是圣人之志如此，真无有已时；'乐以忘忧'是圣人之道如此，真无有戚时，恐不必云得不得也。"如上段，言世俗的评判标准，放在夫子与圣人身上，恐怕是不适用的。

【译文】

"'发愤忘食'，圣人的志向就是这样，真的没有终止的时候。'乐以忘忧'，圣人的道路就是这样，真的没有忧郁的时候。恐怕不能用得与不得来解释了。"

225

【原文】

先生曰："我辈致知，只是各随分限所及。分限者，各人之天分、能力也。今日良知见在如此，只随今日所知扩充到底。明日良知又有开悟，便从明日所知扩充到底，如此方是精一功夫。与人论学，亦须随人分限所及。如树有这些萌芽，只把这些水去灌溉，萌芽再长，便又加水。自拱把以至合抱，灌溉之功皆是随其分限所及。若些小萌芽，有一桶水在，尽要倾上，便浸坏它了。"每日精进，固然要"各随分限"。但与人论学，尤须"随人分限"！这恐怕才是重点！

【译文】

先生说："我们这些人致知，也只是依据各自的能力尽力而为。今天的

良知认识到这样的程度，就只依据今天所理解的延伸到底。明天良知又有新的体悟，那就从明天所理解的延伸到底。如此方是精一的功夫。同别人探讨学问，也必须依据别人的能力所及。这就像树木刚发芽，用一些水去浇灌。树芽稍长了一点，再多浇一些水。树从双手合握到双臂合抱，浇水的多少要根据树的大小来决定。刚萌生的嫩芽，如果把一桶水都浇上去，就会把它浸坏了。"

226

【原文】

问知行合一。

先生曰："此须识我立言宗旨。今人学问，只因知行分作两件，故有一念发动，虽是不善，然却未曾行，便不去禁止。我今说个知行合一，正要人晓得一念发动处，便即是行了。发动处有不善，就将这不善的念克倒了，须要彻根彻底，不使那一念不善潜伏在胸中。此是我立言宗旨。"振聋发聩之说！非经五百年沉淀，难见"知行合一"之伟大！

【译文】

黄直就知行合一的问题请教于先生。

先生说："这需要首先了解我立论的主旨。如今的人做学问，因为把知与行当作两回事看，所以产生了一个念头，即便是不善的，但未去做，也就不去禁止。我主张知行合一，正是要人知道有念萌发，也就是已经践行了。若产生了不善的念头，就把这不善的念头克去，并且需要彻底，使得不善的念头不能潜伏在胸中。这才是我立论的主旨。"

227

【原文】

“圣人无所不知，只是知个天理；无所不能，只是能个天理。此之谓，高纬度认知！圣人本体明白，故事事知个天理所在，便去尽个天理。不是本体明后，却于天下事物都便知得，便做得来也。天下事物，如名物度数、草木鸟兽之类，不胜其烦，圣人须是本体明了，亦何缘能尽知得？但不必知的，圣人自不消求知，其所当知的，圣人自能问人。如‘子入太庙，每事问’之类。先儒谓‘虽知亦问，敬谨之至’，此说不可通。细思应当如是，真相了！圣人于礼乐名物，不必尽知，然他知得一个天理，便自有许多节文度数出来。不知能问，亦即是天理节文所在。”阳明先生此说，深刻之至！发人深省之至！

【译文】

“圣人无所不知，也只是知一个天理；无所不能，也只是能一个天理。圣人的本体晶莹亮洁，所以对每件事都知道天理所在，因而去穷尽其中的天理。并非等本体晶莹亮洁后，天下的事才能明白，才能做到。天下的事物，比如名物、度数，草木、鸟兽之类，不计其数。圣人的本体虽晶莹亮洁，又怎能全部知道这些事物？只是不必知道的，圣人自然不想知道；应该知道的，圣人自然会向人询问。比如，孔子入太庙，每事必问。朱熹认为，孔子虽然全部知道，他还是要问，是一种恭敬谨慎的表现。这种说法不通。礼乐、名物方面，圣人不需要全都知道，然而他知道一个天理，这样自然会有很多规章制度引申出来。不知而能问，天理和社会运行规律也就尽在掌握。”

228

【原文】

问:“先生尝谓善恶只是一物。善恶两端，如冰炭相反，如何谓只一物?”

先生曰:“至善者，心之本体。本体上才过当些子，便是恶了；不是有一个善，却又有一个恶来相对也。故善、恶只是一物。”善、恶俱是能量的波动，只是方向、方式与结果的差异。

直因闻先生之说，则知程子所谓“善固性也，恶亦不可不谓之性”。又曰:“善、恶皆天理。谓之恶者，本非恶，但于本性上过与不及之间耳。”其说皆无可疑。

【译文】

黄直问:“先生曾说善恶只是一个东西。善恶两端就像冰炭一般不相容，如何能说是一个东西呢?”

先生说:“至善，是心的本体。本体上稍有闪失，就是恶了。并不是有了一个善，就有一个恶来与它相对。所以说善恶只是一个东西。”

黄直听了先生的这番解释，也就明白了程颢所说的“善固性也，恶亦不可不谓之性”，“善恶皆天理，谓之恶者本非恶，但于本性是过与不及之间耳”。黄直对此言论都不再有疑问。

229

【原文】

先生尝谓:“人但得好善如好好色，恶恶如恶恶臭，便是圣人。”

直初闻之，觉甚易，后体验得来，此个功夫着实是难。生活日常中的功夫其实最难！如一念虽知好善、恶恶，然不知不觉，又夹杂去了。才有夹杂，便不是好善如好好色、恶恶如恶恶臭的心。善能实实的好，是无一念不善矣；恶能实实的恶，是无念及恶矣。如何不是圣人？故圣人之学，只是一“诚”而已。

【译文】

先生曾说过：“人只要好善好比喜爱美色，憎恶恶好比讨厌恶臭那样，就是圣人了。”

黄直开始听到这话时，认为很简单。后来经过亲身体会，觉得这个功夫着实很难。比如，心里虽然明白应该好善憎恶，但不知不觉中会有别的掺杂进去。稍有掺杂，就不是好善好比喜爱美色，憎恶恶好比讨厌恶臭的那颗心了。对善能切实地喜爱，就不会有不善的念头。对恶能切实地憎恨，就不会有邪恶的念头了。这样又怎能不是圣人？所以，圣人的学问也只是一个“诚”字。

↗ 230

【原文】

问“修道说”言“率性之谓道”属圣人分上事，“修道之谓教”属贤人分上事。

先生曰：“众人亦率性也，但率性在圣人分上较多，故‘率性之谓道’属圣人事。圣人亦修道也，但修道在贤人分上多，故‘修道之谓教’属贤人事。”

又曰：“《中庸》一书，大抵皆是说修道的事，故后面凡说君子，说颜渊，说子路，皆是能修道的；说小人，说贤、知、愚、不肖，说庶民，皆是不能修道的；其他言舜、文、周公、仲尼，至诚至圣之类，则又圣人之自能修道者也。”故生知安行、学知利行、困知勉行，亦是人人皆有，只是生命状态与比例的差异。

【译文】

黄直请教先生《修道说》中所讲的“率性之谓道”属于圣人之事，“修道之谓教”属于贤人之事。

先生说：“平常人也能‘率性’，只是‘率性’在圣人身上的分量多，因此说‘率性之谓道’是圣人的事。圣人也‘修道’，只是‘修道’在贤人身上的分量多，因此说‘修道之谓教’是贤人的事。”

先生又说：“关于《中庸》这本书，大部分是讲修道的事。所以，后面所讲的君子、颜回、子路等，都是能修道的；所讲的小人、贤者、智者、愚者、不肖者、平民百姓，都是不能修道的；另外所讲的舜、文王、周公、孔子等，都是至诚至圣的人，又都是圣人之中自然能修道的。”

231

【原文】

问：“儒者到三更时分，扫荡胸中思虑，空空静静，与释氏之静只一般，两下皆不用，此时何所分别？”

先生曰：“动静只是一个。那三更时分空空静静的，只是存天理，即是如今应事接物的心。如今应事接物的心，亦是循此理，便是那三更时分空空静静的心。故动静只是一个，分别不得。知得动静合一，释氏毫厘差处亦自莫掩矣。”三更子时，阴阳交替，最是用功宜有感悟时。然真正功夫，不论时、地，不论动、静，于此儒家超越佛家处多矣。

【译文】

黄直问："儒家学者在半夜三更时分，扫清心中的思虑，空空寂寂，与佛教的静相同。静的时候，儒佛都不发生作用，此时两者的区别又在哪里呢？"

先生说："动静是一回事。三更时分的空空寂寂，也只是要存养天理，也就是如今应事接物的心。如今应事接物的心，也是要遵循天理，也就是三更时分空空寂寂的心。因此动、静是一回事，不能分开。理解了动静合一，佛教与儒家的纤细区别自然清楚明白了。"

↗ 232

【原文】

门人在座，有动止甚矜持者。性格，其实是人生第一道藩篱！

先生曰："人若矜持太过，终是有弊。"

曰："矜持太过，如何有弊？"

曰："人只有许多精神，若专在容貌上用功，则于中心照管不及者多矣。"

有太直率者。

先生曰："如今讲此学，却外面全不检束，又分心与事为二矣。"无过无不及，才是最妙！

【译文】

在座的众弟子中，有人的举止过于矜持。

先生说："人如果过于矜持，最终存在弊端。"

黄直问："为什么说过于矜持存在弊端？"

先生说："人的精力毕竟有限，若一味在外在上面用功，往往就不能照管到内心了。"

又有人过于粗率。

先生说："如今讲求良知的学说，外表上却完全没有约束，又是把心与事当成两回事看了。"

233

【原文】

门人作文送友行，问先生曰："作文字不免费思，作了后又一二日常记在怀。"

曰："文字思索亦无害，但作了常记在怀，则为文所累，心中有一物矣，此则未可也。"不以物累，亦不以文累！

又作诗送人。先生看诗毕，谓曰："凡作文字要随我分限所及，若说得太过了，亦非'修辞立诚'矣。""立言"虽次于"立德"，然自古及今观之，"修辞立诚"，尤为不易！

【译文】

有一个弟子写文章为朋友送行。为此，他对先生说："写文章难免费神，过后一两天总还记挂在心上。"

先生说："写文章时思考并无害处。但写完了常记在心，这就是被文章所牵累，心中总存着一件事情，反倒不好了。"

又有一个人作诗送人。先生看完诗对他说道："写诗作文固然好，但要力所能及，若说得太过，也就不是'修辞立诚'了。"

234

【原文】

“文公‘格物’之说，只是少头脑。朱子“少头脑”处恐不仅此一例。如所谓‘察之于念虑之微’，此一句不该与‘求之文字之中，验之于事为之著，索之讲论之际’混作一例看，是无轻重也。”可见“察之于念虑之微”是根本性的，重要程度与层次远甚于后三者也。

【译文】

“朱熹关于格物的主张，缺少一个主宰。比如他讲的‘察之于念虑之微’这句话，就不应该与‘求之文字之中’‘验之于事为之著’‘索之讲论之际’等混为一谈，这样就无轻重之分了。”

235

【原文】

问“有所忿懥”一条。

先生曰：“忿懥几件，人心怎能无得，七情六欲，本自所有。只是不可有所耳。“有所”者，发而不能中节，失却心之主体也。凡人忿懥，着了一分意思，便怒得过当，非廓然大公之体了。故有所忿懥，便不得其正也。如今于凡忿懥等件，只是个物来顺应，不要着一分意思，便心体廓然大公，得其本体之正了。且如出外见人相斗，其不是的，我心亦怒。然虽怒，却此心廓然，不曾动些子气。如今怒人，亦得如此，方才是正。”

【译文】

黄直就《大学》“有所忿懥”一条请教于先生。

先生说：“诸如愤怒、恐惧等情绪，人的心中怎会没有呢？只是不应该‘有所’罢了。人在愤怒时，比较容易感情用事，有时怒得过分，就不是廓然大公的本体了。因此，‘有所’愤怒，心就不能中正。如今，对于愤怒等情绪，只要顺其自然，不要过分着意，心体就会廓然大公，从而实现本体的中正了。比如，出门看见有人打架，对于错误的一方，我心中也十分恼火。但虽恼火，却心中坦然，不过分生气。如今对别人有怒气时，也应该这样，如此才为中正。”

236

【原文】

先生尝言：“佛氏不着相，其实着了相，吾儒着相，其实不着相。”辩证！细思果然如是！

请问。

曰：“佛怕父子累，却逃了父子；怕君臣累，却逃了君臣；怕夫妇累，却逃了夫妇。都是为个君臣、父子、夫妇着了相，便须逃避。如吾儒，有个父子，还他以仁；有个君臣，还他以义；有个夫妇，还他以别；何曾着父子、君臣、夫妇的相？”故佛氏言空寂，只是“逃”而已。儒家更能坦然面对世界与内心。

【译文】

先生曾说：“佛教对于‘相’不执着，其实是对‘相’执着；儒家对于‘相’执着，其实却是对‘相’不执着。”

黄直就这个问题请教于先生。

先生说："信佛者担心父子关系牵累他，于是逃避父子之情；担心君臣关系牵累他，于是逃避君臣之义；担心夫妻关系牵累他，于是逃避夫妻之别。这些，都是执着于君臣、父子、夫妻的'相'，所以才要逃避。我们儒家，有父子关系，就给它仁爱；有君臣关系，就给它忠义；有夫妻关系，就给它礼节。什么时候执着于父子、君臣、夫妻的'相'呢？"

黄修易录

读书作文，安能累人？人自累于得失耳

237

【原文】

黄勉叔[1]问："心无恶念时，此心空空荡荡的，不知亦须存个善念否？"

先生曰："既去恶念，便是善念，便复心之本体矣。此即《大学》所云"至善"。譬如日光被云来遮蔽，云去，光已复矣。若恶念既去，又要存个善念，即是日光之中添燃一灯。"阳明先生到此境界，随口说来，皆是通透如此！

【译文】

黄修易问："心中没有恶念的时候，这个心就空空荡荡，是不是再需要存养一个善念？"

先生说："既然除掉了恶念，就是善念，也就恢复了心的本体。比如，阳光被乌云遮挡，当乌云散去后，阳光又会重现。若恶念已经除掉，又去存养一个善念，就是在阳光下又添一盏灯。"

---

1 黄勉叔，即黄修易，字勉叔，王阳明弟子。

↗ 238

【原文】

问："近来用功，亦颇觉妄念不生，但腔子里黑窣窣的，不知如何打得光明？""窸窸窣窣"之"窣窣"也。"但腔子里黑窣窣的"，说得太真实了。

先生曰："初下手用功，如何腔子里便得光明？譬如奔流浊水，才贮在缸里，初然虽定，也只是昏浊的。须俟澄定既久，自然渣滓尽去，复得清来。汝只要在良知上用功；良知存久，黑窣窣自能光明也。今便要责效，却是助长，不成工夫。"如此才明了阳明先生临终遗言所云——"此心光明，亦复何言！"

【译文】

有人问："近来用功，也颇感妄念不再滋生。然而，内心深处却一团漆黑，不知如何才能让它光明？"

先生说："开始用功时，心里怎么会立即光明？比如，奔流的污水刚置入缸中，开始即使静止不动，也是浑浊的。只有等到静止澄定久了，水中的渣滓才会沉淀下去，成为清水。你只要在良知上用功，良知存养久了，心中的黑暗自会光明。如今若是想要它立刻见效，却是揠苗助长，不能看成是功夫。"

↗ 239

【原文】

先生曰："吾教人'致良知'，在'格物'上用功，却是有根本的学

问。日长进一日，愈久愈觉精明。世儒教人事事物物上去寻讨，却是无根本的学问。方其壮时，虽暂能外面修饰，不见有过，老则精神衰迈，终须放倒。譬如无根之树，移栽水边，虽暂时鲜好，终久要憔悴。”可知，为学先立根本之重要！今之教育，大病正在于此。多少貌似“鲜好”的学子，一遇坎坷磨折，便迅速“憔悴”！

【译文】

先生说：“我教导人致良知，需要在格物上用功，是有根基的学问。一天比一天有所进步，时间越长就越觉得清明。儒者却教人到每件事物上去寻求探讨，那是没有根基的学问。人在年轻的时候，虽然还能修饰表面，即使有闪失也看不出，到老年时精力衰竭，最终会支撑不住。比如，把一株无根的树移栽到水边，短时间内虽然鲜活美好，但时间一久，自然会枯萎而死。”

↗ 240

【原文】

问“志于道”一章。

先生曰：“只‘志道’一句，便含下面数句功夫，自住不得。譬如做此屋，‘志于道’是念念要去择地鸠材，经营成个区宅；‘据德’却是经画已成，有可据矣；‘依仁’却是常常住在区宅内，更不离去；‘游艺’却是加些画采，美此区宅。艺者，义也，理之所宜者也。如诵诗、读书、弹琴、习射之类，皆所以调习此心，使之熟于道也。苟不‘志道’而‘游艺’，却如无状小子，不先去置造区宅，只管要去买画挂做门面。不知将挂在何处？”以安居作喻，言世之“游于艺”而不“志于道”者，皆本末倒置。此论观今，尤中时弊！

【译文】

黄修易就《论语》中的"志于道"向先生请教。

先生说："只'志于道'这一句话，就包含了以下好几句的功夫，不能仅停留于'志于道'上。比如，建房屋这件事，它的'志于道'，就是一定要选好地方，挑好材料，将房子建成；'据德'，则是房子已经建成，有地方居住了；'依仁'，就是长期居住在房子里，不再离去；'游艺'，就是装饰、美化这个房子。艺，就是义，是天理的最恰当处。比如诵诗、读书、弹琴、射击之类，都是为了调养这个心，使它能够纯熟于道。若不先'志于道'而去'游于艺'，就如同一个毛头小伙子，不先去建造房屋，而只顾着买画悬挂，装点门面，不知他究竟要把画挂在什么地方？"

↗ 241

【原文】

问："读书所以调摄此心，不可缺的。但读之之时，一种科目意思牵引而来，不知何以免此？"科目者，科举之名目也。此言功利心。

先生曰："只要良知真切，虽做举业，不为心累；纵有累，亦易觉，克之而已。能致良知，功利亦无害。且如读书时，良知知得强记之心不是，即克去之；有欲速之心不是，即克去之；有夸多斗靡之心不是，即克去之。如此，亦只是终日与圣贤印对，是个纯乎天理之心。任他读书，亦只是调摄此心而已，何累之有？"

曰："虽蒙开示，奈资质庸下，实难免累。窃闻穷通有命，上智之人恐不屑此。不肖为声利牵缠，甘心为此，徒自苦耳。欲屏弃之，又制于亲，不能舍去，奈何？"

先生曰："此事归辞于亲者多矣，其实只是无志。一语中的！志立得

时，良知千事万事只是一事。读书作文，安能累人？人自累于得失耳！”因叹曰：“此学不明，不知此处担搁了几多英雄汉！”诚然如是！人皆英雄汉，惟多自担搁！

【译文】

黄修易问：“读书就是为了修养我的心，是不可缺的。然而在读书时，又有考科举的思虑产生，不知该如何避免？”

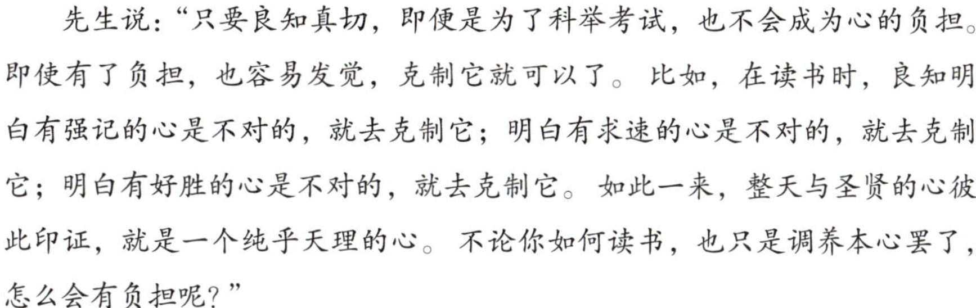

先生说：“只要良知真切，即便是为了科举考试，也不会成为心的负担。即使有了负担，也容易发觉，克制它就可以了。比如，在读书时，良知明白有强记的心是不对的，就去克制它；明白有求速的心是不对的，就去克制它；明白有好胜的心是不对的，就去克制它。如此一来，整天与圣贤的心彼此印证，就是一个纯乎天理的心。不论你如何读书，也只是调养本心罢了，怎么会有负担呢？”

黄修易说：“承蒙先生启发，无奈我资质平庸，实在难以除去这一负担。我曾听说，人的穷困和通达都是命运安排的，天资聪颖的人对科举等事情大概会不屑一顾。愚笨的人则被声名利禄缠绕，心甘情愿为科举而读书，自己感到苦恼。想要摒除这个念头，又被父母双亲管制，不能抛弃，到底该怎么办？”

先生说：“把这类事情归罪于双亲的很多，其实还是自己没有志向。志向坚定了，在良知的主宰下，千事万事也只是一件事。读书作文，怎么会成为人的负担呢？人还是被自己那个计较得失的心所牵累了！”因而，先生感慨说：“良知的学问不明，不知道在这里耽搁了多少英雄好汉！”

↗ 242

【原文】

问："'生之谓性'，告子亦说得是，孟子如何非之？"

先生曰："固是性，但告子认得一边去了，不晓得头脑。若晓得头脑，如此说亦是。孟子亦曰：'形色，天性也'，这也是指气说。"

又曰："凡人信口说，任意行，皆说此是依我心性出来，此是所谓生之谓性，然却要有过差。告子以天生的秉性与性格为"性"，故"信口说，任意性"就是大多数人的毛病，也就很难改变、提升与成长了。若晓得头脑，依吾良知上说出来，行将去，便自是停当。然良知亦只是这口说，这身行，岂能外得气，别有个去行去说？"

故曰："'论性不论气，不备；论气不论性，不明。'气亦性也，性亦气也，但须认得头脑是当。"

【译文】

黄修易问："告子所讲的'生之谓性'，我认为说得十分正确，孟子为什么说不对呢？"

先生说："性固然是与生俱来的，但告子只认识了一个方面，不懂得其中的本质。若明白了性的本质，他的话也还是正确的。孟子也说：'形色，天性也。'这也是针对气所说的。"

先生又说："一个人胡言乱语，肆意妄为，都说是根据心性而做的，这就是所谓的'生之谓性'。但这样会犯错误。如果知道性的本质，依照自我的良知说出来，做下去，自然就会正确。然而，良知也只是嘴里说，身体行，怎能抛开了气，另外找个东西去说、去做呢？"

因此，程颐说："'论性不论气不备，论气不论性不明。'气即是性，性即是气，只是唯有认准性的本质才是正确的。"

↗ 243

【原文】

又曰："诸君功夫，最不可'助长'，上智绝少，学者无超入圣人之理。上智绝少，自以为上智者不少！一起一伏，一进一退，自是功夫节次。不可以我前日用得功夫了，今却不济，便要矫强做出一个没破绽的模样，这便是'助长'，连前些子功夫都坏了。此非小过。譬如行路的人遭一蹶跌，起来便走，不要欺人做那不曾跌倒的样子出来。遮掩"破绽"，做出不曾跌倒的模样，于己身之成长，亦是揠苗助长！诸君只要常常怀个'遁世无闷，不见是而无闷'之心，依此良知忍耐做去，不管人非笑，不管人毁谤，不管人荣辱，我自砥砺前行，不为外在所动！任他功夫有进有退，我只是这致良知的主宰不息，久久自然有得力处，一切外事亦自能不动。"

又曰："人若着实用功，随人毁谤，随人欺慢，处处得益，处处是进德之资。若不用功，只是魔也，终被累倒。"

【译文】

先生又说："各位做功夫时，千万不要拔苗助长。上等智慧的人很少，学习者没有一下就超凡出圣、进入圣人之域的道理。一起一伏，一进一退，是做功夫的秩序。不可因为我前日用了功夫，而今天这功夫没有做好，还勉强装出一个没有破绽的样子，这就是助长，这种做法，连前日的那些功夫也损坏了。这不是小的错误。这就好比一个人走路，不小心跌了一跤，站起来就走，不要假装一副没有跌倒的模样来欺骗人。各位只要经常怀着'遁世无闷，不见是而无闷'的心，按照良知切实地做下去，不管他人的嘲笑、诽谤、称誉、侮辱，任由功夫有进有退，只要这致良知没有片刻停息，时间久了，自然会感到有力，也自然不会被外面的任何事情所动摇。"

先生又说："人如果切实地用功，不论他人如何诽谤和侮辱，处处都会受益，处处都能提升德行。如果不用功，他人的诽谤和侮辱就会有如魔鬼一般，最终会被累垮的。"

244

【原文】

先生一日出游禹穴，此间"大禹陵"碑，即先生弟子南大吉所立，今犹在耳。顾田间禾，曰："能几何时，又如此长了！"

范兆期[1] 名有时光之喻，适合生长话题！在旁曰："此只是有根。学问能自植根，亦不患无长。"

先生曰："人孰无根，良知即是天植灵根，自生生不息；但着了私累，把此根戕贼蔽塞，不得发生耳。"师生以禾喻人，对答诚然"和声"！

【译文】

一天，先生去禹穴出游，看着田间的禾苗说："这才多久时间，禾苗又长高了。"

范兆期在一旁说："这是因为禾苗有根。做学问如果自己能种根，就不用担心不进步。"

先生说："人怎么会没有根？良知就是上天种下的灵根，自然能够生生不息。只是因为被私欲牵累，把这个根残害、阻塞了，使它不能正常地生长发育。"

---

1 范兆期，即范引年，字兆期，号半野，王阳明弟子。

↗245

【原文】

一友常易动气责人。

先生警之曰："学须反己。若徒责人，只见得人不是，不见自己非；若能反己，方见自己有许多未尽处，奚暇责人？舜能化得象的傲，其机括只是不见象的不是。若舜只要正他的奸恶，就见得象的不是矣。象是傲人，必不肯相下，如何感化得他？""感化"是"上兵"，是"不战而屈人之兵"。

是友感悔。

曰："你今后只不要去论人之是非，凡当责辩人时，就把做一件大己私，克去方可。"责人之病，泛滥、堕落到极致，即今网络之所谓"键盘侠"也！

【译文】

有位同学经常因为生气而指责别人。

先生告诫他说："学习必须能够返身自省。如果只是指责别人，就只能看到别人的错误，不能看到自己的缺点。若能返身自省，才能看到自己有许多不完善的地方，哪还有时间责怪别人呢？舜之所以能感化象的傲慢，关键在于不在意象的不是。如果舜只是要去纠正象的奸恶，就只会看到象的不是，而象又是一个傲慢的人，肯定不会认错，这样又怎样感化他呢？"

这位同学听了这番话，甚感惭愧。

先生说："从今以后，你只不要去议论别人的是非，大凡要责备别人的时候，把它当作自己一个大的私欲，克服掉就行。"

246

【原文】

先生曰："凡朋友问难，纵有浅近粗疏，或露才扬己，皆是病发。当因其病而药之可也，不可便怀鄙薄之心，非君子与人为善之心矣。"学者易怀"鄙薄之心"，为此易失"至善之心"！因病而药，当知因由。

【译文】

先生说："凡是朋友在一起辩论，难免看法有浅有近，有粗有疏。有的人如果想因此显才扬己，都是毛病在发作。对症下药是可行的，但不能怀有轻视别人的心。不然，就不是君子与人为善的心了。"

247

【原文】

问："《易》，朱子主卜筮，程传主理，何如？"

先生曰："卜筮是理，理亦是卜筮。天下之理，孰有大于卜筮者乎？答得出人意料，却又在情理之中！只为后世将卜筮专主在占卦上看了，所以看得卜筮似小艺。不知今之师友问答、博学、审问、慎思、明辨、笃行之类，皆是卜筮。卜筮者，不过求决狐疑，神明吾心而已。"神明吾心而已"，先生看得通透！《易》是问诸天；人有疑，自信不及，故以《易》问天。谓人心尚有所涉，惟天不容伪耳。"天不容伪，人心易蔽！

【译文】

有人问："关于《周易》，朱熹认为它侧重卜筮，程颐认为它侧重明理。究竟怎么样呢？"

先生说："卜筮就是理，理也是卜筮，天下的理还有大过卜筮的吗？只因后世之人把卜筮仅仅看成占卦，所以认为卜筮是雕虫小技。却不知现在师友间的问答、博学、审问、慎思、明辨、笃行之类，都是卜筮。卜筮只不过是为了决断疑惑，使心变得神明罢了。《易》是向天请教，当人有疑而自信不足时，就用《易》来向天询问。所以说，人心尚且会有所偏私，只有天容不得一点虚假。"

黄省曾录

毁谤自外来的，虽圣人如何免得

↗ 248

【原文】

黄勉之[1]问：“‘无适也，无莫也，义之与比。’事事要如此否？”

先生曰：“固是事事要如此，须是识得个头脑乃可。义即是良知，晓得良知是个头脑，方无执着。阳明先生喜用“头脑”一词，即主脑，即本体，即纲举目张之“纲举”。且如受人馈送，也有今日当受的，他日不当受的。也有今日不当受的，他日当受的。你若执着了今日当受的，便一切受去。执着了今日不当受的，便一切不受去，孟子于诸侯之馈赠，即有受与不受之别。阳明先生当是暗用其事。便是‘适’‘莫’，便不是良知的本体。如何唤得做义？”

【译文】

黄省曾问：“《论语》上说：‘无适也，无莫也，义之与此。’每件事都要这样吗？”

先生说：“当然每件事都是如此，只是要有一个宗旨才行。义，也就是良知，明白良知是宗旨主宰，才不会拘泥固执。比如，接受别人的馈赠，有今天应当接受，而改日不该接受的情况；也有今天不该接受，而改日应当接受的情况。你如果固执地认为今天该接受的就都接受，或是认为今天不该接

1 即黄省曾，字勉之，号五岳，从王阳明学习。

受的就统统拒之门外，如此就是‘适’‘莫’了，这就不是良知的本体，又怎么能称作义呢？”

↗ 249

【原文】

问：“‘思无邪’一言，如何便盖得三百篇之义？”

先生曰：“岂特三百篇？《六经》只此一言，便可该贯。以至穷古今天下圣贤的话，‘思无邪’一言，也可该贯。此外便有何说？此是一了百当的功夫。”“思无邪”即“致良知”之表现，故“一了百当”。

【译文】

有人问：“‘思无邪’这句话，怎么能概括《诗经》三百篇的意思呢？”

先生说：“何止是《诗经》三百篇，《六经》都可以用这句话概括贯通。甚至古往今来一切圣贤的言论，一句‘思无邪’，都能概括贯通。此外还有什么可讲的？这是一了百当的功夫。”

↗ 250

【原文】

问道心、人心。中华心法所在：“人心惟危，道心惟微。惟精惟一，允执厥中。”

先生曰：“‘率性之为道’，便是道心。但着些人的意思在，便是人心。道心本是无声无臭，故曰‘微’。依着人心行去，便有许多不安稳处，故曰‘惟危’。”近觉“惟精”是锤炼之法，“唯一”是良知之的！

【译文】

黄省曾请教“道心”和“人心”的问题。

先生说：“‘率性之谓道’，就是道心。但添加了一些人的欲望，就是人心。道心原本无声无味，因此说是‘微’。按照人心去做，就有许多不稳妥之处，因此说是‘惟危’。”

251

【原文】

问：“‘中人以下，不可以语上’，愚的人与之语上尚且不进，况不与之语，可乎？”

先生曰：“不是圣人终不与语，圣人的心忧不得人人都做圣人。只是人的资质不同，施教不可躐等。故须因材施教。中人以下的人，便与他说性、说命，他也不省得，也须慢慢琢磨他起来。”因材施教，见师者智慧。“慢慢琢磨他起来”，见师者胸怀，不放弃，不抛弃每一个人。

【译文】

有人问：“《论语》中说：‘中人以下，不可以语上’，向愚昧的人讲高深的学问，都不能使他们进步，何况什么都不与他们讲呢，这样可以吗？”

先生说：“并非是圣人不给他们讲，圣人心中恨不得人人都能做圣人。只是每个人的资质各不相同，所以施行教育时，不得不讲高低次序。对于中等水平之下的人，即便和他讲天性与天命，他也不会理解，如此就需要慢慢去开导、雕琢他。”

252

【原文】

一友问："读书不记得如何？"

先生曰："只要晓得，如何要记得？警醒！要晓得已是落第二义了，只要明得自家本体。若徒要记得，便不晓得；若徒要晓得，便明不得自家的本体。"记得，晓得，明得！可印证沧溟先生读书三境论矣！

【译文】

有位同学问道："读书却记不住，该怎么办呢？"

先生说："只要理解了，为什么非要记住？要知道，理解也已是第二位的了，只要使自己心的本体光明就够了。若仅仅只是求记住，就不能理解；如果只求理解，就不能明白自己的本体。"

253

【原文】

问："'逝者如斯'是说自家心性活泼泼地否？"

先生曰："然。须要时时用致良知的功夫，方才活泼泼地，方才与他川水一般。若须臾间断，便与天地不相似。此是学问极至处，圣人也只如此。"江河湖海，宇宙天地，都是"活泼泼地"！

【译文】

有人问："《论语》中的'逝者如斯'，是指自己的心性本体生动活泼吗？"

先生说："是的。必须每时每刻用致良知的功夫，才能使心性活泼，才能和江水一样。如果有片刻的间断，就与天地不相似了。这是做学问的关键。圣人也只是如此。"

↗ 254

【原文】

问"志士仁人"章。子曰："志士仁人，无求生以害仁，有杀身以成仁。"

先生曰："只为世上人都把生身命子看得太重，不问当死不当死，定要宛转委曲保全，以此把天理却丢去了。忍心害理，何者不为？若违了天理，便与禽兽无异，便偷生在世上百千年，也不过做了千百年的禽兽。学者要于此等处看得明白。比干[1]、龙逄[2]，只为他看得分明，所以能成就得他的仁。"怪不得"赴义"曰"慷慨赴义"！

【译文】

黄省曾就《论语》"志士仁人章"请教于先生。

先生说："只因为世人将性命看得过重，也不看是否应当死，而一定要委曲求全地保全性命，因而就丧失了天理。忍心去伤害天理，还有什么事做不出来？如果违背了天理，就与禽兽无异了，即使在世上苟且偷生成百上千年，也不过做了成百上千年的禽兽。为学之人必须在这些地方看清楚。比干、龙逄，只因为他们看得清楚，所以能成就他们的仁。"

---

1 比干，商纣王的叔父，进谏纣，被杀。
2 龙逄，夏桀王的贤臣，进谏桀，被杀。

255

【原文】

问："叔孙武叔[1]毁仲尼，大圣人如何犹不免于毁谤？"

先生曰："毁谤自外来的，虽圣人如何免得？人只贵于自修，若自己实实落落是个圣贤，纵然人都毁他，也说他不着。却若浮云掩日，如何损得日的光明。若自己是个象恭色庄、不坚不介的，纵然没一个人说他，他的恶慝终须一日发露。所以孟子说'有求全之毁，有不虞之誉'。毁誉在外的，安能避得，只要自修何如尔。""毁誉在外的，安能避得？"沧溟先生近年尤感于是！但求困知勉行，实落自修耳！

【译文】

有人问："《论语》中有'叔孙武叔毁仲尼'的记载，孔子这样的大圣人为什么也免不了被人毁谤？"

先生说："毁谤是从身外来的，即使是圣人又怎么能够避免呢？人只应注重自身修养。如果自己的的确确是圣贤之人，纵然他人都毁谤他，也不能把他怎么样。这就如同浮云遮日，怎么可能损坏太阳的光辉？如果自己是个外貌恭敬庄重，内心空虚无德的人，即使没有人说他坏话，隐藏的恶终有一天也会暴露无遗。因此，孟子说：'有求全之毁，有不虞之誉。'毁誉来自外界，又怎么能够躲避？只要加强自身修养，外来的毁誉算什么。"

256

【原文】

刘君亮[2]要在山中静坐。要静坐，去世上静坐，去红尘静坐，去人间

1 叔孙武叔，叔孙不敢之子，名州仇，谥武，鲁国司马。
2 刘君亮，字元道，王阳明弟子。

静坐！

先生曰："汝若以厌外物之心去求之静，是反养成一个骄惰之气了；汝若不厌外物，复于静处涵养，却好。"和光同尘，静处涵养。

【译文】

刘君亮要在山中静坐。

先生说："你如果是用厌弃外物的心去寻求静，反而会养成骄横怠惰的恶习。你如果不厌弃外物，再到静处去涵养，倒是很好。"

↗ 257

【原文】

王汝中[1]、省曾侍坐。

先生握扇命曰："你们用扇。"活泼泼的阳明先生！

省曾起对曰："不敢。"

先生曰："圣人之学不是这等捆缚苦楚的，不是妆做道学的模样。"

汝中曰："观仲尼与曾点言志一章略见。"

先生曰："然。以此章观之，圣人何等宽洪，包含气象。且为师者问志于群弟子，三子皆整顿以对。至于曾点，飘飘然不看那三子在眼，自去鼓起瑟来，何等狂态！及至言志，又不对师之问目，都是狂言。设在伊川，或斥骂起来了。吾亦向来不喜伊川一副道学模样。圣人乃复称许他，何等气象。圣人教人，不是个束缚他通做一般，只如狂者便从狂处成就他，狷者便从狷处成就他。人之才气，如何同得？"

1 王汝中，即王畿，字汝中，号龙溪，王阳明弟子，开创王学浙中学派。

【译文】

王汝中、黄省曾陪先生坐。

先生拿着扇子，说："你们用扇子吧！"

黄省曾站起来答道："不敢！"

先生说："圣人的学问，不是这样约束、痛苦的，不用打扮成道学的样子。"

王汝中说："从《论语》中'仲尼与曾点言志'一章能看出大概。"

先生说："正是。从这章可以看出，圣人具有多么宽广博大的胸怀。先生询问弟子们的志向，子路、冉求、公西华都很严肃地作了回答。而曾点飘飘然地不把三个人放在眼里，独自弹瑟，这是怎样的狂态！当他谈自己的志向时，不针对老师的问题直接回答，口出狂言。如果换作是程颐，也许早就是一番痛斥。孔子却一直称赞他，这是怎样的气魄！孔子教育人，不是把人都约束成一个样子，对于狂放不羁者就从狂放处去成就他，对于洁身自爱者就从自爱处去成就他。人的才能、气质，又怎么会相同呢？"

↗ 258

【原文】

先生语陆元静曰："元静少年亦要解《五经》，志亦好博。但圣人教人，只怕人不简易，他说的皆是简易之规。以今人好博之心观之，却似圣人教人差了。"此是反话。阳明先生若见今世碎片化之光怪陆离，更要说圣人教人差得愈发远了。

【译文】

先生对陆澄说："你年轻时就要注解《五经》，志向也是在博学。然而，圣人教育学生，只担心学生不能简易，他所说的都是简易的办法。如果从现在的人爱好博学的心来看，圣人教育学生的方法好像错了似的。"

↗ 259

【原文】

先生曰："孔子无不知而作；颜子有不善未尝不知：此是圣学真血脉路。"此皆至善之知，良知也。

【译文】

先生说："孔子从来没有不知道还做的，颜子对于自己做得不好的地方没有不知道的，这正是圣学真正的精血脉络！"

钱德洪录

圣贤只是为己之学，重功夫不重效验

↗ 260

【原文】

何廷仁[1]、黄正之[2]、李侯璧[3]、汝中、德洪侍坐。先生顾而言曰："汝辈学问不得长进，只是未立志。

侯璧起而对曰："珙亦愿立志。"发愿不同于立志。今之教育中，学生念头多而立志少，正是德育之大缺失处！

先生曰："难说不立，未是必为圣人之志耳。"

对曰："愿立必为圣人之志。"

先生曰："你真有圣人之志，良知上更无不尽。良知上留得些子别念挂带，便非必为圣人之志矣。"

洪[4]初闻时，心若未服，听说到此，不觉悚汗。此如佛门当头棒喝也。

【译文】

何廷仁、黄正之、李侯璧、王汝中、钱德洪陪先生坐。先生看着他们

---

1 何廷仁，初名秦，字性之，号善山，王阳明弟子。

2 黄正之，即黄宏纲。

3 李侯璧，即李珙，字侯璧，王阳明弟子。

4 此处王晓昕先生认为"洪"应系"珙"的误刻，即应该指李侯璧，而非钱德洪。

说："你们的学问没有进步，主要是由于没有立志。"

李侯璧站起身来答道："我也愿意立志。"

先生说："很难说你没有立志，但你立的不一定是做圣人的志向。"

李侯璧回答说："我愿意立定做圣人的志向。"

先生说："你真有做圣人的志向，良知就需纯洁明亮。良知上如果还有一些别的牵挂，就不是决心做圣人的志向了。"

钱德洪刚开始听的时候，内心还不服气，听到这里时，不觉身上冒出了汗。

261

【原文】

先生曰："良知是造化的精灵。自物理学观之，基本粒子的能量波动就是一切造化的精灵。**这些精灵，生天生地，成鬼成帝，皆从此出，真是与物无对。**"与物无对"者，万物无可与之伦比。万物皆因能量的振动频率而生，故无可与之伦比。**人若复得他完完全全，无少亏欠，自不觉手舞足蹈，不知天地间更有何乐可代。"**万物皆共振！在生命的本源意义上找到基本能量的共振处，即致良知，则不觉间欲手之舞之足之蹈之，此即得天地间之大乐也！

【译文】

先生说："良知是造化的精灵。这些精灵产生了天和地，造就了鬼神和上帝，所有一切都由它产生，任何事物都无法与之相比。人如果能彻底恢复良知，没有任何缺陷，自然就会手舞足蹈，不知道天地间还有什么乐趣可以取代它？"

↗ 262

【原文】

一友静坐有见，驰问先生。驰问可见求学心切。

答曰："吾昔居滁时，见诸生多务知解，口耳异同，无益于得，姑教之静坐；一时窥见光景，颇收近效；久之渐有喜静厌动，流入枯槁之病，或务为玄解妙觉，动人听闻。无过无不及，过犹不及。心切者尤易过犹不及。故迩来只说'致良知'。良知明白，随你去静处体悟也好，随你去事上磨练也好，良知本体原是无动无静的。此便是学问头脑。我这个话头，自滁州到今，亦较过几番，阳明先生由不惑而至知天命，岂止"较过几番"！只是'致良知'三字无病。医经折肱，方能察人病理。"

【译文】

有位同学在静坐中有所领悟，于是跑去请教先生。

先生说："我从前住在滁州时看到，学生们十分注重在知识见闻上辩论异同，这对学问没有什么益处，于是就教他们静坐。一时间在静中也略有所悟，并有一些短时的效果。时间一久，逐渐产生了喜静厌动、陷入枯槁的毛病。有的人专注于玄妙的解释和感觉，借以耸人听闻。因此，我近来只说致良知。理解了良知，随便你去静处体悟、去事上磨炼都可以。良知的本体原本没有动静之分，这就是学问的宗旨。我的这番话，从在滁州时到现在，也经过了几番思索，发觉只有'致良知'这三个字没有问题。这就像医生只有多次治过骨折，才能了解骨折的病理一样。"

263

【原文】

一友问："功夫欲得此知时时接续，一切应感处反觉照管不及。若去事上周旋，又觉不见了。如何则可？"

先生曰："此只认良知未真，尚有内外之间。我这里功夫不由人急心。有急功近利心，便有周旋不及病。认得良知头脑是当，去朴实用功，自会透彻。到此便是内外两忘，又何心事不合一。"心上学、事上练，终究亦是合一！

【译文】

有位同学问："做功夫时想让良知不中断，而在应付事物时则感到照顾不过来。如果去事上周旋，又觉得看不见良知了，到底该怎么办呢？"

先生说："这只是认识良知还不够真切，仍有内外之分。我这个致良知的功夫不能急于求成。如果能掌握良知的宗旨，并切实地用功，自然会体察透彻。这个时候就一定会忘掉内外，心与事又怎能不合一呢？"

264

【原文】

又曰："功夫不是透得这个真机，如何得他充实光辉？孟子云："充实之谓美，充实而有光辉之谓大。"若能透得时，不由你聪明知解接得来。良知功夫，不由聪明知解接得来！须胸中渣滓浑化，不使有毫发沾带，始得。"惟精惟一，便是"渣滓浑化"法！

【译文】

先生又说："如果不能在功夫上领悟良知的真谛，如何能使心充实而有光辉呢？如果想要领悟，不能仅仅依靠自己的聪明、智慧去理解。只有净化胸中的污秽，使它没有纤毫沾染才行。"

↗265

【原文】

先生曰："'天命之谓性'，命即是性；'率性之谓道'，性即是道；'修道之谓教'，道即是教。"见分别，亦见统一。

问："如何道即是教？"

曰："道即是良知。良知原是完完全全，是的还他是，非的还他非，是非只依着他，更无有不是处，这良知还是你的明师。"统一处，即规律与本质。

【译文】

先生说："'天命之谓性'，命就是性；'率性之谓道'，性就是道；'修道之谓教'，道就是教。"

问："为什么道就是教呢？"

先生说："道就是良知，良知本来是完完全全的，是的给他个是，非的就给他个非，是非都只是根据良知，这样就不会再有差错了。这个良知就是你的明师。"

↗ 266

【原文】

问:"'不睹不闻'是说本体,'戒慎恐惧'是说功夫否?"

先生曰:"此处须信得本体原是不睹不闻的,无分别!亦原是戒慎恐惧的,无我私!戒慎恐惧不曾在不睹不闻上加得些子。见得真时,便谓戒慎恐惧是本体,不睹不闻是功夫亦得。"此言通透已极!

【译文】

问:"在《中庸》中,'不睹不闻'是指本体,'戒慎恐惧'是指功夫吗?"

先生说:"这里必须坚信本体原本是'不闻不睹'的,也原本是'戒慎恐惧'的。'戒慎恐惧'并没有在'不睹不闻'上添加一些东西。如果真切地明白这一点,也可以说'戒慎恐惧'是本体,'不睹不闻'是功夫。"

↗ 267

【原文】

问:"通乎昼夜之道而知。"

先生曰:"良知原是知昼知夜的。"

又问:"人睡熟时,良知亦不知了。"

曰:"不知何以一叫便应?"生动!

曰:"良知常知,如何有睡熟时?"

曰:"向晦宴息,此亦造化常理。夜来天地混沌,形色俱泯,人亦耳目无所睹闻,众窍俱翕,此即良知收敛凝一时。天地既开、庶物露生,

人亦耳目有所睹闻，众窍俱辟，此即良知妙用发生时。可见人心与天地一体。故‘上下与天地同流’。今人不会宴息，夜来不是昏睡，即是妄思魇寐。”今人尤甚！“昏睡”乃至“妄思魇寐”还好，碎片化习性下失魂、失魄、失眠者比比皆是！

曰：“睡时功夫如何用？”

先生曰：“知昼即知夜矣。日间良知是顺应无滞的，夜间良知即是收敛凝一的，有梦即先兆。”夜则收敛凝一，日则顺应无滞！

【译文】

钱德洪就《周易》中“通乎昼夜之道而知”这句话求教于先生。

先生说：“良知原本就是知道白天和黑夜的。”

又问：“当人熟睡时，良知也就没有知觉吧。”

先生说：“如果无知，为什么一叫就有反应呢？”

问：“良知如果是常知的，为什么会有熟睡的时候？”

先生说：“夜晚都要休息，这是自然的常理。夜晚天地一片混沌，万物的形状和颜色都消失了，人也是什么都看不见，什么都听不见，感官的功能也暂时停止了，此时正是良知收敛凝聚的时刻。白天来临，万物生长，人能听到声音，看到形状、颜色，感官功能也恢复正常，此时正是良知发生妙用的时刻。由此可见，人心与天地万物原本是一体的。因此孟子说‘上下与天地同流’。如今的人，夜晚不会休息，不是沉睡不醒，就是胡思乱想，噩梦不断。”

问：“睡觉时如何用功夫？”

先生说：“知道白天如何用功夫，也就知道夜晚如何用功夫。在白天，良知是顺应无滞的；在夜晚，良知是收敛凝聚的，做梦就是先兆。”

↗ 268

【原文】

又曰："良知在夜气发的，方是本体，以其无物欲之杂也。学者要使事物纷扰之时，常如夜气一般，就是'通乎昼夜之道而知'。"孟子、阳明所云之"夜气"，即经夜间深睡眠修复后身心所具生命之元气，一如天地平旦之气。故大儒因夜气足，往往平明即起。

【译文】

先生又说："良知在夜气下发生的才是本体，因为没有夹杂丝毫物欲。学习者要想在遇到烦扰时，仍然可以像在夜气中一样，就是'通乎昼夜之道而知'。"

↗ 269

【原文】

先生曰："仙家说到虚，圣人岂能虚上加得一毫实？佛氏说到无，圣人岂能无上加得一毫有？但仙家说'虚'从养生上来，佛氏说'无'从出离生死苦海上来，却于本体上加却这些子意思在，便不是他虚无的本色了，便于本体有障碍。仙家要给人现世希望，故言"虚从养生上来"；释家要给人来世希望，故言"无从出离生死苦海上来"。终究还是吸引普罗大众之法，故有宗教常用、也是必用之"兜售"之嫌！圣人只是还他良知的本色，更不着些子意在。良知之'虚'便是天之太虚，良知之'无'便是太虚之无形。日月风雷、山川民物，凡有貌象形色，皆在太虚无形中发用流行，未尝作得天的障碍。圣人只是顺其良知之发用，天地万物俱

在我良知的发用流行中，何尝又有一物起于良知之外，能作得障碍？”

【译文】

先生说：“道家讲虚，圣人怎么能在‘虚’上再添加分毫的‘实’呢？佛教讲‘无’，圣人又怎么能在‘无’上再添加分毫的‘有’呢？然而，道家讲‘虚’是从养生上来说的，佛教讲‘无’是从脱离生死苦海上来说的，都是在本体上又添加一层意思，就不是‘虚’‘无’的本体了，对本体就有所损害。圣人只是还自己一个良知的本来面目，更不会添加其他东西。良知的‘虚’就是天的太虚，良知的‘无’就是太虚的无形。日月风雷、山川民物，只要是有相貌和颜色的，都在太虚无形中发生、运动，从来不是天的障碍。圣人只是顺应良知的作用，天地万物都在良知的范围内运动。何尝有一件事物超出良知之外，而成为良知的障碍呢？”

↗ 270

【原文】

或问：“释氏亦务养心，然要之不可以治天下，何也？”

先生曰：“吾儒养心，未尝离却事物，只顺其天则自然，就是功夫。释氏却要尽绝事物，把心看做幻相，渐入虚寂去了；终究断灭顽空。与世间若无些子交涉，所以不可治天下。”本质上佛家求的是个体解放，而儒家求的是天下解放。故大众对佛家的亲近远甚于儒家；而士大夫，也就是社会中坚阶层，对儒家的亲近则远甚于佛家。

【译文】

有人问：“佛教也十分重视心的修养，但是不能用来治理天下，这是怎么回事呢？”

先生说：“我们儒家修养心性，未尝离开过事物，只是顺应天理自然法则，这就是功夫。佛教却要杜绝事物，将心当成幻相，逐渐陷入虚寂之中，仿佛与世间事物毫无关系，因此，佛教不能用来治理天下。”

271

【原文】

或问“异端”。

先生曰：“与愚夫、愚妇同的，是谓同德；与愚夫、愚妇异的，是谓异端。”此之谓良知不离日用伦常也！

【译文】

有人问关于“异端”的问题。

先生说：“和愚夫愚妇相同的，叫作同德；和愚夫愚妇不同的，就叫作异端。”

272

【原文】

先生曰：“孟子不动心与告子不动心，所异只在毫厘间。事见《孟子·公孙丑》。告子只在不动心上着功，孟子便直从此心原不动处分晓。心之本体原是不动的，只为所行有不合义，便动了。孟子不论心之动与不动，只是‘集义’，所行无不是义，此心自然无可动处。若告子只要

此心不动，便是把捉此心，将他生生不息之根反阻挠了，此非徒无益，而又害之。孟子'集义'工夫，自是养得充满，并无馁歉；自是纵横自在，活泼泼地，此便是浩然之气。"告子盯着"心不动"的表象，故"只在不动心上着功"，故为"把捉"；孟子本着"集义所生"的良知本体，故"从此心原不动处分晓"，实为"把握"。

【译文】

先生说："孟子的不动心和告子的不动心，区别是极其细微的。告子仅在不动心上用功夫，孟子则直接从心的本来不动处用功夫。心的本体原本是不动的。只因为言行有不符合义的，心才会动。孟子无论心的动与不动，只是去'集义'。如果所行的都是义，这个心自然就没有可动之处。告子只是要此心不动，也就是执着于这个心不放，反而把这个心生生不息的根阻挠了，不但徒劳无益处，反而又伤害了心。孟子所讲的'集义'功夫，自然可以把这个心存养得充实丰满，没有丝毫缺陷，心当然能自由自在，生机勃勃。这就是所谓的浩然正气。"

↗ 273

【原文】

又曰："告子病源，从'性无善无不善'上见来。性无善无不善，虽如此说，亦无大差。但告子执定看了，便有个无善无不善的性在内。有善有恶又在物感上看，便有个物在外，却做两边看了，便会差。无善无不善，性原是如此。悟得及时，只此一句便尽了，更无有内外之间。告子曰："仁，内也，非外也；义，外也，非内也。"告子见一个性在内，见一个物在外，便见他于性有未透彻处。"孟子性善论非静态之评判，究其本质，“善”，是生命能量的生机选择，是动态的“向善”。而后世“性善、性恶”之争，早已扭曲了这一儒家哲学重要命题的本来面目。

【译文】

先生接着说：“告子的病根，就是他认为人性是无善无不善的。人性无善无不善，这种现点虽无大的弊端，但告子执着地认为，就有一个无善无不善的人性在心中。有善有恶又是多从对事物的感觉来看，这样就有个物在心外，就把心和物分为两边看了，便会有问题。无善无不善，人性原本如此。领悟得及时，只要这一句话就行了，再无内外的区别。告子主张人性在心内，物在心外，可见，他对人性的认识还不够透彻。”

274

【原文】

朱本思[1]问：“人有虚灵，方有良知。若草木瓦石之类，亦有良知否？”

先生曰：“人的良知，就是草木瓦石的良知。若草木瓦石无人的良知，不可以为草木瓦石矣。岂惟草木瓦石为然？天地无人的良知，亦不可为天地矣。盖天地万物与人原是一体，其发窍之最精处，是人心一点灵明，风雨露雷、日月星辰、禽兽草木、山川土石，与人原只一体。故五谷禽兽之类皆可以养人，药石之类皆可以疗疾，只为同此一气，故能相通耳。”天地万物，皆有良知。但只有人类可以意识到这一点！故曰天地之间，“其发窍之最精处，是人心一点灵明”。反之故曰，惟有人，可“为天

1 朱本思，即朱得之，字本思，号近斋，王阳明弟子。

地立心”也！

【译文】

朱本思问：“人有虚明灵觉，才有良知。那么，像草木瓦石之类，也有良知吗？”

先生说：“人的良知，也就是草木瓦石的良知。如果草木瓦石没有人的良知，也就不可能成为草木瓦石了。难道只有草木瓦石这样吗？天地没有人的良知，也就不可能成为天地了。天地万物与人原本一体，其最精妙的开窍处就是人心的一点灵明，风雨雷电、日月星辰、禽兽草木、山川土石与人原本是一体的。所以，五谷禽兽都可以滋养人，药石之类都可以治疗疾病，只因万物的气是相同的，所以能够相通。”

↗ 275

【原文】

先生游南镇，一友指岩中花树问曰：“天下无心外之物，如此花树，在深山中自开自落，于我心亦何相关？”

先生曰：“你未看此花时，此花与汝心同归于寂；你来看此花时，则此花颜色一时明白起来，便知此花不在你的心外。”岩中花树，一段大关节处。五百年来争议不休，只在由形象到本质，探究不可谓不难！友就现象逻辑发问，阳明先生亦据形象而妙答，以致后人多在“象”上纠缠不休矣。究其本质，友之所问，落脚在客观存在；先生之所答，在价值存在。而价值存在更大于客观存在，更切于能量共振之妙！

【译文】

先生游览南镇，一位朋友指着山岩中的花树问："先生认为天下没有心外之物，比如这株花树，在深山中自开自落，于我的心又有什么关系呢？"

先生说："你未看到这花时，这花和你的心同归于寂静；你来欣赏这花时，这花的颜色就显现出来。由此可知，此花不在你的心外。"

↗ 276

【原文】

问："大人与物同体，如何《大学》又说个厚薄？"明道云："仁者，以天地万物为一体！"此问之"同体"，将人与万物混同为一，取消一切差异性与区分度，自然不明"厚薄""亲疏""次第"是社会与自然本有之"条理"。

先生曰："惟是道理自有厚薄。比如身是一体，把手足捍头目，岂是偏要薄手足？其道理合如此。禽兽与草木同是爱的，把草木去养禽兽，心又忍得？人与禽兽同是爱的，宰禽兽以养亲与供祭祀，燕宾客，心又忍得？至亲与路人同是爱的，如箪食豆羹，得则生，不得则死，不能两全，宁救至亲，不救路人，心又忍得？这是道理合该如此。自草木、禽兽、路人、至亲，层层推进，以证"厚薄""亲疏""次第"，极有说服力！及至吾身与至亲，更不得分别彼此厚薄。盖以仁民爱物皆从此出，此处可忍，更无所不忍矣。《大学》所谓厚薄，是良知上自然的条理，不可逾越，此便谓之义；顺这个条理，便谓之礼；知此条理，便谓之智；终始是这条理，便谓之信。"墨家之"兼爱"，不分"厚薄""亲疏""次第"，看上去很美好，却终究是空中楼阁而已。

【译文】

问："伟大的人与物同为一体，而《大学》中为什么又说一个厚薄呢？"

先生说："只是因为道理本身就有厚薄。比如，人身是一个整体，如果用手与脚去保护头和眼睛，难道是偏偏薄待手和脚吗？只是道理本当如此。同样，对禽兽和草木一样有爱，用草木去饲养禽兽，又怎么忍心呢？对人和禽兽一样有爱，宰杀禽兽以奉养亲人、祭祀祖先、招待客人，又怎么忍心呢？对至亲和路人一样有爱，如果只有一箪食、一豆羹，得到它就能活，失去它就会死，但又不能同时拯救两个人，此时就宁愿救至亲，不救路人，又怎么忍心呢？只是道理本当如此。至于自己和骨肉至亲，则不能厚此薄彼，因为对人和物的热爱都从这里产生，在骨肉亲情处如果能忍心，那就没有什么不能忍心的了。《大学》上说的厚薄，是良知固有的秩序，不可逾越，这就称为义；遵循这个秩序，就称为礼；明白这个秩序，就称为智；自始至终坚持这个秩序，就称为信。"

↗ 277

【原文】

又曰："目无体，以万物之色为体；耳无体，以万物之声为体；鼻无体，以万物之臭为体；口无体，以万物之味为体；心无体，以天地万物感应之是非为体。"器官与功能不是本体，色、声、臭、味、感之是非，才是本体。也就是说，能量的波动才是本体！

【译文】

先生又说："眼睛没有本体，以万物的颜色作为它的本体；耳朵没有本体，以万物的声音作为它的本体；鼻子没有本体，以万物的气味作为它的本体；嘴巴没有本体，以万物的味道作为它的本体；心没有本体，以天地万物彼此感应中的是非作为它的本体。”

↗ 278

【原文】

问“夭寿不贰”。

先生曰：“学问功夫，于一切声利、嗜好，俱能脱落殆尽，尚有一种生死念头毫发挂带，便于全体有未融释处。人于生死念头，本从生身命根上带来，故不易去。若于此处见得破，透得过，此心全体方是流行无碍，方是尽性至命之学。”所谓贪生怕死，生死可谓是情绪与欲望的终极考验所在。超越生死的贪嗔痴，“此心全体方是流行无碍”！阳明先生临终去职还乡，遗言“此心光明，亦复何言”，便是最好之明证！

【译文】

就“夭寿不贰”的说法请教于先生。

先生说：“做学问的功夫，对于一切声色名利和嗜好，都能完全摆脱。然而，如果仍有一种贪生怕死的念头存留在心，就不能和本体融会贯通。人的生死之念，原本是从生命的根源处带来的，因此不容易去掉。如果在此处能识得破、看得透，这个心的整体才是畅通无阻的，才是尽性至命的学问。”

↗ 279

【原文】

一友问:“欲于静坐时，将好名、好色、好货等根，逐一搜寻，扫除廓清，恐是剜肉做疮否?”“剜肉做疮”者，疑其画蛇添足耳。

先生正色曰:“这是我医人的方子，真是去得人病根，更有大本事人，过了十数年，亦还用得着。你如不用，且放起，不要作坏我的方子!”阳明先生此方，即所谓“虚拟场景”。岂知五百年后，竟如此大为流行!

是友愧谢。

少间曰:“此量非你事，必吾门稍知意思者为此说以误汝。”

在坐者皆悚然。

【译文】

有位同学问:“想在静坐之机，将好名、好色、好货等病根逐一搜寻出来，彻底荡涤干净，恐怕是割肉补疮吧?”

先生严肃地说:“这是我为人治病的药方，真的能完全铲除人的病根。即使有更大本领的人，十几年之后，依然用得上。如果你不用，就收起来，不要败坏我的药方。”

这位同学十分惭愧地道歉。

过了一会儿，先生说:“这大概也不是你的错，一定是对我的主张略懂一些的学生对你讲的，这倒是耽误了你。”

其时，在座的各位都十分惶恐。

↗ 280

【原文】

一友问功夫不切。

先生曰:“学问功夫,我已曾一句道尽,一句道尽者,致良知也。如何今日转说转远,都不着根!”

对曰:“致良知盖闻教矣,然亦须讲明。”

先生曰:“既知致良知,又何可讲明?良知本是明白,实落用功便是;不肯用功,只在语言上转说转糊涂。”

曰:“正求讲明致之之功。”简直鸡同鸭讲!

先生曰:“此亦须你自家求,我亦无别法可道。昔有禅师,人来问法,只把麈尾提起。一日,其徒将其麈尾藏过,试他如何设法。禅师寻麈尾不见,又只空手提起。此是佛家反观觉照之法,与儒、道皆殊途同归。我这个良知就是设法的麈尾,舍了这个,有何可提得?”

少间,又一友请问功夫切要。

先生旁顾曰:“我麈尾安在?”阳明先生恁有趣!

一时在坐者皆跃然。

【译文】

有位同学问,功夫不真切时怎么办?

先生说:“学问的功夫,我已经用一句话说尽了,现在怎么越说越远,找不到根基了呢?”

回答说:“曾经听过致良知,但还需再讲讲明白。”

先生说:“既然知道致良知,还有什么可讲明的?良知原本清楚明白,只要切实用功就行了。不肯用功,光在语言上说,越说越糊涂。”

朋友说:“我正是希望您讲讲如何致良知的功夫。”

先生说："这同样需要你自己去探求，我也没有其他的办法可讲。过去有位禅师，别人请教佛法，他只把拂尘提起来。一天，他的徒弟把拂尘藏了起来，看他还有什么办法。禅师因找不到拂尘，只好徒手做出提拂尘的样子。我的这个良知，就是启发人的拂尘，除此而外，还有什么可提的？"

过了一会儿，又有一位同学请教用功夫的要诀。

先生侧过头去，看着旁边说："我的拂尘在哪儿？"

一时间，在座的人哄堂大笑。

↗ 281

【原文】

或问"至诚""前知"。

先生曰："诚是实理，只是一个良知。实理之妙用流行就是神，其萌动处就是几，诚、神、几曰圣人。此周濂溪所云：寂然不动，诚也。感而遂通，神也。动而未形、有无之间者，几也。圣人不贵前知，祸福之来，虽圣人有所不免。圣人只是知几，遇变而通耳。圣人见微知著，且通权达变。故此，阳明先生以儒生带兵，能百战不殆。良知无前后，只知得见在的几，便是一了百了。若有个'前知'的心，就是私心，就有趋避利害的意。邵子[1]必于前知，终是利害心未尽处。"邵康节术数已极，然或害道。

【译文】

有人就《中庸》上的"至诚""前知"请教于先生。

先生说："诚是实在的道理，只是一个良知。实在的道理产生的奇妙作

1 邵子，即邵雍，北宋经学家。

用就是神，它的萌发处就是几，具备诚、神、几的人叫圣人。圣人并不贵在预先知晓，祸福降临，即便是圣人也是难以避免的。圣人只知晓事物发展的规律，善于应付各种变化。良知无前后之分，只要能知晓当前事物的规律，就能一了百了。如果有了预知的心，就是私心，也就有了趋利避害的意思。邵雍追求预先知道一切，就是因为他那趋利避害的私心没有彻底铲除。”

282

【原文】

先生曰：“无知无不知，此类道家“无为无不为”也。本体原是如此。譬如日未尝有心照物，而自无物不照。无照无不照，原是日的本体。良知本无知，今却要有知；本无不知，今却疑有不知，只是信不及耳。”维度与层次不够，不能把握良知本体，才会“信不及”！

【译文】

先生说：“无所谓知也无所谓不知，本体原本就是这样。这就好比太阳，未尝有意去照射万物，但没有任何事物不在照射之下。无所谓照也无所谓不照，原本就是太阳的本体。良知本来是无知的，如今却要它有知；良知本来是无不知的，如今却怀疑它有不知。这都是因为对良知不够坚信罢了。”

283

【原文】

先生曰：“‘惟天下至圣，为能聪明睿知’，旧看何等玄妙，今看来原是人人自有的。耳原是聪，目原是明，心思原是睿知，圣人只是一能之尔，能处正是良知。众人不能，只是个不致知。何等明白简易！”大道果然至简！先生到此境地，自然“一览众山小”！

【译文】

先生说：“《中庸》说，‘只有天下最圣贤的人，才能聪明睿智’，从前看时觉得它玄妙莫测。如今看来，它原是人人都具有的。耳朵原本就聪，眼睛原本就明，心灵原本就睿智。圣人只是具备了一种才能而已，这就是‘致良知’。一般人之所以不聪明睿智，就是因为不能致良知。这是多么明白简单啊！”

↗ 284

【原文】

问：“孔子所谓‘远虑’，周公‘夜以继日’，与‘将迎’不同何如？”庄子云：“无有所将，无有所迎。”将者送往，迎者迎来。若佛门所云，过去心、未来心，不可得也。

先生曰：“‘远虑’不是茫茫荡荡去思虑，只是要存这天理。天理在人心，亘古亘今，无有终始。能在良知的层面看，则过去、现在、未来，无所不包，无所不在。天理即是良知，千思万虑，只是要致良知。良知愈思愈精明，若不精思，漫然随事应去，良知便粗了。若只着在事上茫茫荡荡去思，教做远虑，便不免有毁誉、得丧、人欲搀入其中，就是将迎了。周公终夜以思，只是‘戒慎不睹，恐惧不闻’的功夫。见得时，其气象与将迎自别。”孔子所谓远虑，周公夜以继日，不能只从现象上看。

【译文】

有人问："孔子所谓的'远虑'，周公所谓的'夜以继日'，与迎来送往有什么不同？"

先生说："远虑并不是空空荡荡地去思考，只是要存这个天理。天理存留于人的心中，并且贯通古今，无始无终。天理就是良知，千思万虑也只是要致良知。良知是越思索越精明，如果不深思熟虑，只是漫不经心地跟着事情转，良知就变得粗疏了。如果只是在事情上空空荡荡地思考，让人存有远虑，就不免有毁誉、得失和私欲掺杂其间，也就是迎来送往了。周公整夜思考，只是'戒慎不睹，恐惧不闻'的功夫。认识了这一点，周公的气象与迎来送往便自然区分开了。"

↗285

【原文】

问："'一日克己复礼，天下归仁'，朱子作效验说，如何？"效验说，即效果论。朱子好作效验说，可见，朱子之学，多所外求。

先生曰："圣贤只是为己之学，所谓"人不为己，天诛地灭"之"为己"也！重功夫不重效验。仁者以万物为体，不能一体，只是己私未忘。全得仁体，则天下皆归于吾仁，就是'八荒皆在我闼'意。天下皆与，其仁亦在其中。如'在邦无怨，在家无怨'，亦只是自家不怨，如'不怨天，不尤人'之意。然家邦无怨，于我亦在其中，但所重不在此。"

【译文】

问："对孔子说的'一日克己复礼，天下归仁'这句话，朱熹主张是就效验而言的，如何理解呢？"

先生说："圣人只是一个克己的学说，只重视功夫而轻视效验。仁爱的人以万物为一体，不能与万物一体，只因没有忘掉私欲。如果能具备全部的仁，那么天下都将归于仁中，这也就是'八荒皆在我闼'的意思。天下都能做到仁，我的仁也在其中了。比如'在邦无怨，在家无怨'，也只有在自己家无怨。与'不怨天，不尤人'的意思相近。但是，家邦都无怨，我也就在其中了。然而，这里该重视的并不是所谓效验。"

↗ 286

【原文】

问："孟子'巧力圣智'之说，朱子云：'三子力有余而巧不足。'何如？"三子者，柳下惠、伯夷、伊尹也。

先生曰："三子固有力，亦有巧。巧力实非两事，巧亦只在用力处，力而不巧，亦是徒力。三子譬如射：一能步箭，一能马箭，一能远箭。他射得到俱谓之力，中处俱可谓之巧。但步不能马，马不能远，各有所长，便是才力分限有不同处。孔子则三者皆长。然孔子之和只到得柳下惠而极，清只到得伯夷而极，任只到得伊尹而极，何曾加得些子？若谓'三子力有余而巧不足'，则其力反过孔子了。'巧、力'只是发明'圣、知'之义，若识得'圣、知'本体是何物，便自了然。"朱熹的认知，常在现象上落脚。阳明的辨析，常于规律处鞭辟。故朱子常论得"似是"，阳明常数语"道破"！

【译文】

问："孟子主张'巧力圣智'之说，朱熹认为是'三子力有余而巧不足'，怎么理解呢？"

先生说："伯夷、伊尹、柳下惠这三个人固然有力，但也有技巧。巧和力并不是两回事，技巧也体现在用力处，只有气力而无技巧，只是空有其力。他们三个人如果用射箭作比，就是一个能步行射，一个能骑马射，一个能远射。他们都能射到靶子，就可以称为力；能命中目标，就可以称为巧。然而，能够步行射的不能骑马射，能够骑马射的不能远射，各有所长，这就是才力各有不同。孔子则兼有三个人的长处，但他的"和"只能达到柳下惠的程度；他的"清"只能达到伯夷的程度；他的"任"也只能达到伊尹的程度，何尝再添加什么？如果像朱熹说的'三子力有余而巧不足'，那么他们的力反而比孔子还多。巧和力只是为了阐明圣和智的含义，若明白了圣和智的本体是什么，自然就能理解了。"

287

【原文】

先生曰："'先天而天弗违'，天即良知也；'后天而奉天时'，良知即天也。"此便是一语道破《易》之乾卦处。

【译文】

先生说："'先天而天弗违'，因为天就是良知；'后天而奉天时'，因为良知就是天。"

288

【原文】

“良知只是个是非之心，是非只是个好恶，只好恶就尽了是非，只是非就尽了万事万变。”此类方便法门。

又曰：“是非两字是个大规矩，巧处则存乎其人。”此是非，是大是大非。

【译文】

“良知只是一个判别是非的心，是非就是喜欢与好恶。明白好恶就穷尽了是非，明白了是非就穷尽了万物的变化。”

先生又说：“是非两个字是一个大规矩，能否灵活应用，只能因人而异了。”

289

【原文】

“圣人之知如青天之日，贤人如浮云天日，愚人如阴霾天日，固有生知、学知、困知之别。虽有昏明不同，其能辨黑白则一。虽昏黑夜里，亦影影见得黑白，就是日之余光未尽处。良知亦在余光中！困学功夫，亦只从这点明处精察去耳。”良知如日头。一者，无照无不照；二者，便被遮蔽殆尽，终有可寻之迹，此之谓困知勉行处也。

【译文】

“圣人的良知如同晴空中的太阳，贤人的良知如同浮云半掩的太阳，愚人的良知如同浓云遮挡的太阳。虽然昏浊清明的程度不同，但能够辨别黑白这一点则是一致的。即便在昏黑的夜晚，也能隐约看出黑白，这是因为太阳的余光还未完全消失。在逆境中学习的功夫，也只是从这点光明的地方去精确体察。”

↗ 290

【原文】

问：“知譬日，欲譬云。云虽能蔽日，亦是天之一气合有的，欲亦莫非人心合有否？”

先生曰：“喜怒哀惧爱恶欲，谓之七情，七者俱是人心合有的，但要认得良知明白。先生所谓七情，即《礼记》所云“弗学而能”者。比如日光，亦不可指着方所，一隙通明，皆是日光所在。虽云雾四塞，太虚中色象可辨，亦是日光不灭处。不可以云能蔽日，教天不要生云。自地表而观之，云能蔽日。自太空、太阳系而观之，又何来“云能蔽日”？七情顺其自然之流行，皆是良知之用，不可分别善恶，但不可有所着。七情有着，俱谓之欲，俱为良知之蔽。然才有着时，良知亦自会觉，觉即蔽去，复其体矣。此处能勘得破，方是简易透彻功夫。”七情六欲，若气之化云，良知不为所蔽，自可云淡风轻，畅然赏其于人世间矣！

【译文】

问：“良知好比太阳，私欲好比浮云。浮云虽然能遮挡太阳，但也是天上的气中本来有的，那么私欲也是人心中本来就有的吗？”

先生说：“喜怒哀惧爱恶欲，人称七情，七情都是人心应该有的，但是需要将良知理解清楚。比如阳光，它不能只停留在一处。无论何处，只要有一线光明，就全是阳光所在处。天空即便云雾弥漫，只要太虚中还能分辨颜

色和形式，都是阳光不消失的地方。不能仅仅因为云彩能遮蔽太阳，就要求天不产生云彩。七情顺其自然地流露，都是良知在起作用，但不能把七情用善恶来区分，对七情也不能太执着。执着于七情，就称之为欲，都是遮蔽良知的。当然，稍有执着，良知就会发觉，发觉了就会去除遮蔽，恢复本体。能在此处看得透彻，才是简易透彻的功夫。”

↗ 291

【原文】

问：“圣人‘生知安行’是自然的，如何有甚功夫？”

先生曰：“‘知行’二字，即是功夫，但有浅深难易之殊耳。知、行二字合一处，即是功夫！良知原是精精明明的，如欲孝亲，‘生知安行’的只是依此良知落实尽孝而已，‘学知利行’者只是时时省觉，务要依此良知尽孝而已；至于‘困知勉行’者，蔽锢已深，虽要依此良知去孝，又为私欲所阻，是以不能，必须加人一己百、人十己千之功，方能依此良知以尽其孝。圣人虽是‘生知安行’，然其心不敢自是，肯做‘困知勉行’的功夫。虽生知安行者，也要有困知勉行的功夫，这就是红尘，这就是人生！‘困知勉行’的却要思量做‘生知安行’的事，怎生成得？”最后一问，又如当头棒喝！可见阳明亦是活泼泼的先生！

【译文】

问：“圣人的‘生知安行’是自然的，怎样下功夫才行呢？”

先生说：“‘知行’二字，就是功夫，但是有浅深、易难的差别。良知原本是精明纯粹的，比如，孝敬父母，‘生知安行’的人只是顺应良知，切实地去尽孝道；‘学知利行’的人只是时刻省察，努力依从良知去尽孝道；至于

‘困知勉行’的人，受的遮蔽太多，即使想遵循良知去尽孝道，又会被私欲阻隔，因此不能尽孝道，必须付出比旁人多十倍、百倍的功夫，才能依从良知去尽孝道。圣人虽然是‘生知安行’的，但他的心里不敢自以为是，宁肯做‘困知勉行’的人所做的功夫。‘困知勉行’的人却考虑去做‘生知安行’的事，这怎么能行呢？”

292

【原文】

问：“乐是心之本体，不知遇大故，于哀哭时，此乐还在否？”

先生曰：“须是大哭一番了方乐，不哭便不乐矣。虽哭，此心安处即是乐也。本体未尝有动。”勿忘勿助，廓然大公，便是此心安处！活泼泼的良知本体即是乐。

【译文】

问：“先生曾主张乐是心的本体，当遇到重大变故而痛哭时，不知这个乐是否还存在？”

先生说：“只有痛哭一场之后才能乐，不哭就不会乐了。即使痛哭，但此心得到了安慰，因而还是快乐的。心的本体并没有因为痛哭而有所改变。”

293

【原文】

问：“良知一而已，文王作《彖》，周公系爻，孔子赞《易》，何以各

自看理不同？”易者，变也。所究者，基本能量之运动，原始气机之变化也。故《易经》为万经之首。

先生曰：“圣人何能拘得死格？大要出于良知同，便各为说，何害？万变不离其宗！且如一园竹，只要同此枝节，便是大同。若拘定枝枝节节，都要高下大小一样，便非造化妙手矣。汝辈只要去培养良知，良知同，更不妨有异处。汝辈若不肯用功，连笋也不曾抽得，何处去论枝节？”文王作彖辞，周公作爻辞，孔子作十传，正见——言有尽，“易”无穷！

【译文】

有人问：“良知只有一个，周文王作《彖》，周公旦作爻辞，孔夫子作《易传》，为什么他们所认识的理各有不同呢？”

先生说：“圣人怎么会拘泥于死板的教条呢？最重要的相同处是出于良知，即使说法有所不同，又能妨碍什么呢？比如满园的青竹，只要枝节相差不多，也就是基本一致了。如果非要每株竹子每一枝节的高低大小都一样，就不能体现造化的奇妙了。你们只要去培养良知，良知相同，其他地方不同也无关紧要。你们如果不肯用功，就好比竹笋还未生长，又如何去谈论竹子的枝节呢？”

↗ 294

【原文】

乡人有父子讼狱，请诉于先生。侍者欲阻之，先生听之，言不终辞，其父子相抱恸哭而去。

柴鸣治[1]入问曰：“先生何言，致伊感悔之速？”

1 柴鸣治，字号不详，王阳明弟子。

先生曰:“我言舜是世间大不孝的子,瞽瞍是世间大慈的父。”否定之否定,阳明先生尤善正反合。

鸣治愕然,请问。

先生曰:“舜常自以为大不孝,所以能孝;瞽瞍常自以为大慈,所以不能慈。瞽瞍记得舜是我提孩长的,今何不曾豫悦我,不知自心已为后妻所移了,尚谓自家能慈,所以愈不能慈。舜只思父提孩我时如何爱我,今日不爱,只是我不能尽孝,日思所以不能尽孝处,所以愈能孝。及至瞽瞍底豫时,又不过复得此心原慈的本体。所以后世称舜是个古今大孝的子,瞽瞍亦做成个慈父。”因欲责人,故自以为“是”;因能责己,故因“非”成“是”。非独父子,人间“关系”尽然!

【译文】

乡下有父子二人打官司,请先生判案。先生的随从想阻挡他们。先生听了他们的诉说,劝说的话还未讲完,父子二人抱头痛哭,最后和好离去了。

柴鸣治进来问道:“先生说了什么,就使父子二人那么快就悔悟了呢?”

先生说:“我说,虞舜是世上最不孝顺的儿子,他的父亲瞽叟是世上最慈祥的父亲。”

柴鸣治感到十分惊讶,请教为什么。

先生说:“舜常常自以为是最不孝的,因此他能孝;瞽叟常常自以为是最慈爱的,因此才不慈爱。瞽叟只记着舜是自己从小养大的,而如今舜为什么不让自己快乐?他不清楚自己的心已被后妻所改变了,还自以为能慈爱,因此就更不能慈爱。舜总是记着小时候父亲是多么爱他,如今之所以不爱了,是因为自己不能尽孝。舜每天想着自己不能尽孝之处,因此就更加孝顺。等到瞽叟高兴时,也只不过是恢复了心中原本就有的慈爱本体。所以,后世之人都称舜是一个古往今来的大孝子,瞽叟也就成了一个慈祥的父亲。”

295

【原文】

先生曰："孔子有鄙夫来问，未尝先有知识以应之，其心只空空而已。一人之知识终有穷尽，此心之觉知无有穷尽。但叩他自知的是非两端，与之一剖决，鄙夫之心便已了然。是非者，良知也。人人本自具足。鄙夫自知的是非，便是他本来天则，虽圣人聪明，如何可与增减得一毫？他只不能自信，夫子与之一剖决，便已竭尽无余了。若夫子与鄙夫言时，留得些子知识在，便是不能竭他的良知，道体即有二了。"

【译文】

先生说："有村夫向孔子请教有关问题，孔子也并不是先准备好知识来回答他，孔子的内心也是空空如也。但是，他只是询问村夫自己知道的是是非非两方面，帮村夫分析，村夫的心里也就明白了。村夫知道自己的是是非非，便是他原本就有的天然准则。孔子虽然聪明，又怎么能随便增减分毫？只是村夫的自信心不足，孔子跟他稍加分析，是非曲直就显露无遗了。若孔子与村夫谈话时，留下一堆知识，反而不能穷尽他的良知，而道的本体就将分为两个东西了。"

296

【原文】

先生曰："'烝烝乂，不格奸'，本注说象已进进于义，不至大为奸恶。此朱子所注也。舜征庸后，象犹日以杀舜为事，何大奸恶如之？舜只是自进于义，以乂熏烝，不去正他奸恶。凡文过掩慝，此是恶人常态；

若要指摘他是非，反去激他恶性。舜初时致得象要杀己，亦是要象好的心太急，此就是舜之过处。经过来，乃知功夫只在自己，不去责人，所以致得‘克谐’；朱子的毛病在总想“教化”他人，故说教一大堆，过犹不及，宋明以来，中国之教育受其贻害未浅！心学致良知，“感化”“克谐”，自是水到渠成。此是舜‘动心忍性’‘增益不能’处。古人言语，俱是自家经历过来，所以说得亲切，遗之后世，曲当人情。若非自家经过，如何得他许多苦心处。”阳明先生作有《象祠记》，可为参看。

【译文】

先生说：“《尚书》上所谓的‘烝烝乂，不格奸’，这条的注释认为，象已经上进到接近乂了，不至于去做非常奸邪的事。舜被举荐后，象仍然每天想去谋杀他，还有比这更邪恶的事吗？舜只是自己学会发扬乂，用乂去感化象，而不直截了当地纠正他的奸邪。文过饰非，这是恶人的常态，如果要去责备他的过失，反倒会激起他们的恶性。开始时，舜之所以让象想要谋害他，也是想让象变好的心太迫切了，这是舜的过错。有了这段经历，舜终于明白功夫只在自身，不能去苛责他人，所以最后达到了和谐。这就是舜动心忍性，补足了自己能力不足的地方。古人的言论，都是自己亲身经历的，因此记得十分亲切，流传到后世，也能够婉转地符合人情世故。如果不是自己经历过，怎么会有那么多的良苦用心呢？”

↗ 297

【原文】

先生曰：“古乐不作久矣：今之戏子，尚与古乐意思相近。”因大俗，能大雅。

未达，请问。

先生曰：“‘韶’之九成，便是舜的一本戏子；‘武’之九变，便是武王的一本戏子。圣人一生实事，俱播在乐中，所以有德者闻之，便知他尽善、尽美与尽美未尽善处。若后世作乐，只是做些词调，于民俗风化绝无关涉，何以化民善俗？今要民俗反朴还淳，取今之戏子，将妖淫词调俱去了，只取忠臣、孝子故事，使愚俗百姓人人易晓，无意中感激他良知起来，却于风化有益；然后古乐渐次可复矣。”

曰：“洪要求元声不可得，恐于古乐亦难复。”于乐技论，律吕定声，黄钟之于五声，可谓元声。

先生曰：“你说元声在何处求？”

对曰：“古人制管候气，恐是求元声之法。”制管候气之法，足可见中国古代对宇宙共振本质的深刻理解！

先生曰：“若要去葭灰黍粒中求元声，却如水底捞月，如何可得？元声只在你心上求。”

曰：“心如何求？”

先生曰：“古人为治，先养得人心和平，然后作乐。比如在此歌诗，你的心气和平，听者自然悦怿兴起，只此便是元声之始。《书》云：‘诗言志’，志便是乐的本；‘歌永言’，歌便是作乐的本；‘声依永，律和声’，律只要和声，和声便是制律的本。何尝求之于外？”诗、歌、声、律，亦是致良知。

曰：“古人制候气法，是意何取？”

先生曰：“古人具中和之体以作乐，我的中和原与天地之气相应，候天地之气，协凤凰之音，不过去验我的气果和否。此是成律已后事，非必待此以成律也。今要候灰管，先须定至日，然至日子时恐又不准，又何处取得准来？”此一大段，为儒家诗乐之教之根本。

【译文】

先生说："古乐不流行已经很长时间了。今天的唱戏与古乐的韵味还比较接近。"

钱德洪不理解，于是就这句话请教于先生。

先生说："《韶》乐的九章，是舜时的乐曲；《武》乐的九章，是武王时的乐曲。圣人一生的事迹，都蕴含在乐曲之中。因此，品德高尚的人听后，就能了解其中尽善尽美和尽美不尽善的地方。后世作曲，只是谱写一些词调，和民风教化毫无关系，怎么能用来教化人民、改善风俗呢？如今要求民风返璞归真，把今天的戏曲拿来，删除其中所有的妖淫词调，只保留忠臣、孝子的故事，使愚昧的平民百姓都容易理解，在不知不觉中激发他们的良知，这样，对移风易俗会有所帮助。随后，古乐也就能够逐渐恢复了。"

德洪说："我想找元声却找不到，要恢复古乐，只怕十分困难。"

先生说："你认为元声该到哪里去寻找？"

德洪答道："古人制造律管来测量气候，这也许是寻求元声的办法。"

先生说："如果要从草灰黍粒中寻找元声，就像水底捞月一般，怎么能找到？元声只能从心上找。"

德洪问："在心上如何找呢？"

先生说："古人管理天下，首先把人培养得心平气和，而后才制作乐。比如，在这里吟诗，如果你心平气和，听的人自然会感到愉悦满意，这就是元声的起始处。《尚书 · 尧典》中说'诗言志'，志就是音乐的根本；'歌永言'，歌就是制作音乐的根本；'声依永，律和声'，音律只要声音和谐一致，就是制定音律的根本。所以，怎能到心外去寻找呢？"

又问："古人以律管测量气候的办法，依据的又是什么呢？"

先生说："古人具备中和的心体，然后才制作音乐。中和平正本来与天地之气相应，测量天地间的气，与凤凰的鸣叫相谐合，只不过是来验证自己的气是否真的中和。这是制成音律之后的事。并不是非要以此为依据才能制成音律。如今通过律管来确定节气，必须先确定冬至，但是，当到了冬至子时，只恐又不准确，这又到哪里去找标准呢？”

↗ 298

【原文】

先生曰：“学问也要点化，但不如自家解化者，自一了百当：不然，亦点化许多不得。”点化者，一点即化，要在瓶颈处。否则，点而不化，是俱尴尬。

【译文】

先生说：“学问也需要经过开导启发，但不如自己省悟理解那样一了百当。否则，开导启发也没有多大用处。”

↗ 299

【原文】

“孔子气魄极大，凡帝王事业，无不一一理会，也只从那心上来。譬如，大树有多少枝叶，也只是根本上用得培养功夫，故自然能如此，非是从枝叶上用功做得根本也。学者学孔子，不在心上用功，汲汲然去学那气魄，却倒做了。”“汲汲然”则不免功利心，往往徒有其表。世间多少“学者”如此！

【译文】

先生说："孔子的气魄宏伟，只要是帝王的事业，他都能一一加以体会，这也是从他的本心上流露出来的。好比一棵大树，无论有多少枝叶，也只是从根本上下功夫培养，自然会枝繁叶茂，而不是从枝叶上用功去培养。学习者向孔子学习，如果不在心上用功，只匆匆忙忙地学那气魄，反而是将功夫做颠倒了。"

↗300

【原文】

"人有过，多于过上用功，就是补甑，其流必归于文过。"补过者易文过，文过者必饰非。故不是究竟之法。

【译文】

先生说："当人犯了错误时，如果多在错误上用功夫，就好像是修补破旧的瓦罐，必定有文过饰非的毛病。"

↗301

【原文】

"今人于吃饭时，虽无一事在前，其心常役役不宁，只缘此心忙惯了，所以收摄不住。"参看佛陀吃饭——心系当下，由是安详！

【译文】

先生说："现在的人在吃饭时，即使无事等着做，心也经常忙乱而不安定，只因为心忙惯了，所以控制不住。"

↗ 302

【原文】

"琴、瑟、简编，学者不可无，盖有业以居之，心就不放。"或音乐，或读书，要有热爱与钻研，心于此与道有共振，便不放，便得"此心安处"！

【译文】

先生说："琴、瑟与书籍，学习者不能或缺，有了日积月累的修为，心就不会放纵。"

↗ 303

【原文】

先生叹曰："世间知学的人，只有这些病痛打不破，就不是'善与人同'。"孟子曰："大舜有大焉，善与人同。"

崇一曰："这病痛只是个好高不能忘己尔。"一者"为己"，致良知。一者"忘己"，去我执。

【译文】

先生感叹地说："世间知学的人，只要这些毛病不能纠正，就不是'善与人同'了。"

崇一接着说："这种毛病，也就是因为好高骛远，不能忘却私意。"

↗ 304

【原文】

问："良知原是中和的，如何却有过、不及？"

先生曰："知得过、不及处，就是中和。"充满了辩证法思维！

【译文】

问："良知本来是中正平和的，如何会有过分和不足呢？"

先生说："清楚了过分与不足，也就是中和。"

↗ 305

【原文】

"'所恶于上'是良知，'毋以使下'"即是致知。"絜矩之道，要在廓然大公。

【译文】

"《大学》中的'所恶于上'，就是良知；'毋以使下'，就是致知。"

306

【原文】

先生曰:“苏秦、张仪之智，也是圣人之资。后世事业文章，许多豪杰名家，只是学得仪、秦故智。仪、秦学术善揣摸人情，无一些不中人肯綮，故其说不能穷。仪、秦亦是窥见得良知妙用处，但用之于不善尔。”“善揣摸人情，无一些不中人肯綮”亦是“良知妙用”，可见心学也可以是心理学，有了高纬的心学把握，自然可以有低纬层面的心理学展开。

【译文】

先生说:“张仪、苏秦的谋略，也是圣人的资质。后代的诸多事业文章、诸多的豪杰名家，只是学到了张仪、苏秦用过的方法。张仪、苏秦的学问善于揣摸人情，没有哪一点不是切中要害的，因此他们的学说不能穷尽。张仪、苏秦也已经窥到了良知的妙用，却把它用在了不好的方面。”

307

【原文】

或问“未发”“已发”。

先生曰:“只缘后儒将‘未发’‘已发’分说了。体用耳。只得劈头说个无‘未发’‘已发’，使人自思得之。若说有个‘已发’‘未发’，听者依旧落在后儒见解。若真见得无‘未发’‘已发’，说个有‘未发’‘已发’原不妨。原有个‘未发’‘已发’在。”

问曰:“‘未发’未尝不和，‘已发’未尝不中。譬如钟声，未扣不可谓无，即扣不可谓有。毕竟有个扣与不扣，何如?”

先生曰："未扣时原是惊天动地，本自具足。即扣时也只是寂天寞地。"又是辩证法思维，又是正反合！

【译文】

有人就"未发"和"已发"的问题请教于先生。

先生说："只因后世儒者将'未发''已发'分开来讲了，所以我只有直接说没有'未发''已发'，让世人自己思考而有所得。如果说有'已发''未发'，听讲的人依然会回到后儒的见解上。如果能真正认识到没有'未发''已发'，即使讲有'未发''已发'也没关系。本来就存在'未发''已发'。"

有人问："'未发'并非不平和，'已发'也并非不中正。比如钟声，没敲的时候不能说没有声音，敲了的时候也不能说就有声音。但是，它到底有敲和不敲的分别，是这样的吗？"

先生说："没敲时原本是惊天动地的，敲了之后也只是寂静无声。"

↗ 308

【原文】

问："古人论性，各有异同，何者乃为定论？"

先生曰："性无定体，论亦无定体。有自本体上说者，有自发用上说者，有自源头上说者，有自流弊处说者。总而言之，只是一个性，但所见有浅深尔。一语说尽孟、荀性论之别。若执定一边，便不是了。性之本体，原是无善、无恶的，发用上也原是可以为善、可以为不善的，其流弊也原是一定善、一定恶的。譬如眼，有喜时的眼，有怒时的眼，直视就是看的眼，微视就是觑的眼。总而言之，只是这个眼。若见得怒时眼，就说未尝有喜的眼；见得看时眼，就说未尝有觑的眼，皆是执定，就知是错。孟子说性，直从源头上说来，亦是说个大概如此。荀子性恶之说，是从流弊上来，也未可尽说他不是，只是见得未精耳。众人则失了心之本体。”

问：“孟子从源头上说性，要人用功在源头上明彻；荀子从流弊说性，功夫只在末流上救正，便费力了。”学生总结得好！

先生曰：“然。”

【译文】

问：“古人谈论人性，各有不同，到底哪家的说法可以作为定论呢？”

先生说：“人性无固定的体，论述也没有固定的体。有的是就本体而言的，有的是就作用而言的，有的是就源头而言的，有的是就流弊而言的。总之，说的都是这个人性，只是看法有深有浅罢了。如果偏执一方，就是错误的了。人性的本体原本是无善无不善的，它发生的作用也是可以为善，可以为不善；人性的流弊原本就是有的为善，有的为恶的。比如人的眼睛，有高兴时的眼，有愤怒时的眼，直视时是正面看的眼，偷看时是窥视的眼。总之，都是这个眼睛。如果看到愤怒时的眼，就说没有高兴的眼；看到正面看的眼，就说没有窥视的眼，都是犯了偏执一方的过错。孟子谈的人性，是直接从源头上讲的，也是说大约如此。荀子主张人性恶，是从流弊上说的，也不能说完全错误，只是认识得还不够精密。然而，平常人却是丧失了心的本体。”

问：“孟子从源头上说人性，要求人在源头上用功，使人性明净清澈；荀子从流弊上说人性，只是在末流上用功救正，便白白耗费了精力。”

先生说：“正是这样。”

↗ 309

【原文】

先生曰："用功到精处，愈着不得言语，说理愈难。若着意在精微上，全体功夫反蔽泥了。"此是说尚意好玄、着意语言，反倒容易蔽泥心体。

【译文】

先生说："用功到了微妙的地方，愈发不能用言语来表达，说理也就越来越困难。如果在细微处过分在意，整体的功夫反会受到蒙蔽和妨碍了。"

↗310

【原文】

"杨慈湖[1]陆象山之高足也。是陆门弟子中著述最丰富者。不为无见，又着在无声无臭上见了。"无声无臭处有悟，然执于此便病。

【译文】

"杨慈湖并不是没有见解，他只是偏执地在无声无味方面理解罢了。"

↗311

【原文】

人一日间，古今世界都经过一番，只是人不见耳。见此者，何等思维！

1 杨慈湖，即杨简，号慈湖，陆九渊的弟子。

何等气象！夜气清明时，无视无听，无思无作，淡然平怀，就是羲皇世界。平旦时，神清气朗，雍雍穆穆，就是尧、舜世界。日中以前，礼仪交会，气象秩然，就是三代世界。日中以后，神气渐昏，往来杂扰，就是春秋、战国世界。渐渐昏夜，万物寝息，景象寂寥，就是人消物尽世界。学者信得良知过，不为气所乱，便常做个羲皇已上人。”可见夜气清明时，便是良知自足时！故曾文正曰：“寅时即起。”盖夜气清明故。

【译文】

先生说：“人在一天的时间里，把古今世界都重新经历了一遍，只是自己没有意识到罢了。夜气清明时，人们不看不听、不思不作、淡泊恬静，这就是伏羲的世界。清晨之时，人们神清气爽，庄严肃穆，这就是尧、舜的世界。中午之前，人们礼仪交往，气象井然，这就是三代的世界。中午之后，人们昏昏欲睡，往来杂扰，这就是春秋战国的世界。夜幕降临，万物安息，景象寂寥，这就是人消物尽的世界。学习者若能充分信任良知，不被外部的气所干扰，便能做一个伏羲时代以前的人。”

↗312

【原文】

薛尚谦、邹谦之、马子莘、王汝止[1]待坐。因叹先生自征宁藩以来，天下谤议益众。誉满天下，谤亦随之！请各言其故。有言先生功业势位日隆，天下忌之者日众；有言先生之学日明，故为宋儒争是非者亦日博；有言先生自南都以后，同志信从者日众，而四方排阻者日益力。

先生曰：“诸君之言，信皆有之。但吾一段自知处，诸君俱未道及耳。”

1 王汝止，即王艮，字汝止，号心斋，王阳明弟子，开创王学泰州学派。

诸友请问。

先生曰："我在南都以前，尚有些子乡愿的意思在。南都者，南京也。我今信得这良知真是真非，信手行去，更不着些覆藏。我今才做得个狂者的胸次，使天下之人都说我行不掩言也罢。"胸次浩大！

尚谦出曰："信得此过，方是圣人的真血脉。"

【译文】

薛侃、邹守益、马明衡、王艮陪先生在座，大家慨叹自平定宁王叛乱以来，天下诽谤先生的人越来越多，先生就让大家各自谈谈其中的原因。有的说，先生的功业权势日益显赫，因而天下嫉妒的人越来越多；有的说，先生的学说影响力越来越大，因而替宋儒争地位的人越来越多；有的说，正德九年（1514）南京讲学后，尊崇先生的人越来越多，因而天下排挤阻挠的人也越来越多。

先生说："各位所言，相信都有可能存在。但我的一点感觉，各位还没有谈及。"

各位都询问于先生。

先生说："我在南京以前，尚有一些言行不符的表现。如今，我坚信良知的真是真非，随便做什么，都再不会有什么掩饰。我终于有了一个'狂者'的胸襟。即便全天下人都讲我言行不符，也没什么关系。"

薛侃站起来说："有这份自信，才是得到了圣人的真血脉啊！"

↗313

【原文】

先生锻炼人处，一言之下，感人最深。

一日，王汝止出游归，先生问曰："游何见？"对曰："见满街人都是圣人。"先生曰："你看满街人是圣人，满街人倒看你是圣人在。"

又一日，董萝石[1]出游而归，见先生曰："今日见一异事。"先生曰："何异？"对曰："见满街人都是圣人。"先生曰："此亦常事耳，何足为异？"

盖汝止圭角未融，萝石恍见有悟，故问同答异，皆反其言而进之。圣人之说，非止王、董互为参看，亦可与于中互为参看。

洪与黄正之、张叔谦[2]、汝中丙戌会试归，为先生道途中讲学，有信有不信。先生曰："你们拿一个圣人去与人讲学，人见圣人来，都怕走了，如何讲得行！须做得个愚夫、愚妇，方可与人讲学。"讲学也要放下身段，尤要就熟说生！

洪又言："今日要见人品高下最易。"先生曰："何以见之？对曰："先生譬如泰山在前，有不知仰者，须是无目人。"先生曰："泰山不如平地大，平地有何可见？"

先生一言翦裁，剖破终年为外好高之病，在座者莫不悚惧。先生真是一语破的！

【译文】

先生教育、指点人时，有时一句话就能使人感受很深。

有一天，王艮外出回来。先生问他："在外面看到了什么？"王艮答道："看到满街的人都是圣人。"先生说："你看到满街人都是圣人，他们看你也是圣人。"

又一天，董萝石外出回来。他对先生说："今天看到一件稀奇事。"先生说："什么稀奇事？"他答道："我看到满街人都是圣人。"先生说："这件事太

1 董萝石，即董沄，字复宗，号萝石，六十八岁从学于王阳明。

2 张叔谦，即张元冲，字叔谦，号浮峰，王阳明弟子。

正常了，有什么值得惊奇呢？”

这是因为王艮锋芒太露，董萝石则是恍然有所省悟。因此，问题相同，先生的答案却不一样，都是针对他们的话来启发他们。

钱德洪、黄宏纲、张元冲、王畿于丙戌（1526）参加会试的归途中，纷纷讲授先生的学说，有的人相信，有的人怀疑。先生说：“你们扛着一个圣人去给别人讲学，人们看见圣人来了，都给吓跑了，怎么能讲得好呢？只有先做一个愚夫笨妇，才能给别人讲学。”

钱德洪又谈到，如今极容易看出人品的高低。先生说：“怎么见得？”钱德洪答道：“先生如同泰山在面前，如果不知道敬仰，就是没有眼珠的人。”先生说：“泰山不及平地广阔，在平地上又能看到什么？”

先生这一句话，破除了终年好高骛远的弊病，在座的诸位无不有所警惧。

↗314

【原文】

癸未春，邹谦之来越问学，居数日，先生送别于浮峰。是夕与希渊诸友移舟宿延寿寺，秉烛夜坐，先生慨怅不已，曰：“江涛烟柳，故人倏在百里外矣！”移舟秉烛先生意，烟柳江涛百里人！

一友问曰：“先生何念谦之之深也？”

先生曰：“曾子所谓‘以能问于不能，以多问于寡，有若无，实若虚，犯而不校’，若谦之者，良近之矣。”学生固念先生之难得，先生亦念学生之难得！

【译文】

嘉靖二年（1523）的春天，邹守益来到浙江问学，住了几天，先生到浮峰送行。这天晚上，与蔡宗兖等乘船到延寿寺留宿，大家秉烛夜坐，先生无限感慨，说道："江水奔腾，烟柳飘飞，谦之顷刻间就在百里之外了。"

有位同学问："先生为何对谦之如此思念？"

先生说："曾子曾说过：'以能问于不能，以多问于寡，有若无，实若虚，犯而不校'，像谦之这样的人，就与这种情况十分接近啊！"

↗315

【原文】

丁亥年九月，先生起复征思、田。将命行时，德洪与汝中论学。汝中举先生教言："无善无恶是心之体，有善有恶是意之动，知善知恶是良知，为善去恶是格物。"

德洪曰："此意如何？"

汝中曰："此恐未是究竟话头。若说心体是无善无恶，意亦是无善无恶的意，知亦是无善无恶的知，物亦是无善无恶的物矣。若说意有善恶，毕竟心体还有善恶在。"

德洪曰："心体是'天命之性'，原是无善无恶的：但人有习心，意念上见有善恶在，格、致、诚、正修，此正是复那性体功夫，若原无善恶，功夫亦不消说矣。"

是夕侍坐天泉桥，各举请正。

先生曰："我今将行，正要你们来讲破此意。二君之见，正好相资为用，不可各执一边。我这里接人，原有此二种。利根之人，直从本原上悟入，人心本体原是明莹无滞的，原是个'未发之中'；利根之人一悟本体即是功夫，人己内外一齐俱透了。其次不免有习心在，本体受蔽，故且教在意念上实落为善去恶，功夫熟后，渣滓去得尽时，本体亦明尽了。汝中之见，是我这里接利根人的；德洪之见，是我这里为其次立法的。二君相取为用，则中人上下皆可引入于道。若各执一边，跟前便有失人，便于道体各有未尽。”德洪、汝中，俱为王学“教授师”。故教学、教化，相取为用，方成系统。

既而曰：“以后与朋友讲学，切不可失了我的宗旨。‘无善无恶是心之体，有善有恶是意之动，知善知恶是良知，为善去恶是格物。’此即天泉证道四句教也！只依我这话头，随人指点，自没病痛，此原是彻上彻下功夫。利根之人，世亦难遇。本体功夫一悟尽透，此颜子、明道所不敢承当，岂可轻易望人？人有习心，不教他在良知上实用为善，去恶功夫，只去悬空想个本体，一切事为俱不着实，不过养成一个虚寂。此个病痛断灭顽空是大病痛！不是小小，不可不早说破。”

是日德洪、汝中俱有省。此段是为哲学史上著名之“天泉证道”。“天泉证道”“满街圣人”“岩中花树”，俱出自《钱德洪录》，可见此章之重要！

【译文】

明嘉靖六年（1527）九月，先生被朝廷起用，讨伐思恩和田州。即将启程时，钱德洪和王畿探讨学问。王畿据引先生的话说：“无善无恶是心的本体，有善有恶是意的发动，知善知恶是良知，为善去恶是格物。”

钱德洪说：“你认为这几句话怎样？”

王畿说：“这几句话大概还没有说完备。如果说心体是无善无恶的，那么，意也是无善无恶的意，知也是无善无恶的知，物也是无善无恶的物。如果说意有善恶，那么在心的本体上终究还有善恶存在。”

钱德洪说：“心的本体是天命之性，原本是无善无恶的。但是，人有了受到沾染的心，在意念上就有善恶。格物、致知、诚心、正意、修身，就是要恢复人性本体的功夫。如果说本无善恶，那么，功夫也就不消再说了。”

这天夜晚，钱德洪和王畿在天泉桥陪先生坐，各人谈了自己的见解，特向先生请教。

先生说：“我如今将要远征，正想给你们来说破这一点。你们两位的见解，恰好可以互为补充，不可偏执一方。我开导人的技巧，原本有两种：天资高的人，让他直接从本源上体悟。人心原本是晶莹无滞的，原本是一个‘未发之中’。天资高的人，只要稍悟本体，也就是功夫了。人与已、内和外都一起透彻了。资质较差的人，心容易受到习气的沾染，本体遭到蒙蔽，因此就教导他从意念上切实地为善除恶，待功夫纯熟后，污秽彻底荡涤，本体也就明净了。汝中的见解，是我用来开导天资高的人的方法；德洪的见解，是我用来教导资质较差的人的方法。两位如果互为补充借用，不论资质高下，都能被导入坦途。如果两位各执一词，在你们面前就会有许多人不能步入正轨，就不能穷尽道体。”

先生接着说：“今后和朋友讲学，千万不可抛弃我的宗旨。无善无恶是心的本体，有善有恶是意的发动，知善知恶是良知，为善去恶是格物。只要根据我的话因人施教，自然不会出问题。这原本是上下贯通的功夫。天资高的人，世上很难发现。对本体功夫一悟全透，即使是颜回、程颢这样的人也不敢妄自尊大，怎么敢随便指望他人呢？人有了受到污染的心，如果不教导他在良知上切实地下为善除恶的功夫，只去凭空思索一个本体，对所有事物都不切实际地加以处理，只会养成虚空静寂的坏毛病。这个问题不是小事情，所以，我不能不提前跟你们讲清楚。”

这一天，钱德洪和王畿都有所省悟。

钱德洪跋

【原文】

先生初归越时，朋友踪迹尚寥落，既后四方来游者日进。癸未年已后，环先生而居者比屋，如天妃、光相诸刹，每当一室，常合食者数十人，夜无卧处，更相就席，歌声彻昏旦。南镇、禹穴、阳明洞诸山远近寺刹，俱在会稽。徙足所到，无非同志游寓所在。先生每临讲座，前后左右环坐而听者，常不下数百人，送往迎来，月无虚日。至有在侍更岁，不能遍记其姓名者。每临别，先生常叹曰："君等虽别，不出天地间，真警醒语！苟同此志，吾亦可以忘形似矣。"志同道合忘形似！诸生每听讲出门，未尝不跳跃称快。尝闻之同门先辈曰："南都以前，朋友从游者虽众。未有如在越之盛者。此虽讲学日久，孚信渐博，要亦先生之学日进，教学相长，信也！感召之机，申变无方，亦自有不同也。"活泼泼的！

【译文】

先生刚回浙江绍兴时，前来拜访的朋友还不多。后来，四方来问学的人与日俱增。嘉靖二年（1523），住在先生周围的人更多。比如，在天妃、光相等寺庙中，每间屋子经常是几十人在一起吃饭，夜晚没地方睡觉，大家轮流着就寝，歌声通宵达旦。在南镇、禹穴、阳明洞等山中的寺庙里，不管远近，只要人能到达的地方，都有同道求学的人居住。先生每次讲学，前后左右的听众，经常不少于几百人，一个月中没有哪一天不迎来送往。有人甚至在这里听讲达一年之久，先生也不能完全记清他们的姓名。每当告别时，先生常感叹地说："虽然你们与我分别了，也不会超出天地之间。只要我们有着共同的志向，我忘掉你们的容貌也无关紧要了。"学生每次听过课出门时，

无不欢呼雀跃。曾听同门前辈说:“在南京之前,问学的同学虽不少,但比不上在浙江绍兴的多。其中固然因为先生讲学的时间久,获得的信任也就多,但关键是先生的学问与日精进,感召学生的方法和开导学生的技巧灵活自然,效果自然也有不同。”

黄以方录

此道本无穷尽，问难愈多，则精微愈显

↗ 316

【原文】

黄以方问："'博学于文'文者，纹也，天理存焉。为随事学存此天理，然则谓'行有余力，则以学文'，此文，则文章也。其说似不相合。"

先生曰："《诗》《书》六艺皆是天理之发见，文字都包在其中，考之《诗》《书》六艺，皆所以学存此天理也，不特发见于事为者方为文耳。'余力学文'，亦只'博学于文'中事。"经典皆述天理，文字、文章，亦在其中。

或问"学而不思"二句。

曰："此亦有为而言，其实思即学也。学有所疑，便须思之。'思而不学'者，盖有此等人，只悬空去思，要想出一个道理，却不在身心上实用其力，以学存此天理。思与学作两事做，故有'罔'与'殆'之病。学问通达，亦需救世人之病！而世人种种，尤需看病下药！其实思只是思其所学，原非两事也。"

【译文】

黄以方问："先生主张'博学于文'，是要依事去学习存此天理，不过孔子讲'行有余力，则以学文'，与先生的见解好像不一致。"

先生说："《诗》《书》等《六经》都是天理的显现，文字都包含在其中了。考察《诗》《书》等《六经》，都是为了学会存养天理，不能仅仅把表现在事上的东西看作是文。'余力学文'，也是包含在'博学于文'中间了。"

有人就《论语》中的"学而不思则罔，思而不学则殆"向先生请教。

先生说："这句话也是有针对性的，其实，所说的思就是学。学习有了疑问，就要去思考。'思而不学'的大有人在，他们只是凭空去想，希望思索出一个道理来，却不是在身心上着实用功，学习存养天理。把思考和学习当两件事来做，就存在'罔'和'殆'的弊端。其实，思也只是思考所学习的内容，原本就不是两回事。"

↗ 317

【原文】

先生曰："先儒解'格物'为'格天下之物'，天下之物如何格得？且谓'一草一木亦皆有理'，今如何去格？纵格得草木来，如何反来诚得自家意？当年阳明格竹，替世人走一遭弯路！我解'格'作'正'字义，'物'作'事'字义。此是与朱子大不同处！《大学》之所谓'身'，即耳目口鼻四肢是也。欲修身便是要目非礼勿视，耳非礼勿听，口非礼勿言，四肢非礼勿动。要修这个身，身上如何用得工夫？心者身之主宰，目虽视而所以视者心也，耳虽听而所以听者心也，口与四肢虽言、动，而所以言、动者心也。故欲修身在于体当自家心体，常令廓然大公，无有些子不正处。此是于物事上格正心体！主宰一正，则发窍于目，自无非礼之视；发窍于耳，自无非礼之听；发窍于口与四肢，自无非礼之言、动；此便是修身在正其心。

"然至善者，心之本体也，心之本体那有不善？如今要正心，本体上何处用得功？必就心之发动处才可着力也。心之发动不能无不善，故须就此处着力，便是在诚意。如一念发在好善上，便实实落落去好善，一念发在恶恶上，便实实落落去恶恶，意之所发，既无不诚，则其本体如何有不正的？故欲正其心在诚意。工夫到，诚意始有着落处。

“然诚意之本，又在于致知也。所谓‘人虽不知而己所独知’者，此正是吾心良知处。朱子《中庸章句》注“慎独”曰：“独者，人所不知而己所独知之地也。”然知得善，却不依这个良知便做去；知得不善，却不依这个良知便不去做，则这个良知便遮蔽了，是不能致知也。吾心良知既不得扩充到底，则善虽知好，不能着实好了；恶虽知恶，不能着实恶了，如何得意诚？故致知者，意诚之本也。

“然亦不是悬空的致知，致知在实事上格。事必关乎人，则必关乎心！故，致知须在实事上格！如意在于为善，便就这件事上去为；意在于去恶，便就这件事上去不为。去恶固是格不正以归于正，为善则不善正了，亦是格不正以归于正也。如此，则吾心良知无私欲蔽了，得以致其极，而意之所发，好善去恶，无有不诚矣。诚意工夫实下手处在格物也。若如此格物，人人便做得。人皆可以为尧、舜，正在此也。”此般格物，直指心体！回观朱子“格物”，全然外求，是南辕北辙。

【译文】

先生说：“程、朱主张‘格物’就是格尽天下的事物。天下事物如何能格尽？比如，‘一草一木亦皆有理’，如今又怎样去格？草木即便能格，又怎样让它来‘诚’自己的意呢？我认为，‘格’就是‘正’，‘物’就是‘事’。《大学》中所谓的‘身’，就是指人的耳目口鼻和四肢。如果想修身，就要做到非礼勿视，非礼勿听，非礼勿言，非礼勿动。如果想修身，功夫怎么用在身上呢？心是身的主宰。眼睛虽然能看，但使眼睛能看到的是心；耳朵虽然能听，但使耳朵能听到的是心；口与四肢虽然能言能动，但使口与四肢能言能动的是心。所以，如果想修身，就需到自己心的本体上去领悟，让它常常廓然大公，没有丝毫的不中正之处。身的主宰中正了，作用在眼睛上，就是不合于礼的不看；作用在耳朵上，就是不合于礼的不听；作用在口和四肢上，就是不合于礼的不言不行。这也就是《大学》中的‘修身在于正心’。

“然而，至善是心的本体，心的本体怎么会有不善呢？现在要正心，那么在本体上什么地方用功呢？必须在心发动的地方用功。心的发动，不可能没有善的，所以必须在此处用力，这就是在于诚意。如果一念发动在好善上，就切实地去好善；一念发动在憎恶上，就切实地去憎恶。意的发生处既然没有不诚的，那么本体又怎么会有不正的？所以，要正心就在于诚意。功夫用到了，诚意也就落实了。

“然而，诚意的根本表现在致知上。朱熹先生所说的‘人虽不知而己所独知’这句话，正是心的良知所在。然而如果知道善，但不遵从这个良知去做；知道不善，但不遵从这个良知不去做，这个良知就被蒙蔽了，就不能致知了。心的良知既然不能完全扩充，即便知道好善，也不能切实去做；即便知道憎恶，也不能切实去做，又怎能使意念真诚呢？所以，致知是诚意的根本。

“当然，也不能凭空去致知，它要在实际的事物上去格。就好比，心意在于行善，就在善这件事上做；心意在于除恶，就在这件事上不去做恶。除恶，本来就是格去不正以归于正。从善，就是不善的得到纠正了，也是格去不正以归于正。如此，心的良知就不被私欲蒙蔽，可以扩充到极致，而意的产生就是好善除恶，没有不真诚的了。诚意功夫切实的下手处就是格物。像这样格物，人人都可以做到。孟子所说的‘人皆可以为尧、舜’，正是从这个角度来说的。”

↗ 318

【原文】

先生曰:“众人只说‘格物’要依晦翁,何曾把他的说去用?我着实曾用来。初年与钱友同论,做圣贤要格天下之物,如今安得这等大的力量?因指亭前竹子,令去格看。钱子早夜去穷格竹子的道理,竭其心思至于三日,便致劳神成疾。当初说他这是精力不足,某因自去穷格,早夜不得其理。到七日,亦以劳思致疾。遂相与叹圣贤是做不得的,无他大力量去格物了。阳明格竹,是痛定思痛,方能超越旧说、旧我!及在夷中三年,颇见得此意思,方知天下之物本无可格者,其格物之功,只在身心上做。居夷处困得意思!决然以圣人为人人可到,便自有担当了。担当拨乱反正,担当圣学真传!哪怕挑战朱子,以致举世为敌,亦毅然决然!这里意思,却要说与诸公知道。”一片赤子心!

【译文】

先生说:“世人总认为,对‘格物’的阐释要以朱熹的观点为标准,他们又何尝切实运用了朱熹的观点?我倒是确实真正地用过。早些年时,我和一位姓钱的朋友探讨,认为做圣贤要格天下之物,现在怎么会有那么大的力量?我指着亭前的竹子,让他去格格看。朋友自早到晚去穷尽格竹子的道理,费神伤力,等到第三天时,竟过度劳累生了病。当时我认为他精力不足,于是自己去穷尽地格,从早到晚仍不理解竹子的理。到了第七天,与朋友一样病倒了。因而我们共同慨叹,圣贤是做不成的,主要是没有圣贤那么大的力量去格物。后来,我在贵州龙场待了三年,深有体会,此时才明白,天下之物本无什么可格的,格物的功夫只需要在自己身体和心上做。我坚信人人都可做圣人,于是就有了一种责任感。此番道理,我要让各位知晓。”

↗ 319

【原文】

门人有言，邵端峰论童子不能格物，只教以洒扫、应对之说。

先生曰：“洒扫、应对就是一件物。童子良知只到此。便教去洒扫、应对，就是致他这一点良知了。又如童子知畏先生长者，此亦是他良知了。故虽嬉戏中，见了先生长者，便去作揖恭敬，是他能格物以致敬师长之良知了。童子自有童子的格物致知。”

又曰：“我这里言格物，自童子以至圣人，皆是此等工夫。但圣人格物，便更熟得些子，不消费力。如此格物，虽卖柴人亦是做得，虽公卿大夫以至天子，皆是如此做。”唐龙、邵锐，皆宗朱子，主政江西，尤反心学。然阳明先生犹然讲学白鹿洞书院，变朱子“菜园”，为心学“苗圃”，真书院史、儒学史、中国哲学史上一段别样公案！

【译文】

弟子中有人说，邵端峰主张小孩子不能“格物”，只能教他们洒扫、应对。

先生说：“洒扫、应对本身就是一个物。小孩子的良知只能到这个程度。所以，教小孩子洒扫应对，也就是致他的这一点良知了。又如，小孩子敬畏老师和长者，这也是他的良知所在。因此，即使在嬉闹时，看到了先生和长者，照样会作揖以表恭敬，这就是他能格物以致尊敬师长的良知了。小孩子自然有他们的‘格物’‘致知’。”

先生接着说：“我这里所谓的‘格物’，自小孩子到大圣人，都是这样的功夫。只不过圣人‘格物’就更为纯熟一些，毫不费力。如此‘格物’，即使是卖柴的人也能做到，自公卿大夫到天子，也都能这样做。”

↗ 320

【原文】

或疑知行不合一，以“知之匪艰”二句为问。《尚书》云：“知之匪艰，行之惟艰。”

先生曰：“良知自知，原是容易的。只是不能致那良知，便是‘知之匪艰，行之惟艰’。”良知是知，致良知便是行。

【译文】

有弟子感觉知行不能合一，便向先生请教《尚书》中的“知之匪艰，行之惟艰”两句话。

先生说：“良知自然是能体悟的，这本来很简单。只因不能致这个良知，因而就有了‘知之匪艰，行之惟艰’的说法。”

↗ 321

【原文】

门人问曰：“知、行如何得合一？且如《中庸》言‘博学之’，又说个‘笃行之’，分明知、行是两件。”

先生曰：“博学只是事事学存此天理，笃行只是学之不已之意。”

又问：“《易》‘学以聚之’，又言‘仁以行之’，此是如何？”

先生曰：“也是如此。事事去学存此天理，则此心更无放失时，故曰：‘学以聚之。’然常常学存此天理，更无私欲间断，此即是此心不息处，故曰：‘仁以行之。’”存、聚一也。故，“博学之”就是“学以聚之”，“笃行之”就是“仁以行之”。

又问："孔子言'知及之，仁不能守之'，知行却是两个了。"

先生曰："说'及之'，已是行了，但不能常常行，已为私欲间断，便是'仁不能守。'"守仁先生论此，自然深刻！

又问："心即理之说，程子云'在物为理'，如何谓心即理？"

先生曰："在物为理，'在'字上当添一'心'字，此心在物则为理，如此心在事父则为孝，在事君则为忠之类。"妙！这才叫"创造性转化"！

先生因谓之曰："诸君要识得我立言宗旨。我如今说个心即理是如何？只为世人分心与理为二，故便有许多病痛。如五伯攘夷狄，尊周室，都是一个私心，便不当理。人却说他做得当理。只心有未纯，往往悦慕其所为，要来外面做得好看，却与心全不相干。分心与理为二，其流至于伯道之伪而不自知。程朱流弊，伪亦不自知。故我说个心即理，要使知心理是一个，便来心上做工夫，不去袭义于外，便是王道之真。此我立言宗旨。"

又问："圣贤言语许多，如何却要打做一个？"

曰："我不是要打做一个，如曰：'夫道，一而已矣。'又曰：'其为物不二，则其生物不测。'天地圣人皆是一个，如何二得？"非要打做一个，实际只有一个！

【译文】

有弟子问："知行如何能合一？比如，《中庸》上讲'博学之'，又讲一个'笃行之'，分明是把知与行当两件事看。"

先生说："博学是指每件事都要学会存养天理，笃行则是指学习不间断的意思。"

弟子又问："《易传》中不仅说'学以聚之'，又说'仁以行之'，这是怎么回事呢？"

先生说："也是如此。如果每件事都去学会存养天理，那么这个心就没有放纵的时候，因此说'学以聚之'。经常去学存此天理，又无任何私欲使它间断，这就是此心的生生不息，因此说'仁以行之'。"

又问："《论语》中孔子曾说'知及之，仁不能守之'，知与行不就成为两件事了？"

先生说："说'及之'，就已经是行了。但如果不能常行不止，那就是被私欲阻隔了，就是'仁不能守'了。"

弟子又问："先生主张心就是理，程颐认为'在物为理'，为什么说心就是理呢？"

先生说："'在物为理'的'在'字前面，应添加一个'心'字。心在物上就是理。比如，这个心在侍父上就是孝，在事君上就是忠，等等。"

先生又说："各位要知道我立论的宗旨，我现在说心就是理，用意是什么呢？只是因为世人将心和理一分为二，所以出现许多弊端。比如五霸攻击夷狄，尊崇周王室，都是为了一个私心，因此就不合乎理，但人们却说他们做得十分合理。这是世人的心不够明净，对他们的行为往往羡慕，只求外表做得好看，与心却毫不相干。把心和理分开为二，只会让自己陷入霸道虚伪却无法觉察。所以我说心就是理。要让人们明白心和理只是一个，只在心上做功夫，而不到心外去寻求，这才是王道的真谛，也是我立论的宗旨。"

弟子问："圣人的言论不计其数，为什么却说只有一个呢？"

先生说："并非我坚持把它说成一个，《孟子》上也说'夫道，一而已矣'，《中庸》中也说'其为物不二，则其生物不测'。天地、圣人都是一个，如何能分开为二呢？"

↗ 322

【原文】

“心不是一块血肉，凡知觉处便是心。如耳目之知视听，手足之知痛痒，此知觉便是心也。”觉知在心，良知亦在心。是气机、生机之本体，而非心脏之脏器也。

【译文】

先生说：“心并不是只指一块血肉，只要是有知觉处就是心。比如，耳朵和眼睛知道听与看，手脚知道痛与痒。这个知觉就是心。”

↗ 323

【原文】

以方问曰：“先生之说‘格物’，凡《中庸》之‘慎独’及‘集义’‘博约’等说，皆为‘格物’之事。”

先生曰：“非也，格物即慎独，即戒惧；至于‘集义’‘博约’，工夫只一般，不是以那数件都做‘格物’底事。”黄直恁直，搜罗所有，便无主次。

【译文】

黄以方问：“先生的格物观点，是不是把《中庸》中的‘慎独’、《孟子》中的‘集义’、《论语》中的‘博约’等主张，都看成格物了呢？”

先生说：“不是。格物就是慎独、戒惧。至于集义和博约，只是普通的功夫，不能说它们是格物的事情。”

↗ 324

【原文】

以方问"尊德性"一条。

先生曰:"'道问学'即所以'尊德性'也。"道问学"亦是检验良知，故，所以"尊德性"也。晦翁言子静以'尊德性'诲人，某教人岂不是'道问学'处多了些子?是分'尊德性'与'道问学'作两件。且如今讲习讨论下许多工夫，无非只是存此心，不失其德性而已。岂有'尊德性'只空空去尊，更不去问学，问学只是空空去问学，更与德性无关涉?如此，则不知今之所以讲习讨论者，更学何事?"

问"致广大"二句。

曰:"'尽精微'即所以"致广大"也，"道中庸"即所以'极高明'也。盖心之本体自是广大底，人不能'尽精微'，则便为私欲所蔽，有不胜其小者矣。故能细微曲折，无所不尽，则私意不足以蔽之，自无许多障碍遮隔处，如何广大不致?"亦是正反合。

又问:"精微还是念虑之精微，事理之精微?"

曰:"念虑之精微，即事理之精微也。"一语点醒，忽然融会贯通!

【译文】

黄以方就《中庸》中的"尊德性"请教于先生。

先生说:"'道问学'就是为了'尊德性'。朱熹认为'陆九渊以'尊德性'诲人，我教人岂不是'道问学'的地方多一些'，这个看法是把'尊德性'与'道问学'当两件事看了。如今我们讲习讨论，下了不少功夫，只不过是要存养此心，使它不丧失德性罢了。怎么能空洞地去'尊德性'，而不再去问学了呢?怎么能是空洞地去问学，而与德性再无任何关系呢?如果真是如此，我们今天的讲习讨论，就不知道学的究竟是什么东西了。"

又向先生请教“致广大而尽精微，极高明而道中庸”这句话。

先生说：“‘尽精微’就是为了‘致广大’，‘道中庸’就是为了‘极高明’。因为心的本体原本就是广大的，人如果不能‘尽精微’，就会受到私欲的蒙蔽，无法战胜细小处的私欲。因此，能在细微曲折的地方穷尽精微，心的本体就不会被私意蒙蔽，自然不会有障碍和隔断，又怎能不致广大呢？”

又问：“精微究竟是指意念思虑的精微，还是指事理的精微？”

先生说：“意念思虑的精微就是事理的精微。”

325

【原文】

先生曰：“今之论性者纷纷异同，皆是说性，非见性也。见性者无异同之可言矣。”明心见性，岂有异同。

【译文】

先生说：“现在探讨人性的人，都在争论着异同。他们都是在说人性，而不是去见人性。真正看到人性的人根本无异同可言。”

326

【原文】

问：“声色货利，恐良知亦不能无。”

先生曰：“固然。但初学用功，却须扫除荡涤，勿使留积，则适然来遇，始不为累，自然顺而应之。良知只在声色货利上用功。能致得良知精精明明，毫发无蔽，则声色货利之交，无非天则流行矣。”初学易陷溺、迷失。继而以此磨砺。终究能致良知，无非天则流行。

【译文】

有人问：“关于声色货利，恐怕良知里也不能没有吧？”

先生说：“当然！但是，初学者用功时，千万要荡涤干净，不使声色货利丝毫留在心中，这样的话，偶尔碰到声色货利，也不会成为负担，自然会去遵循良知并对它作出反应。良知只是在声色货利上用功。如果能使所致的良知精明透彻，没有丝毫蒙蔽，那么，即使与声色货利交往，也都是天理的流转罢了。”

327

【原文】

先生曰：“吾与诸公讲‘致知’‘格物’，日日是此，讲一二十年俱是如此。诸君听吾言，实去用功，见吾讲一番，自觉长进一番；否则只作一场话说，虽听之亦何用？”先生讲一番，学生进一番！故，阳明先生最爱是讲学。

【译文】

先生说：“我向各位讲习‘致知’‘格物’，每天如此。讲十年二十年，也是如此。你们听讲后，实实在在地去用功，听我再讲一遍，自我感觉会有一定的长进。否则，只当成一场讲说，即便听了又有何益？”

328

【原文】

先生曰："人之本体，常常是寂然不动的，其实是心之本体。常常是感而遂通的。感而遂通，是共振之妙！'未应不是先，已应不是后'。"无始无终，超越时间的维度。

【译文】

先生说："人之本体，经常是寂然不动的，经常是相互感应而彼此贯通的。正如程颐所说'未有感应的本体未必就是先，有所感应的作用未必就在后'。"

329

【原文】

一友举："佛家以手指显出，问曰：'众曾见否？'众曰：'见之。'复以手指入袖。问曰：'众还见否？'众曰：'不见。'佛说还未见性。此义未明。"

先生曰："手指有见有不见，尔之见性常在。人之心神，只在有睹有闻上驰骛，不在不睹不闻上着实用功。盖不睹不闻，是良知本体；戒慎恐惧，是致良知的功夫。学者时时刻刻常睹其所不睹，常闻其所不闻，工夫方有个实落处。久久成熟后，则不须着力，不待防检，而真性自不息矣。岂以在外者之闻见为累哉？"熟视于无睹处，充耳于不闻时，方是功夫。

【译文】

有位同学举了一个例子："佛家伸出手指问：'你们看见了没有？'大家都说：'看见了。'又把手指插入袖中，又问：'你们还能看见吗？'大家都说：'看不见。'于是说众人还未见性。这个意思不能明了。"

先生说："手指有看得见与看不见的时候，你能发现的性则永远存在。人的心神只在看得到、听得到的地方驰骋，而不在看不到、听不到的东西上切实用功。然而，不见不闻才是良知的本体，戒慎恐惧则是致良知的功夫。学习者只有时时去体察那些看不见、听不到的，功夫方有一个着落的地方。时间一长，当功夫纯熟后，就不用费力了，不用提防检点，人的真性自然生生不息。又怎么会被外在的见闻所牵累呢？"

330

【原文】

问："先儒谓'鸢飞鱼跃'与'必有事焉'，同一活泼泼地？"

先生曰："亦是。天地间活泼泼地，无非此理，便是吾良知的流行不息。'致良知'便是'必有事'的工夫。此理非惟不可离，实亦不得而离也。无往而非道，无往而非工夫。""鸢飞鱼跃"是能量的自然流动与转换，"必有事焉"是时刻把握能量的本体与本源。

【译文】

问："程颢认为'鸢飞鱼跃'和'必有事焉'，都是同样充满生机的吗？"

先生说："这话也有道理。天地间充满生机，都是这个理，也就是良知不停歇的运动。致良知就是'必有事焉'的功夫。这个理不仅不能脱离，实际也不可能脱离。天地之间没有什么不是道，也没有什么不是功夫。"

↗ 331

【原文】

先生曰："诸公在此，务要立个必为圣人之心，时时刻刻须是一棒一条痕，一掴一掌血，方能听吾说话，句句得力。此朱子语。朱子亦有许多精彩处，只是"源头活水"不活而已。若茫茫荡荡度日，譬如一块死肉，打也不知得痛痒，恐终不济事，回家只寻得旧时伎俩而已，岂不惜哉？"

【译文】

先生说："各位在这里求学，务必要确立一个必做圣人的心。每时每刻都要有一棒留下一条痕迹，一掌掴出一个血印的决心，才能在听我讲学时，感到句句铿锵有力。如果浑浑噩噩地度日，就好像是一块死肉，打它也不知痛痒，只怕最终也是无济于事，回家后还是以前的老套路，难道不可惜吗？"

↗ 332

【原文】

问："近来妄念也觉少，亦觉不曾着想定要如何用功，不知此是工夫否？"

先生曰："汝且去着实用功，便多这些着想也不妨，久久自会妥帖。若才下得些功，便说效验，何足为恃？"勿着于效验。

【译文】

问："最近感觉到妄念减少了，也不曾想一定要如何用功，但不知这是不是功夫？”

先生说：“你只要去切实地用功，就是有这些想法也无关紧要，时间一久，自然会妥当的。如果刚开始用了一点功夫，就要说效果，如此怎能靠得住呢？”

333

【原文】

一友自叹：“私意萌时，分明自心知得，只是不能使他即去。”

先生曰：“你萌时，这一知处便是你的命根。当下即去消磨，便是立命工夫。”此刻，便是格物致知。

【译文】

有位同学独自叹息：“内心萌生了私意，自己分明知晓，只是不能立刻去除。”

先生说：“你萌生了私意，这一知的地方就是你的命根子。如果当即就将私意剔除，就是立命的功夫。”

334

【原文】

“夫子说‘性相近’，即孟子说‘性善’，不可专在气质上说。若说气质，如刚与柔对，如何相近得，惟性善则同耳。人生初时善，原是同

的，但刚的习于善则为刚善，习于恶则为刚恶；柔的习于善则为柔善，习于恶则为柔恶，便日相远了。”周濂溪有刚善、柔善说。

【译文】

“孔子主张的‘性相近’，也就是孟子的‘性善’，不能只是从气质上说。如果从气质上说，刚和柔相对，怎么能够相近？只有性善是相同的。人刚生下来时，善原本是相同的，但气质刚的人受善影响就表现为刚善，受恶影响就表现为刚恶；气质柔的人受善影响就表现为柔善，受恶影响就表现为柔恶，这样习性的差别就越来越远了。”

↗ 335

【原文】

先生尝语学者曰：“心体上着不得一念留滞，就如眼着不得些子尘沙，些子能得几多？满眼便昏天黑地了。”

又曰：“这一念不但是私念；便好的念头亦着不得些子。如眼中放些金玉屑，眼亦开不得了。”只要良知纯粹、通透！

【译文】

先生曾对修习的人说：“心体上不能遗留一丝杂念，就像眼中不能吹进一丁点灰尘。一丁点能有多少呢？它却使人满眼天昏地暗了。”

先生又说：“这个念头不仅是指私念，即便是美好的念头也不能有一点。好比眼中放入一些金玉屑，眼睛也不能睁开了。”

↗ 336

【原文】

问："人心与物同体，如吾身原是血气流通的，所以谓之同体。若于人便异体了，禽兽草木益远矣，而何谓之同体？"

先生曰："你只在感应之几上看，岂但禽兽草木，虽天地也与我同体的，鬼神也与我同体的。"体非形体，是生命能量的本体。

请问。

先生曰："你看这个天地中间，甚么是天地的心？"

对曰："尝闻人是天地的心。""为天地立心！"

曰："人又甚么教做心？"

对曰："只是一个灵明。"

"可知充天塞地中间，只有这个灵明。人只为形体自间隔了。我的灵明，便是天地鬼神的主宰。天没有我的灵明，谁去仰他高？地没有我的灵明，谁去俯他深？两句问，扑面而来，直扣心扉！鬼神没有我的灵明，谁去辩他吉凶灾祥？天地鬼神万物离却我的灵明，便没有天地鬼神万物了；我的灵明离却天地鬼神万物，亦没有我的灵明。如此，便是一气流通的，如何与他间隔得？"一气流通，是关键。所以要"养吾浩然之气"！

又问："天地鬼神万物，千古见在，何没了我的灵明，便俱无了？"

曰："今看死的人，他这些精灵游散了，他的天地鬼神万物尚在何处？"然，基本粒子与能量，亦无处不在。

【译文】

问："先生说人心与物同体。比如，我的身体原本血气畅通，所以称同体。如果我和别人，就是异体了，与禽兽草木就差得更远了。但为什么又称为同体呢？"

先生说："你只要在事物感应的微妙之处看，就会明白岂止禽兽草木，即使天地也是与我同体的，鬼神也是与我同体的。"

又问这番话应当如何理解。

先生说："你看看在这个天地的中间，什么东西是天地的心？"

答说："曾听说人是天地的心。"

先生说："人又把什么东西称为心？"

答说："人有一个灵性。"

先生说："由此可知，充盈天地之间的，只有这个灵性。人只是因为形体，把自己与其他一切隔离开了。人的灵性，就是天地鬼神的主宰。天如果没有人的灵性，谁去仰视它的高大？地如果没有人的灵性，谁去俯视它的深厚？鬼神如果没有人的灵性，谁去分辨它的吉凶福祸？天地、鬼神、万物，如果离开了人的灵性，也就不存在天地、鬼神、万物了。人的灵性如果离开了天地、鬼神、万物，也就不存在人的灵性了。如此这些，都是一气贯通的，怎么能把它们隔离开来？"

又问："天地、鬼神、万物是亘古不变的，为什么认为没有人的灵明，它们就不存在了？"

先生说："如今看那些死去的人，他们的灵魂都散去了，他们的天地、鬼神、万物又在何处？"

↗ 337

【原文】

先生起行征思、田，德洪与汝中追送严滩，汝中举佛家实相幻相之说。

先生曰："有心俱是实，无心俱是幻；无心俱是实，有心俱是幻。"

汝中曰："有心俱是实，无心俱是幻，是本体上说工夫：无心俱是实，有心俱是幻，是工夫上说本体。"

先生然其言。洪于是时尚未了达，数年用功，始信本体、工夫合一。但先生是时因问偶谈，若吾儒指点人处，不必借此立言耳。"若未了达，则此言似顽空语也。

【译文】

先生启程去征讨思恩、田州，钱德洪和王畿把先生送到严滩。王畿就佛教的实相和幻想的问题请教于先生。

先生说："有心都是实相，无心都是幻相；无心都是实相，有心都是幻相。"

王畿说："有心都是实相，无心都是幻相，是从本体上来说功夫；无心都是实相，有心都是幻相，是从功夫上来说本体。"

先生表示赞同王畿的见解。当时，钱德洪还不是很明白，经过数年用功，他才相信本体功夫是一体的。然而，这种观点是先生依据王畿的问题偶然谈到的。如果我们开导别人，不一定非要引用它。

↗ 338

【原文】

尝见先生送二三耆宿出门，退坐于中轩，若有忧色。德洪趋进请问。

先生曰："顷与诸老论及此学，真圆凿方枘。《九辩》云："圆凿而方枘兮，吾固知其鉏铻而难入。"犹言格格不入。此道坦如道路，世儒往往自加荒塞，终身陷荆棘之场而不悔，吾不知其何说也？"

德洪退谓朋友曰："先生诲人，不择衰朽，仁人悯物之心也。"悲天悯人者，谓之“大哲”！

【译文】

曾经有一次，先生送两三位老人出门，回来坐在走廊上，似乎面带愁容。钱德洪走上前去询问情况。

先生说：“方才和几位老人谈及我的良知学说，真有如圆孔和方榫头一般，彼此之间格格不入。这条道平坦得如同大路，世上儒者常常是自己让它荒芜阻塞了，他们终生陷入荆棘丛中还不知悔改，我真不知该讲些什么。”

钱德洪回头对朋友们说：“先生教诲他人，无论衰老年迈，这真是仁人悯物的心啊！”

339

【原文】

先生曰：“人生大病，只是一‘傲’字。为子而傲必不孝，为臣而傲必不忠，为父而傲必不慈，为友而傲必不信。故象与丹朱俱不肖，亦只一‘傲’字，便结果了此生。诸君常要体此。人心本是天然之理，精精明明，无纤介染着，只是一‘无我’而已。胸中切不可‘有’，‘有’即傲也。古先圣人许多好处，也只是‘无我’而已，‘无我’自能谦。谦者众善之基，傲者众恶之魁。”败人两字，非傲即惰！

【译文】

先生说：“人生最大的毛病，是一个‘傲’字。身为子女的傲慢，就必然不孝顺；身为人臣的傲慢，就必然不忠诚；身为父母的傲慢，就必然不慈爱；身为朋友的傲慢，就必然不守信。因此，象与丹朱都没有出息，也只因傲慢而了结了自己的一生。你们要经常领会这一点。人心原本就是天然的理，天然的理精明纯净，没有丝毫污染，只是有一个‘无我’罢了。因此，胸中千万不可‘有我’，‘有我’就是傲慢。古代圣贤的诸多优点，也只是‘无我’罢了。‘无我’自然能够谦谨。谦谨是一切善的基础，傲慢是一切恶的源泉。”

↗ 340

【原文】

又曰：“此道至简至易的，亦至精至微的。孔子曰：‘其如示诸掌乎。’且人于掌何日不见？及至问他掌中多少文理，却便不知。形象！即如我‘良知’二字，一讲便明，谁不知得？若欲的见良知，却谁能见得？”

问曰：“此知恐是无方体的，最难捉摸。”

先生曰：“良知即是《易》‘其为道也屡迁，变动不居，周流六虚，上下无常，刚柔相易，不可为典要，惟变所适’。此知如何捉摸得？见得透时便是圣人。”无须“捉摸”，只需“守仁”。

【译文】

先生说：“大道是十分简单易行的，也是十分精细微妙的。孔子说：‘其如示诸掌乎。’人的手掌，哪一天看不见呢？但是，当问他手掌上有多少条纹理，他却不知道了。这就如同我说的‘良知’二字，一讲就能明白，谁不知道呢？如果要他真正理解良知，谁又能做到呢？”

问：“这个良知只怕是无方位、无形体，所以令人难以捉摸。”

先生说：“良知也就是《易》所说的，‘其为道也屡迁，变动不居，周流

六虚，上下无常，刚柔相易，不可为典要，惟变所适’。由此可知，这个良知怎么能捉摸得到？把良知理解透彻了，也就成为圣人了。”

↗ 341

【原文】

问：“孔子曰：‘回也非助我者也。’是圣人果以相助望门弟子否？”

先生曰：“亦是实话。此道本无穷尽，问难愈多，则精微愈显。圣人之言，本自周遍，但有问难的人胸中窒碍，圣人被他一难，发挥得愈加精神。若颜子闻一知十，胸中了然，如何得问难？故圣人亦寂然不动，无所发挥，故曰‘非助’。”若颜渊“非助”，则仲由“助之甚也”。

【译文】

问：“孔子曾说：‘回也，非助我者也。’圣人是真的希望他的弟子帮助他吗？”

先生说：“这也是实话。大道原本无穷无尽，问得越多，精微之处越能显现。圣人的言论，原本很周全，但有问题的人胸中有所疑惑，圣人被他一问，也就发挥得更加精妙。然而，像颜回那样闻一知十，心里什么都知晓，又如何能发问呢？所以圣人也只好寂然不动，没有任何能够发挥的，因此才说‘非助’。”

↗ 342

【原文】

邹谦之尝语德洪曰："舒国裳曾持一张纸，请先生写'拱把之桐梓'一章。先生悬笔为书，到'至于身而不知所以养之者'，顾而笑曰：'国裳读书，中过状元来，岂诚不知身之所以当养？还须诵此以求警。'一时在侍诸友皆惕然。"阳明先生到此良知境界，书法、诗文、词章，俱一代楷式！全书最后一则，用意可谓深远。状元之资，犹然如是！而况我辈乎！

【译文】

邹守益曾对钱德洪说："舒国裳曾经拿一张纸，请先生书写《孟子》中'拱把之桐梓'一章。先生提笔，写到'至于身而不知所以养之者'时，回过头笑着说：'国裳读书，中过状元，他难道是真的不知应该如何修身吗？但他仍是要背诵这一章来警醒自己。'其时，在座的诸位同学无不感到警醒。"

钱德洪跋

【原文】

嘉靖戊子冬，德洪与王汝中奔师丧至广信，讣告同门，约三年收录遗言。嘉靖七年（1529）冬十一月廿九日卯时，阳明先生病逝于江西南安府大庚县青龙港舟中。

继后同门各以所记见遗。洪择其切于问正者，合所私录，得若干条。居吴时，将与《文录》并刻矣，适以忧去，未遂。当是时也，四方讲学日众，师门宗旨既明，若无事于赘刻者，故不复萦念。

去年，同门曾子才汉[1]得洪手抄，复傍为采辑，名曰《遗言》，以刻行于荆。洪读之，觉当时采录未精，乃为删其重复，削去芜蔓，存其三分之一，名曰《传习续录》，复刻于宁国之水西精舍。

今年夏，洪来游蕲，沈君思畏[2]曰："师门之教久行于四方，而独未及于蕲。蕲之士得读《遗言》，若亲炙夫子之教，指见良知，若重睹日月之光。惟恐传习之不博，而未以重复之为繁也，请裒其所逸者增刻之。若何？"

洪曰然。师门致知格物之旨，开示来学，学者躬修默悟，不敢以知解承，而惟以实体得，故吾师终日言是而不惮其烦，学者终日听是而不厌其数。盖指示专一，则体悟日精，几迎于言前，神发于言外，感遇之诚也。

今吾师之没未及三纪，而格言微旨渐觉沦晦，岂非吾党身践之不力，多言有以病之耶？阳明先生身殁未及三纪，而心学之旨，当世已觉沦晦。当时门徒益众，而诋之者愈众，此亦诚有良可反思处也。学者之趋不一，

---

1 曾才汉，字号不详，王阳明弟子。

2 沈思畏，即沈宠，字思畏，号古林，师从王阳明弟子欧阳德等。

师门之教不宣也。乃复取逸稿，采其语之不背者，得一卷。其余影响不真，与《文录》既载者，皆削之。并易中卷为问答语，以付黄梅尹张君增刻之。庶几读者不以知解承而惟以实体得，则无疑于是录矣。

嘉靖丙辰夏四月，门人钱德洪拜书于蕲之崇正书院。传习原来千载事，幸有弟子若德洪！

【译文】

明嘉靖七年（1528）冬，我和王畿因为先生的丧事到达江西上饶，在给同门师友的讣告中，商定三年内收录先生的遗言。

这之后，同学们陆续寄来了各自所做的记录。我挑选了其中比较合乎先生思想的，加上我自己的记录，共有若干条。在苏州的时候，我打算把这些记录和《文录》共同刻印，正好因为守丧离职，未能如愿。当时，天下讲学的与日俱增，先生的学问宗旨天下既然已共晓，好像没有必要再作刻印，因此，就把这个念头打消了。

去年，同学曾才汉获得了我的手抄本，又四处收辑了一些，取名《遗言》，在江陵刊刻发表。我阅读《遗言》，觉得他的采录不够精细，因而删削了其中重复繁杂的，保留了《遗言》的三分之一，并取名《传习续录》，在安徽宁国的水西书院刊刻出版。

今年夏天，我来到湖北蕲春，沈思畏对我说："先生的学说早已天下传播，但是还未流传到这里。蕲春的学生读到《遗言》，有如亲自聆听先生的教诲，明白了良知，就像重新看见了日月的光辉。只是担忧收录的不够广博，并不因其中的重复而感到累赘。请您把散失的部分收集起来刊刻出版，如何？"

我答应了他。先生致知格物的主张，开导、点化了学习的人，学习的人亲身修习，默默领悟，不敢只是在知识上体会，而求通过切实地践行有所心得。所以，先生整天不厌其烦地讲说致知格物，弟子们整天也不厌其烦地听

讲。因为指示专一，领悟得就会更加精细。先生还没说到，弟子已经提前领悟，先生的言外之意，也早已心领神会，这是先生与学生之间感遇致诚的缘故。

但是，先生逝世到今天还不到三十六年，可他的格言和宗旨却逐渐暗淡了，这难道不是我们这些弟子身体力行得不够，凭口空说太多造成的后果吗？弟子的目标不同，先生的学说就不能广泛流传。于是，我又收集了一些散佚的记录，选择其中不违背先生主张的，编成一卷。其余影响不够真切和《文录》已刊刻过的，全都删掉了。并将中卷改成问答的形式，交付黄梅县令张先生增刻发行。希望读者朋友不仅仅是从文义的解释上来领悟先生的学问，而是能够注重切实地体会，如此，我才不会对本书的辑录存疑了。

嘉靖三十五年（1556）夏四月，弟子钱德洪谨拜书于蕲春崇正书院。